河南省“十四五”普通高等教育规划教材

旅游规划

第2版

吕连琴　主编

郑州大学出版社

图书在版编目(CIP)数据

旅游规划 / 吕连琴主编 . —2 版. —郑州 : 郑州大学出版社, 2021.12(2024.9 重印)
ISBN 978-7-5645-8275-3

Ⅰ. ①旅… Ⅱ. ①吕… Ⅲ. ①旅游规划-高等学校-教材 Ⅳ. ①F590.1

中国版本图书馆 CIP 数据核字(2021)第 212907 号

旅游规划
LÜYOU GUIHUA

策划编辑	王卫疆 胥丽光	封面摄影	王　锋
		封面设计	苏永生
责任编辑	胥丽光	版式设计	凌　青
责任校对	孙　泓	责任监制	李瑞卿

出版发行	郑州大学出版社	地　　址	郑州市大学路 40 号(450052)
出 版 人	卢纪富	网　　址	http://www.zzup.cn
经　　销	全国新华书店	发行电话	0371-66966070
印　　刷	广东虎彩云印刷有限公司	印　　张	16
开　　本	787 mm×1 092 mm　1 / 16	字　　数	378 千字
版　　次	2018 年 1 月第 1 版 2021 年 12 月第 2 版	印　　次	2024 年 9 月第 4 次印刷

书　　号	ISBN 978-7-5645-8275-3	定　　价	42.00 元

编者名单

主　编　吕连琴

副主编　（按姓氏笔画排序）

王迎涛　王淑华　刘桂兰

李俊民　肖建勇　常建霞

内容提要

本书以理论和应用为基础，系统阐述了旅游规划的基本内容和方法。主要内容为：旅游规划的概念、分类、内容及编制程序；国内外旅游规划研究进展及规划编制的理论基础；旅游规划基础分析，主要包括旅游开发条件、旅游资源、旅游市场的分析与评价；旅游规划总体思路的制定；旅游产品开发规划；旅游形象设计与旅游市场营销规划；各类旅游服务设施规划的内容和方法；各类旅游基础设施规划的内容和方法；旅游规划的开发序列确定和投资效益分析；旅游保障体系规划。

本书按照重视理论基础、强化技术方法、突出实践应用的思路进行内容组织与编写，是旅游管理类各专业学生必修的一门课程，同时也是一本可供文化和旅游行业从业人员、其他规划技术人员学习借鉴的专业书籍。

前 言

旅游规划是旅游开发建设的先行条件，是指导旅游业健康可持续发展的重要保障，它引领和影响着旅游业的未来发展。旅游规划是旅游管理专业综合性较强、技术含量较高的专业课程，旅游规划人才也一直是旅游行业较紧缺、技术要求较高的专业人才。旅游规划课程、教材应坚持需求导向，将理论方法与技术应用有机衔接，将知识创造与发展决策有效贯通，才能更好地使旅游教育服务于国家战略、人民生活和旅游业发展的需要。

本教材曾于2018年1月应时之需，正式出版，得到了旅游专业领域众多师生的认可。但2018年以来，国家行政管理机构和职能发生了重大调整，多个部门的规划体系也发生了明显改变，旅游规划与其他规划的关系随之发生改变。近几年，与旅游规划相关的一些技术标准、管理办法、管理规定等发生了改变，旅游规划面临的新形势、新任务、新要求等也发生了明显变化，使得原教材的更新修订十分必要。

与原教材相比，本教材所更新内容主要体现在以下几方面：

一是结合国家机构改革调整，更新相关名称、职能等内容，重点是更新调整了旅游规划和其他规划的关系陈述。

二是更新了引用的国家标准、管理办法等内容，如：《旅游资源分类、调查与评价》《旅游厕所质量等级的划分与评定》等均采用了最新版本。

三是调整充实了资源与环境保护、旅游公共卫生安全、旅游信息化和智慧化等相关的内容。

四是更新了引用的规划案例，使教材更贴近国家战略和旅游行业的发展实际。

五是更新了各章节的课件。

六是吸收了当前旅游研究的一些新成果、新思想。

本书的特点是理论性与应用性有机结合，是理论与实践相结合的产物。本书按照重视理论基础、强化技术方法、突出实际应用的思路组织与编写，系统性和实用性比较强。全书不仅有系统的理论基础做支撑，而且有应用性较强的规划开发内容体系和技术方法，详细讲述了规划的基础分析、总体思路制定、产品开发、形象设计、市场营销、旅游服务与基础设施建设、投资效益分析、保障体系等内容，并附有典型案例帮助读者学用结合。

本书由河南财经政法大学的吕连琴教授任主编，负责全书的总体构思、统稿定稿工作。各部分的具体分工是：吕连琴（河南财经政法大学旅游与会展学院）负责第一章的编写，王淑华（郑州大学旅游管理学院）负责第二章的编写，王迎涛（河南信息统计职业学院文化旅游系）负责第三、第六章的编写，肖建勇（河南大学文化产业与旅游管理学院）负责第四、第五章的编写，刘桂兰（河南师范大学旅游学院）负责第七章的编写，常建霞（陕西师范大学地理科学与旅游学院）负责第八、第九章的编写，李俊民（安阳师范学院资源环境与旅游学院）负责第十章的编写。本书在编写过程中参考了一些旅游规划方面的现有教材、文献和案例，在此谨向有关作者表示深深的敬意和衷心的感谢！

由于水平有限、篇幅所限，加上时间仓促，该书可能会存在不少阐述未尽或错谬之处，恳请读者批评指正。

编　者

2021 年 8 月于郑州

目 录

1 旅游规划概述

学习目标

通过本章的学习，掌握旅游规划的概念和主要分类，掌握旅游规划的主要内容和要求，了解旅游规划与其他规划的关系，熟悉旅游规划的编制程序。

学习难点

旅游规划的分类　旅游规划的内容　旅游规划的编制程序

自第二次世界大战结束以来，世界进入了一个长期相对和平的发展时代，全球大众旅游随之蓬勃发展起来。至20世纪90年代，旅游业已成为全球较大的产业，“旅游促进发展”已被世界各国公认。我国旅游业从改革开放以来获得迅猛发展，目前在全国各地已普遍成为新的经济增长点，绝大部分省、自治区、直辖市已将旅游业确定为支柱产业、龙头产业或先导产业，李克强总理将旅游业定位为“五大幸福产业之首”。旅游业的迅猛发展对旅游规划提出了迫切要求。全球从20世纪60年代起，中国从20世纪80年代起，都不约而同地掀起了旅游规划的热潮。

1.1 旅游规划的概念

1.1.1 规划的概念

《现代汉语词典》①中对于规划有两种解释：一是做名词用，指比较全面长远的发展计划；二是做动词用，指筹划、计划，做出比较全面长远的发展计划的过程。

国外管理界对规划的含义做过不同的表述。国外老一辈规划师认为，规划就是编制规划方案，勾画出一定年限内希望实现的某些最终状态的详细图景。其指导思想就是为实现既定的总体规划意图而奋斗，它关注的是提出一个详细的未来土地利用的理想方案。传统规划的公式是：调查—研究—规划方案。

美国著名管理学家赫伯特·A·西蒙认为：规划是要对未来做出不同情景的设想，找

① 中国社会科学院语言研究所词典编辑室.现代汉语词典[M].5版.北京：商务印书馆，2005.

到达到不同情景所可以采取的不同策略以及评判最终结果对未来预见到的因素的敏感程度。英国学者罗斯认为:规划是多重因素的活动并寻求综合。规划包括社会的、经济的、政治的、心理学的、技术的因素,考虑过去、现在和将来。

规划的类型很多,包括经济社会发展规划、国土空间规划、环境保护规划、旅游规划等。

1.1.2 旅游规划的概念

国际上公认的现代旅游规划开始于1959年的美国夏威夷州规划,其中有较为完整的旅游规划形态。这是旅游规划第一次成为区域规划的一个重要组成部分,开始作为一个独立的学科领域登上学术舞台。不过,对于什么是旅游规划,目前学术界并没有统一明确的定义。

国内外旅游界不少学者对旅游规划的含义都做过不同的表述和界定,其中比较典型的有:墨菲(Murphy,1985)认为旅游规划是预测与调整旅游系统内的变化,以促进有秩序的开发,从而扩大开发过程的社会、经济与环境效益。因此,规划是一个连续的操作过程,以达到某一目标或平衡几个目标;盖茨(Getz,1987)将旅游规划定义为,在调查研究与评价的基础上寻求旅游业对人类福利及环境质量的最优贡献的过程;亨特(Hunter)认为,旅游规划由于牵涉不同利益群体,所以要注意各种利益的协调,旅游规划应该是使旅游和其他部门的目标共同实现的过程;甘恩(Gunn)指出,旅游规划是经过一系列选择决定适合未来行动的动态的、反馈的过程,未来的行动不仅指政策的制定,而主要是目标的实现;亚太旅游协会(PATA)高级副总裁格里芬(Griffin)关注于作为规划两翼的资源和市场,主张"创造市场营销和旅游规划的统一",并构造出"旅游地管理系统(DMS)",作为未来旅游发展规划的一种有效手段;爱德华·因斯凯普(Edward Inskeep)则认为旅游规划应该是从供需两方面来系统分析,并提出了整体的、可持续发展的、可控的规划方法①。

上述各种观点表明,旅游规划承担着发展旅游业为社会经济发展做贡献的使命,是要对旅游业未来做出不同情景的设想,促进有序开发,因此规划的重点是对各种政策可能造成的后果进行描述,据此评价这些政策,选择出最佳政策,并指导实施。它体现出当代国外旅游规划各种思想:旅游系统、可持续发展、区域经济、资源与市场对应、生态旅游的思想等。

国内旅游界学者对旅游规划也提出过许多概念,较有代表性的有以下几个:

卢云亭(1991)认为,旅游规划是对旅游未来状态的设想,或是发展旅游事业的长远的、全面的计划②。

肖星(2000)认为,旅游规划是"对旅游业及相关行业未来发展的设想和策划。其目标是尽可能合理而有效分配与利用一切旅游资源以及旅游接待能力、交通运输能力、社会可能向旅游业提供的人力、物力和财力,以使旅游者完美地实现其旅游目的,从而获得

---

① 马耀峰.旅游规划[M].北京:中国人民大学出版社,2011.

② 陈安泽,卢云亭.旅游地学概论[M].北京:北京大学出版社,1991.

发展旅游业的经济效益、社会效益和环境效益"①。

马勇(2006)认为,旅游规划"是在旅游系统发展现状调查评价的基础上,结合社会、经济和文化的发展趋势以及旅游系统的发展规律,以优化总体布局、完善功能结构以及推进旅游系统与社会和谐发展为目的的战略设计和实施的动态过程"②。

马耀峰(2011)认为,旅游规划是为了旅游产业的发展,对资源、经济、社会、文化等各种影响因素进行综合分析,制定旅游产业或旅游区发展的目标体系,通过对行动方案的比较确定未来的旅游行为模式,以及布局和配置各项旅游要素,实现既定的经济、环境和社会发展目标。

戴占清(2012)认为,旅游规划是基于人文精神(或以人为本,创造体验实质也是人文精神的体现)的核心价值,是科学、技术和艺术的统一。旅游规划是一门技术,资源分析、市场预测需要技术,项目设计与制图更需要技术。旅游规划也是一门艺术,旅游规划不是简单的预测,而是基于预测的安排,在对未来事务的安排中需要大量创意,特别是旅游业具有很强的文化属性,这对创意的要求更高。旅游规划更是一门科学,旅游规划涉及众多学科的专门知识,旅游规划者必须掌握旅游地的发展基础条件,根据旅游业发展的根本规律来对旅游地的未来发展进行安排,容不得半点弄虚作假。旅游规划是一门交叉学科,是科学、技术和艺术的统一。在这三者关系中,科学是基础,技术是手段,创意是灵魂,三者缺一不可③。

从国内外学者对旅游规划的不同定义分析来看,要对旅游规划下一个统一的定义似乎并不容易。随着实践和研究的不断深入,人们对旅游规划的认识也会随之加深。国家市场监督管理总局(原国家质量监督检验检疫总局)编制的《旅游规划通则》并没有为"旅游规划"下定义,而是分别定义了"旅游发展规划"和"旅游区规划"。旅游发展规划(tourism development plan)是指根据旅游业的历史、现状和市场要素的变化所制定的目标体系,以及为实现目标体系在特定的发展条件下对旅游发展的要素所做的安排。旅游区规划(tourism area plan)是指为了保护、开发、利用和经营管理旅游区,使其发挥多种功能和作用而进行的各项旅游要素的统筹部署和具体安排④。

其实,对"旅游规划"这个包括多种规划类型的概念,要想包罗全面是不必要的,定义不宜过于繁杂,核心定义简洁明了,点出主要规划要素即可。因此,结合旅游系统的特点和各类型旅游规划实践和研究,提炼出的旅游规划概念分为两层:核心定义和性质定位。

核心定义:旅游规划是在旅游地及其旅游资源调查评价的基础上,针对旅游地及其旅游资源的属性、特色和旅游供需市场的发展规律,根据社会、经济和文化发展趋势特别是旅游市场的需求,对旅游资源进行科学的保护和开发利用,并寻求旅游业对社会发展的经济效益、社会效益和环境效益的最优贡献的统筹部署和具体安排。

---

① 肖星,严江平.旅游资源与开发[M].北京:中国旅游出版社,2002.

② 马勇,李玺.旅游规划与开发[M].2版.北京:高等教育出版社,2006.

③ 戴占清.我国旅游规划反思[EB/OL].2012-08-01.http://www.shsee.com/zjwz/zj_6167.html

④ 中华人民共和国国家质量监督检验检疫总局.旅游规划通则(GB/T18971—2003)[S].北京:中国标准出版社,2003.

性质定位:旅游规划是旅游发展的未来计划、指导纲领和设计蓝图,是一个国家或地区国民经济和社会发展规划的组成部分,旨在确定一国或一区域或旅游景点旅游发展的方向、规模、目标、速度和类型。

1.2 旅游规划的分类

关于旅游规划的类型划分,目前国内还没有完全一致的说法。这里仅介绍几种国内外具有代表性、较为权威的观点。

1.2.1 世界旅游组织的分类

世界旅游组织(1997)把旅游规划与开发按不同范畴分为三个类型:其一,按地域范围可分为地方性规划、区域及区域间规划、全国规划、国际性规划;其二,按规划时期可分为短期规划、中期规划、长期规划;其三,按组织结构可分为部门规划、项目规划、综合规划。

1.2.2 因斯凯普的分类

美国著名旅游规划学家爱德华·因斯凯普(1991)将旅游规划的空间范围从大到小排列,提出旅游规划的类型结构:国际旅游规划,国内旅游规划,区域旅游规划,度假区以及其他旅游地的土地利用规划,旅游设施的场址规划,建筑和景观及工程设计。

1.2.3 甘恩的分类

甘恩(1979,1988,1994)的旅游规划分类如下:区域规划、目的地规划、场址规划。该分类方法与因斯凯普的分类方法较为类似,是一种简化的空间类型划分,但其内部实际蕴含着不同空间下的三种主要规划类型,即:区域规划、总体规划、详细规划。

1.2.4 吴人韦的4P分类

吴人韦等从规划方法(planning)、规划专家(planner)、规划空间(place)以及旅游规划与其他规划关系(plans)的角度划分旅游规划的类型结构,简称4P分类法。

4P分类法将旅游规划分为区域旅游结构规划、旅游地总体规划和旅游项目规划。各种旅游规划类型的具体含义如表1-1所示。

表1-1 旅游规划的4P分类

研究视角 规划类型	规划空间 (place)	规划方法 (planning)	规划专家 (planner)	与其他规划关系 (plans)
区域旅游结构规划	区域	战略规划	社会经济、环境建设、其他	以社会经济发展为主,兼顾物质环境及其发展承受性
旅游地总体规划	旅游目的地	总体规划	环境建设、社会经济、工程管理、其他	社会经济发展与物质环境发展并重

续表 1-1

研究视角 规划类型	规划空间 (place)	规划方法 (planning)	规划专家 (planner)	与其他规划关系 (plans)
旅游项目规划	项目	详细规划	环境建设、社会经济、工程管理、艺术、其他	在旅游理论指导下的旅游项目开发规划或经营管理与服务计划,视规划项目的性质而定

1.2.5 吴必虎的时空二维分类

吴必虎从空间(范围大小和产品功能)和时间(旅游业成熟程度)结合的角度,将旅游规划归纳为时空二维体系。从空间的维度来看,可以分为区域性旅游规划(regional tourism planning)和社区性旅游规划(community tourism planning)两种基本类型,二者在空间范围、土地利用布局、旅游产品功能及支持系统构建等方面有明显不同。从时间维度来看,无论是区域规划还是社区规划,根据旅游发展阶段的不同,又可分为初期的开发规划和成熟期的管理规划两种情况(表 1-2)。

表 1-2 旅游规划的时空二维分类

空间维度 时间维度	区域性旅游规划	社区性旅游规划
发展初期	区域旅游发展(开发)规划	旅游区(点)开发规划
发展后期	区域旅游管理规划	旅游区(点)管理规划

1.2.6 《旅游规划通则》中的分类

2003 年,《旅游规划通则》(GB/T 18971—2003),将旅游规划分为两大类,即旅游发展规划和旅游区规划(图 1-1)。

1.2.6.1 旅游发展规划

旅游发展规划(tourism development plan)是根据旅游业的历史、现状和市场要素的变化所制定的目标体系,以及为实现目标体系在特定的发展条件下对旅游发展的要素所做的安排。

旅游发展规划按规划的范围和政府管理层次分为全国旅游业发展规划、区域旅游业发展规划和地方旅游业发展规划。地方旅游业发展规划又可分为省级旅游业发展规划、地市级旅游业发展规划和县级旅游业发展规划等。

旅游发展规划在时间层次上包括近期发展规划(3 ~ 5 年)、中期发展规划(5 ~ 10 年)、远期发展规划(10 ~ 20 年)。

1.2.6.2 旅游区规划

旅游区规划(tourism area plan)是指为了保护、开发、利用和经营管理旅游区,使其发挥多种功能和作用而进行的各项旅游要素的统筹部署和具体安排。因此在总体上,旅游区规划属于旅游开发规划。旅游区规划按技术方法分类,可分为旅游区总体规划、旅游区控制性详细规划、旅游区修建性详细规划三个层次。

旅游区总体规划一般涉及的内容较为繁杂,技术上有较强的专业性要求,规划的期限也较长,一般为 10 ~ 20 年。

旅游区控制性详细规划一般是针对规模适中的景区编制。其目的在于控制景区中土地的使用,即将景区中的土地划分成许多地块,并规定每个地块的使用类型和控制性要求。该类规划的年限较总体规划要短,约为 10 年。

旅游区修建性详细规划是针对旅游区当前要建设的地段编制的指导如何建设的规划,规划期限一般在 5 年以内。此类规划在内容上更为细致、多样,既包括各类建筑的功能、体量、材质、外观等内容,也包括给排水、供电、交通、环卫、绿化等基础设施建设内容。规划图件更是该类规划的重要组成部分,从某种程度来说,规划图纸较规划文本更为重要。

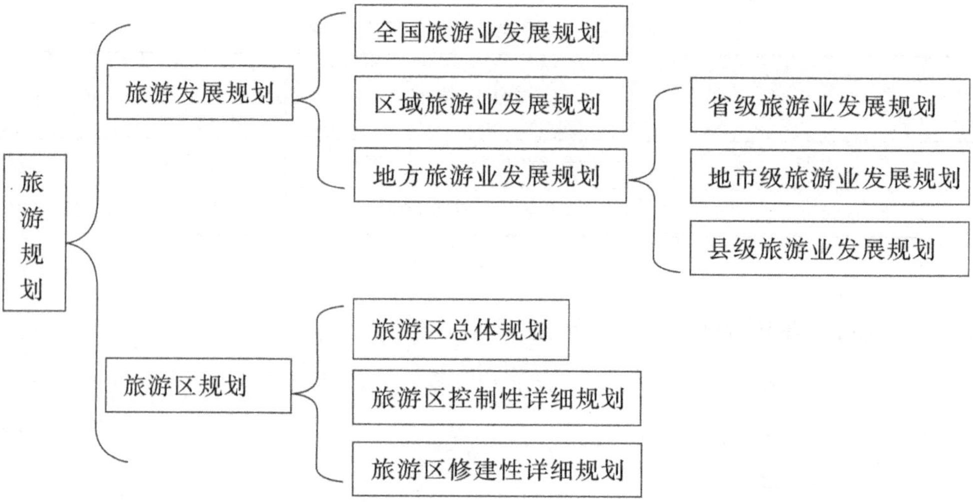

图 1-1 旅游规划的分类

资料来源:根据国标《旅游规划通则》(GB/T 18971—2003)整理

1.2.7 《文化和旅游规划管理办法》中的分类

为了进一步统一规划体系,完善规划管理,提高规划质量,不断提升文化和旅游规划工作的科学化、规范化、制度化水平,2019 年 5 月,国家文化和旅游部发布了关于印发《文化和旅游规划管理办法》(以下简称《办法》)的通知。《办法》中指出:"文化和旅游规划,是指文化和旅游行政部门编制的中长期规划,主要包括:文化和旅游部相关司局或单位编制的以文化和旅游部名义发布的总体规划、专项规划、区域规划,地方文化和旅游行政部门编制的地方文化和旅游发展规划。”

总体规划是指导全国文化和旅游工作的中长期发展规划，是其他各类规划的重要依据，规划期与国家发展规划相一致，落实国家发展规划提出的战略安排；专项规划是以文化和旅游发展的特定领域为对象编制的规划；区域规划是以特定区域的文化和旅游发展为对象编制的规划；地方文化和旅游发展规划是指导本地区文化和旅游工作的中长期发展规划。总体规划、专项规划、区域规划以及地方文化和旅游发展规划构成统一的规划体系，专项规划、区域规划、地方文化和旅游发展规划须依据总体规划编制。

1.3 旅游规划的内容和要求

1.3.1 旅游规划的一般内容

旅游规划具有多种多样的类型，不同类型的旅游规划在规划内容上侧重点不一样。但不同类型的旅游规划，基本都会涉及以下几个方面的内容。

1.3.1.1 规划范围

即对规划区域的地理位置、范围界线、面积大小等基本要素的设定。

1.3.1.2 规划依据及原则

即编制该规划的过程中重点遵守的政策、法规、文件、标准、规划等；编制规划过程中所遵循的大的指导方针，如环境和文化保护原则、维护当地居民利益原则等。

规划依据和原则的提出，为旅游规划的合法性、合理性奠定了基础，是旅游规划编制时应遵守的基本准则。

1.3.1.3 规划区域背景

区域的背景分析总体上应涵盖对该区域的自然环境、社会文化环境、经济环境等各方面的分析。自然环境包括该区域的地质地貌、水文、气候、动植物、常见的自然灾害、环境质量等多个方面；社会文化环境涉及该区域的历史沿革、风土民情、宗教信仰、地方特色等方面；经济环境包括该区域经济发展的总体状况、产业结构、居民收入水平等方面。

区域背景的分析通常采用定性和定量相结合的方法。另外，由于区域背景涵盖的内容较多，因而要注意内容的提炼、语言的精炼，尤其是注重该区域具有自身特色和比较优势的方面。

1.3.1.4 旅游资源现状及评价

旅游资源的类型、分布等多种多样，根据《旅游资源分类、调查与评价标准》（GB/T 18972—2017），旅游资源可以分为 8 个主类、23 个亚类、110 个基本类型。旅游资源现状及其评价是旅游规划与开发的基础性工作，通过评价，可以更好地了解区域旅游资源，确定旅游资源的重要程度和开发利用价值，确定旅游开发的重点，其准确性直接关系开发的前景，因此，往往在旅游资源调查的基础上，在客观、全面等原则的指导下，对规划区域旅游资源的数量、种类、空间分布等多方面分析的基础上，提出该区域旅游资源的优势和特色，并且初步确定开发的方向。

1.3.1.5 客源市场分析

客源市场分析即结合旅游市场调查的一手和二手资料，选定规划区域的客源市场，明确客源市场的范围、规模、结构、消费水平等。

客源市场的确定，一方面要注意分析旅游资源的特色，了解旅游资源的吸引力、吸引范围、目标人群；另一方面，要对旅游市场动态趋势、可能的竞争与合作者进行分析。

1.3.1.6 功能分区和项目策划

功能分区，即合理确定各功能单元的布局。功能分区时，应注意协调各功能单元之间、功能单元与周边环境之间、功能单元内主要景观之间在设施布局、活动安排等要素上的关系，使各功能单元的旅游设施、活动等方面相互协调、互为补充。

项目策划，也称项目创意设计，即如何通过表现形式、内容或功能等方面的变化与更新，构思出适合该旅游地发展的旅游项目。项目策划应遵循市场导向、因地制宜、突出特色等原则。

1.3.1.7 旅游形象策划

为了成功开展营销活动，旅游地必须明确定位，即在顾客心目中创造和管理一个独特鲜明和具有号召力的形象，这就是旅游形象策划。

由于旅游形象的示范性、代表性作用，旅游形象策划必须综合考虑旅游地各方面的要素，找出最能反映旅游地特点的要素。旅游形象确定后，还应构思出一定的方式，使旅游地形象能够广泛传播，并且深入人心。

1.3.1.8 旅游服务规划

旅游活动的顺利开展离不开“食、住、行、游、购、娱”六要素提供旅游服务，旅游业的发展也靠这六要素形成的产业来支撑。因此，旅游规划要对六要素的数量、规模、档次等进行整体的预测和安排。通过这种预测和安排，使得旅游活动顺利开展，旅游业良性发展。在旅游发展规划中，要对如何发展这些旅游产业要素进行规划。在旅游区规划中，要对各项旅游服务设施建设进行安排。

1.3.1.9 旅游基础设施规划

旅游基础设施规划就是根据发展旅游的需要，对交通、给排水、电力、电信、绿化、环卫、安全等进行建设安排和部署。由于基础设施规划与城乡各项建设关系密切，因而进行基础设施规划时，应紧密结合国土空间规划（由以前的城乡规划和土地规划等规划合并而成）以及交通、水利、电力等行业规划，做到多规衔接。

1.3.1.10 旅游保障体系规划

科学的管理体制与机制、健全的法律法规、有利的产业政策、投融资和人才政策等，将会大大促进旅游业的发展。旅游保障体系就是要对涉及旅游发展的法律法规、体制机制、政策、人力资源等，提出相应的措施，以保障规划的实施和旅游的良性发展。

1.3.1.11 效益分析

效益分析不仅会影响旅游投资决策行为，也是吸引项目融资的重要依据。从内容上看，效益分析包括旅游为当地可能带来的经济、社会、环境等效益的分析，并针对一些可能产生的不良影响，提出预防性措施。从方法上看，通常采用定性与定量相结合的分析方法。

1.3.2 不同类型旅游规划的内容

《旅游规划通则》(GB/T 18971—2003)对不同类型旅游规划包含的内容做了明确规定。

1.3.2.1 旅游发展规划的主要内容

(1)全面分析规划区旅游业发展历史与现状、优势与制约因素，及与相关规划的衔接。

(2)分析规划区的客源市场需求总量、地域结构、消费结构及其他结构，预测规划期内客源市场需求总量、地域结构、消费结构及其他结构。

(3)提出规划区的旅游主题形象和发展战略。

(4)提出旅游业发展目标及其依据。

(5)明确旅游产品开发的方向、特色与主要内容。

(6)提出旅游发展重点项目，对其空间及时序做出安排。

(7)提出要素结构、空间布局及供给要素的原则和办法。

(8)按照可持续发展原则，注重保护开发利用的关系，提出合理的措施。

(9)提出规划实施的保障措施。

(10)对规划实施的总体投资分析，主要包括旅游设施建设、配套基础设施建设、旅游市场开发、人力资源开发等方面的投入与产出方面的分析。

旅游发展规划成果包括规划文本、规划图表及附件。规划图表包括区位分析图、旅游资源分析图、旅游客源市场分析图、旅游业发展目标图表、旅游产业发展规划图等。附件包括规划说明和基础资料等。

拓展案例

《北京市旅游发展总体规划》主要内容

由北京大学旅游开发与规划研究中心吴必虎等主持编制的《北京市旅游发展总体规划》是一个比较典型的区域旅游发展规划。它从旅游系统的角度出发，贯彻“大旅游、大发展”的思路，以市场需求为导向，旅游资源为基础，以旅游产品设计和旅游时空布局为核心，旅游保障系统的构建为支撑，编制出了《北京市旅游发展总体规划文本》《北京市旅游发展总体规划说明书》《北京市旅游资源数据库和图集》等系列文件。

《北京市旅游发展总体规划》主要内容如表 1-3 所示。

表 1-3　北京市旅游发展总体规划实务解析表

北京市旅游发展总体规划目录	旅游发展规划的主要内容
第一章　产业分析与发展目标 北京市旅游发展 20 年综述，北京市旅游业现状、发展目标与发展指标	全面分析规划区旅游业发展历史与现状、优势与制约因素，以及与相关规划的衔接
第二章　客源市场分析与促销规划 市场背景分析、客源市场分析、旅游市场预测、北京市旅游形象构建、北京市旅游形象的宣传和推广	分析规划区的客源市场需求总量、地域结构、消费结构及其他结构，预测规划期内客源市场需求总量、地域结构、消费结构及其他结构，提出规划区的旅游主题形象和发展战略
第三章　旅游资源评价与功能区规划 旅游资源形成的区域背景、旅游资源的功能分类和评价、旅游功能分区规划	提出要素结构、空间布局
第四章　旅游产品与开发项目规划 旅游产品总论、观光旅游规划、会展旅游规划、其他专项旅游规划、旅游项目开发中的政策控制	明确旅游产品开发的方向、特色与主要内容
第五章　旅游接待设施与服务发展规划 旅游住宿设施规划、旅游餐饮服务规划、旅游者出行服务规划、旅游商品开发与旅游购物服务规划、文化娱乐业发展规划	提出供给要素的原则和办法
第六章　旅游环境建设规划 改善软环境提高好客度、物质环境质量现状、防治旅游环境污染的基本途径、旅游环境建设	注重保护开发利用的关系，提出合理的措施
第七章　旅游规划的实施与保障 组织保障、法制保障、资金保障、企业发展保障、人才保障、科技保障	提出规划实施的保障措施

（资料来源：北京市旅游事业管理局. 北京市旅游发展总体规划[M]. 北京：中国旅游出版社，2010.）

1.3.2.2　旅游区总体规划的主要内容

旅游区总体规划是对旅游区各项旅游要素的统筹部署和具体安排，期限一般为 10 ~ 20 年，同时可以根据需要对旅游区的远景发展做出轮廓性的规划安排。对于旅游区近期的发展布局和主要建设项目，亦应做出近期规划，期限一般为 3 ~ 5 年。总体规划的主要内容有：

（1）对旅游区的客源市场的需求总量、地域结构、消费结构等进行全面分析与预测。

（2）界定旅游区范围，进行现状调查和分析，对旅游资源进行科学评价。

（3）确定旅游区的性质和主题形象。

（4）确定规划旅游区的功能分区和土地利用，提出规划期内的旅游容量。

（5）规划旅游区的对外交通系统的布局和主要交通设施的规模、位置；规划旅游区内部的其他道路系统的走向、断面和交叉形式。

(6)规划旅游区的景观系统和绿地系统的总体布局。

(7)规划旅游区其他基础设施、服务设施和附属设施的总体布局。

(8)规划旅游区的防灾系统和安全系统的总体布局。

(9)规划旅游区资源的保护范围和保护措施。

(10)规划旅游区的环境卫生系统布局,提出防止和治理污染的措施。

(11)提出旅游区近期建设规划,进行重点项目策划。

(12)提出总体规划的实施步骤、措施和方法,以及规划、建设、运营中的管理意见。

(13)对旅游区开发建设进行总体投资分析。

旅游区总体规划的成果应提供规划文本、图件和附件。图件主要包括旅游区区位图、综合现状图、旅游市场分析图、旅游资源评价图、总体规划图、道路交通规划图、功能分区图等其他专业规划图、近期建设规划图等。图纸比例,可根据功能需要与可能确定。附件包括规划说明和其他基础资料等。

拓展案例

《方城县三贤山旅游区总体规划》主要内容

由河南财经政法大学吕连琴教授主持完成的《方城县三贤山旅游区总体规划》,依照《旅游规划通则》规定的内容,首先进行了全面深入的基础分析,在此基础上确定了总体规划思路和开发方案,并统筹部署了各项旅游服务设施和基础设施的配套建设,最后提出了规划实施的保障措施。

《方城县三贤山旅游区总体规划》主要内容如表 1-4 所示。

表 1-4 方城县三贤山旅游区总体规划实务解析表

方城县三贤山旅游区总体规划目录	旅游区总体规划的主要内容
第一篇 基础分析	
第一章 规划区概况	界定旅游区范围
第二章 旅游资源及其评价	进行旅游区现状调查和分析,对旅游资源进行科学评价
第三章 旅游市场分析	
第四章 旅游开发 SWOT 分析	对旅游区的客源市场的需求总量、地域结构、消费结构等进行全面分析与预测
第五章 上位规划、相关规划解读	

续表 1–4

方城县三贤山旅游区总体规划目录	旅游区总体规划的主要内容
第二篇　规划方案	
第六章　规划总则	
含规划性质、规划目的、规划依据、规划年限、规划原则、规划构思	确定旅游区的性质
第七章　战略规划与总体布局	
一、规划指导思想	
二、战略选择	确定旅游区的主题形象
三、战略定位	
含形象定位、市场定位、产品定位、产业定位	提出总体规划的实施步骤
四、战略目标	
五、战略步骤	确定规划旅游区的功能分区和土地利用
六、总体布局	
第八章　分区开发与项目设计	进行重点项目策划
第三篇　支撑体系	
第九章　旅游服务设施规划	规划旅游区其他基础设施、服务设施和附属设施的总体布局
一、游客服务中心规划	
二、餐饮设施规划	
三、住宿设置规划	
四、购物设施与旅游商品开发规划	
五、旅游娱乐设施规划	
六、旅游标识解说系统规划	规划旅游区的对外交通系统的布局和主要交通设施的规模、位置；规划旅游区内部的其他道路系统的走向、断面和交叉形式
第十章　旅游基础设施规划	
一、道路交通规划与游线设计	
二、电力电信规划	
三、给排水规划	
四、环卫设施规划	规划旅游区的环境卫生系统布局
五、旅游安全与消防规划	规划旅游区的景观系统和绿地系统的总体布局
六、植被抚育与绿化规划	

续表 1–4

方城县三贤山旅游区总体规划目录	旅游区总体规划的主要内容
第四篇　实施保障	
第十一章　开发时序、投资估算与效益分析	提出总体规划的实施步骤;对旅游区开发建设进行总体投资分析;提出旅游区近期建设规划
第十二章　旅游资源与环境保护规划	
一、规划原则	
二、旅游资源保护要点	
三、分类环境保护措施	研究并确定旅游区资源的保护范围和保护措施
四、旅游环境容量及调控	
第十三章　保障体系规划	提出防止和治理污染的措施
一、运营管理保障	
二、政策法规保障	提出规划期内的旅游容量
三、投融资保障	
四、人力资源保障	提出总体规划的实施措施和方法,以及规划、建设、运营中的管理意见
五、旅游智慧化保障	
六、旅游营销保障	

资料来源:吕连琴教授 2016 年主持完成的《方城县三贤山旅游区总体规划》。

1.3.2.3　旅游区控制性详细规划的主要内容

旅游区控制性详细规划是针对面积较大、建设量较大的旅游区,从科学管控土地利用、厘清各项开发建设要求出发而编制的规划类型。它必须以旅游区总体规划为依据,详细规定旅游区内建设用地的各项控制指标和其他规划管理要求,为区内一切开发建设活动提供指导。其主要内容有:

(1)详细划定所规划范围内各类不同性质用地的界线。规定各类用地内适建、不适建或者有条件允许建设的建筑类型。

(2)规定建筑高度、建筑密度、容积率、绿地率等控制指标,并根据各类用地的性质增加其他必要的控制指标。

(3)规定交通出入口方位、停车泊位、建筑后退红线、建筑间距等要求。

(4)提出对各地块的建筑体量、尺度、色彩、风格等要求。

(5)确定各级道路的红线位置、控制点坐标和标高。

旅游区控制性详细规划的成果应提供规划文本、图件和附件。图件包括旅游区综合现状图、各地块的控制性详细规划图、各项工程管线规划图等。图纸比例一般应该为 1∶1 000～1∶2 000。附件包括规划说明及基础资料。

1.3.2.4　旅游区修建性详细规划的主要内容

旅游区修建性详细规划是针对近期建设地段编制,它是在旅游区总体规划和控制性详细规划的基础上进一步深化和细化,用于指导各项建筑和工程设施的设计和施工。具体包括以下内容:

(1)综合现状与建设条件分析。

(2)用地布局。

(3)景观系统规划设计。

(4)道路交通系统规划设计。

(5)绿地系统规划设计。

(6)旅游服务设施及附属设施系统规划设计。

(7)工程管线系统规划设计。

(8)竖向规划设计。

(9)环境保护和环境卫生系统规划设计。

旅游区修建性详细规划的成果要求有规划设计说明书和图件。图件应包括综合现状图、修建性详细规划总图、道路及绿地系统规划设计图、工程管网综合规划设计图、竖向规划设计图、鸟瞰或透视等效果图等。图纸比例一般为1∶500～1∶2 000。

1.3.3 旅游规划的要求

旅游规划是一门交叉学科,是科学、技术和艺术的统一,规划的编制必须有科学的方法和明确的要求,其成果才能达到理想水平。中华人民共和国国家标准《旅游规划通则》(GB/T 18971—2003)明确指出,旅游规划的编制应遵循以下要求:

(1)旅游规划编制要以国家和地区社会经济发展战略为依据,以旅游业发展方针、政策及法规为基础,与城市总体规划、土地利用规划相适应,与其他相关规划相协调;根据国民经济形势,对上述规划提出改进的要求。

(2)旅游规划编制要坚持以旅游市场为导向,以旅游资源为基础,以旅游产品为主体,经济、社会和环境效益可持续发展的指导方针。

(3)旅游规划编制要突出地方特色,注重区域协同,强调空间一体化发展,避免近距离不合理重复建设,加强对旅游资源的保护,减少对旅游资源的浪费。

(4)旅游规划编制鼓励采用先进方法和技术。编制过程中应当进行多方案的比较,并征求各有关行政管理部门的意见,尤其是当地居民的意见。

(5)旅游规划编制工作所采用的勘察、测量方法与图件、资料,要符合相关国家标准和技术规范。

(6)旅游规划技术指标,应当适应旅游业发展的长远需要,具有适度超前性。

(7)旅游规划编制人员应有比较广泛的专业知识人员构成,如旅游、经济、资源、环境、城市规划、建筑等方面的专业人员。

1.4 旅游规划的编制程序

1.4.1 任务确定

旅游规划不仅是一项技术工作,而且是一种经济行为,因此,在制定旅游规划之前委托方应首先确定编制单位,并与之签订旅游规划编制合同。

1.4.1.1 委托方确定编制单位

委托方应根据国家旅游行政主管部门对旅游规划设计单位资质认定的有关规定确定旅游规划编制单位,通常有公开招标、邀请招标、直接委托等形式。

(1)公开招标 委托方以招标公告的方式邀请不特定的旅游规划设计单位投标。

(2)邀请招标 委托方以投标邀请书的方式邀请特定的旅游规划设计单位投标。

(3)直接委托 委托方直接委托某一特定规划设计单位进行旅游规划的编制工作。

由于旅游行业的特殊性,规划编制组成员要求专业人士覆盖面全。规划编制组核心成员应包括如下类型:旅游发展规划师、旅游营销专家、旅游经济学家、旅游交通和基础设施专家。需要的其他专家还包括:旅游开发生态学家或环境规划师、旅游开发社会学家、旅游人力资源规划专家、旅馆和旅游设施专家、旅游设施建筑师等。如果旅游开发规划中还涉及一些具体的规划、工程的可行性分析或专项研究,则还需要其他类型的专家,如土地利用规划专家、文化遗产规划专家以及生态学专家等。

1.4.1.2 制订项目计划书并签订旅游规划编制合同

编制单位确定后,委托方应制订项目计划书并与规划编制单位签订旅游规划编制合同,其中明确规定规划名称、双方的权利义务、规划期限、违约责任等。

1.4.2 前期准备

签订旅游规划编制合同后,规划编制方应成立由多学科专家组成的旅游规划编制组,并着手进行前期准备工作。在此阶段,规划编制组应通过统一学习或会谈交流等途径充分掌握规划地的基本信息,并对规划编制委托方先期提供的信息进行详尽的分析。

1.4.2.1 政策法规研究

对国家、地方影响旅游发展、项目建设的相关政策、法律法规的现状、未来等进行系统研究和预判。

1.4.2.2 旅游资源调查

对规划区内旅游资源的类别、品位进行全面调查,编制规划区内旅游资源分类分级明细表,绘制旅游资源分布图或评价图,具备条件时可根据需要建立旅游资源数据库,确定其旅游容量。调查方法可参照《旅游资源分类、调查与评价》(GB/T 18972—2017)。

对旅游资源的调查可以通过室内资料调研和田野实地考察调研两种途径,尽可能多的掌握规划区的历史沿革、资源赋存状况和结构特征等。其中在田野调查时应多观察,多交流。与当地居民、旅游主管部门以及旅游者进行交流能够获得某些意外的收获,如发现新的旅游资源、获得新的资源开发信息等。

1.4.2.3 旅游客源市场分析

在对规划区的旅游者数量和结构、地理和季节性分布、旅游方式、旅游目的、旅游偏好、停留时间、消费水平等进行全面调查分析的基础上,研究并提出规划区旅游客源市场未来的发展总量、结构和水平。

1.4.2.4 旅游业发展竞争性分析

确立规划区在交通可进入性、景点现状、基础设施、服务设施、宣传营销等各方面的区域比较优势，综合分析和评价各种制约因素及有利条件。

1.4.3 规划编制

在对规划区进行详细调查分析之后，旅游规划编制组应提出规划思路与构想，编制旅游规划纲要，并与委托方沟通，听取其意见和建议，再进一步完善旅游规划内容。并在规定期限内完成文本、说明书、图件等旅游规划草案的编撰工作。编制中应重点突出下列内容：

(1)确定规划区旅游主题。在前期准备工作的基础上，确立规划区旅游主题，包括主要旅游功能、主打旅游产品和主题旅游形象。

(2)确立规划分期及各分期目标。

(3)提出旅游产品及设施的开发思路和空间布局。

(4)确立重点旅游开发项目，确定投资规模，进行经济、社会和环境评价。

(5)形成规划区的旅游发展战略，提出旅游规划实施的措施、方案和步骤，包括政策支持、经营管理体制、宣传促销、融资方式、教育培训等。

1.4.4 征求意见

旅游规划草案形成后，原则上应广泛征求各方意见，并在此基础上，对旅游规划草案进行修改、充实和完善。

1.4.5 规划评审

旅游规划文本、图件及附件完成后，由规划委托方提出申请，上一级旅游行政主管部门组织评审规划。旅游规划的评审采用会议审查方式。送审规划文本应在评审会议召开五日前送达评审人员审阅。

旅游发展规划的评审人员由规划委托方与上一级旅游行政主管部门商定；旅游区规划的评审人员由规划委托方与当地旅游行政主管部门协商确定。旅游规划评审组由 7 人以上组成。其中行政管理部门代表不超过1/3，本地专家不少于1/3。规划评审小组设组长 1 人，根据需要可设副组长 1 ~ 2 人。组长、副组长人选由委托方与规划评审小组协商产生。

旅游规划评审人员应由经济分析专家、市场开发专家、旅游资源专家、环境保护专家、城市规划专家、工程建筑专家、旅游规划管理官员、相关部门管理官员等组成。

评审专家应严格按照《旅游规划通则》及其他相关规定的要求，对规划内容的完整性、规划技术的深度、规划思路的科学性和合理性以及可行性等进行评审。旅游规划的评审，须经全体评审人员讨论、表决，并有 3/4 以上评审人员同意，方为通过。评审意见应形成文字性结论，并经评审小组全体成员签字，评定意见方为有效。评审结果一般有两种情形：一是规划通过评审，就可以根据评审会意见着手修改完善，形成规划最终成果；二是规划不通过，就需要重新调研、编撰、修改、成稿，重新组织评审，编制方需要根据合同约定承担一定的责任和损失，委托方也可能另请其他的规划编制单位重新编制规划。

1.4.6 规划报批

旅游规划文本、图件及附件,经规划评审会议讨论通过并根据评审意见修改后,由委托方按有关规定程序报批实施。旅游规划成果经过规划地区的政府讨论、审议、通过后,经政府批准就可以实施,对旅游开发进行指导、协调和约束。

1.4.7 规划修编

旅游发展变化较快,旅游规划不能对未来的所有问题都考虑到。随着时间的推移,旅游资源、旅游市场、当地社会经济状况、产业政策等都会发生变化,因此,在规划执行过程中,要根据市场环境等各个方面的变化及时对规划进行修订和完善。

1.5 旅游规划与其他规划的关系

旅游规划水平的高低直接影响旅游业经济效益的高低,是旅游业可持续发展的保障,因此各级政府主管部门对旅游规划的重视程度日益提高,社会各界也认识到发展旅游必须首先进行科学的规划。旅游规划在我国发展迅速、数量庞大,但存在的突出问题是规划实施不到位,部分旅游规划制定完成以后被束之高阁,项目有规不能循。其中重要的原因是,一些旅游规划一定程度上存在不符合上位规划、与相关规划不相协调,与国家有关土地利用、环境保护的相关政策法规要求不相符,旅游业需要的发展空间与建设用地指标不匹配。旅游规划要做到科学合理并顺利实施,就必须清楚我国的规划体系,了解旅游规划在其中的位置,正确处理好旅游规划与其他规划的关系。

1.5.1 与国家规划体系的关系

规划是国家治理、行业管理、项目管理的重要依据。我国的规划体系长期以来处于不断变化、不断完善当中。目前,基本形成了由发展规划、专项规划、区域规划、空间规划组成的统一、有序的规划体系①(图 1-2)。

规划体系中,这些规划的功能各不相同。其中,发展规划,即国民经济和社会发展五年规划或规划纲要,主要阐明发展战略、明确政府工作重点、引导规范市场主体行为,是经济社会发展的宏伟蓝图,是政府履行经济调节、市场监管、社会管理、公共服务、生态环境保护职能的重要依据。专项规划是指导特定领域发展、布局重大工程项目、合理配置公共资源、引导社会资本投向、制定相关政策的重要依据。区域规划是指导特定区域发展和制定相关政策的重要依据。空间规划以空间治理和空间结构优化为主要内容,是实施国土空间用途管制和生态保护修复的重要依据。

---

① 中共中央办公厅秘书局.2018.中共中央 国务院关于统一规划体系更好发挥国家发展规划战略导向作用的意见[EB/OL].http://fgw.zhuzhou.gov.cn/c14809/20190926/i982135.html.

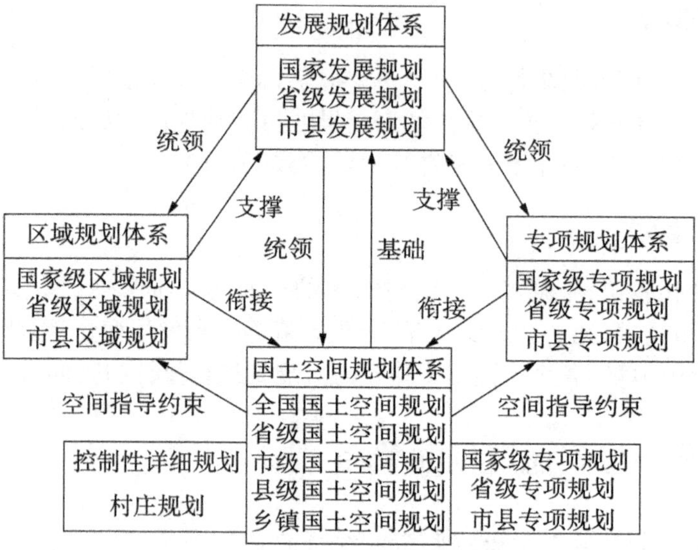

图 1-2　国家规划体系示意图

这些规划相互之间有明确、有序的位次关系。其中,发展规划是最上位的规划,具有战略性、宏观性、政策性,具有统领全局的作用,是其他各类规划编制的依据。其他规划都要服从发展规划并与之相一致。专项规划是细化落实发展规划对特定领域提出的战略任务。区域规划是细化落实发展规划对特定区域、重点区域提出的战略任务。专项规划和区域规划在规划体系中对发展规划起着重要的支撑作用,服从服务于发展规划。空间规划是细化落实发展规划提出的国土空间开发利用与保护的要求,是发展规划实施的重要基础。这类规划聚焦空间开发强度管控和主要控制线落地,全面摸清并分析国土空间本底条件,划定城镇、农业、生态空间以及生态保护红线、永久基本农田、城镇开发边界,并以此为载体统筹协调各类空间管控手段,整合形成"多规合一"的空间规划。空间规划对专项规划、区域规划具有空间性指导和约束作用。三者应做到同级规划之间充分衔接、相互协调。另外,根据行政级别高低,以上这些规划可划分为国家级、省级、市县级等多个等级。

规划类型多、级别多,功能各异。为了形成规划合力,避免规划之间相互矛盾、难以实施,中发〔2018〕44 号文件明确规定:要坚持下位规划服从上位规划、下级规划服务上级规划、等位规划相互协调,建立以国家发展规划为统领,以空间规划为基础,以专项规划、区域规划为支撑,由国家、省、市县各级规划共同组成,定位准确、边界清晰、功能互补、统一衔接的国家规划体系。

在国家规划体系当中,旅游发展规划作为一种行业规划归入专项规划或区域规划,它从属于国民经济和社会发展规划,必须按照国民经济和社会发展规划的要求进行编制。同时,旅游规划还必须在国土空间规划的约束框架内进行编制。根据下位规划服从上位规划、下级规划服务上级规划、等位规划相互协调的基本原则,旅游规划要处理好与其他专项规划、区域规划的关系。即旅游规划要与其他同等级的专项规划、区域规划相互协调、充分衔接，并服从服务于高等级的专项规划、区域规划。

1.5.2 与国土空间规划的关系

过去，我国关于空间方面的规划类型较多，并由多个部门分头管理，造成了规划协调难、管理难、落实难等问题，严重阻碍了规划作用的发挥。为此，国家将2018年机构改革前的主体功能区规划、土地规划、城乡规划等规划合并而成新的规划类型——国土空间规划。它是对一定区域国土空间开发保护在空间和时间上做出的安排。

中发〔2019〕18号文件指出：国土空间规划是国家空间发展的指南、可持续发展的空间蓝图，是各类开发保护建设活动的基本依据。建立国土空间规划体系并监督实施，将主体功能区规划、土地利用规划、城乡规划等空间规划融合为统一的国土空间规划，实现"多规合一"，强化国土空间规划对各专项规划的指导约束作用，是党中央、国务院做出的重大部署[①]。

国土空间规划体系包含"五级三类"，即国家、省、市、县、乡（镇）等五级，总体规划、相关专项规划、详细规划等三类（图1-3）。国家、省、市县编制国土空间总体规划，各地结合实际编制乡镇国土空间规划。相关专项规划是指在特定区域（流域）、特定领域，为体现特定功能，对空间开发保护利用做出专门安排，是涉及空间利用的专项规划。国土空间总体规划是详细规划的依据、相关专项规划的基础；相关专项规划要相互协同，并与详细规划做好衔接。

在国土空间规划体系中，旅游区规划根据规划空间层次和项目落地细化程度的不同，可归入相关专项规划或详细规划。它必须以空间总体规划为依据，在空间规划的约束框架内进行编制。同时，要做好与其他专项规划的衔接和协调。

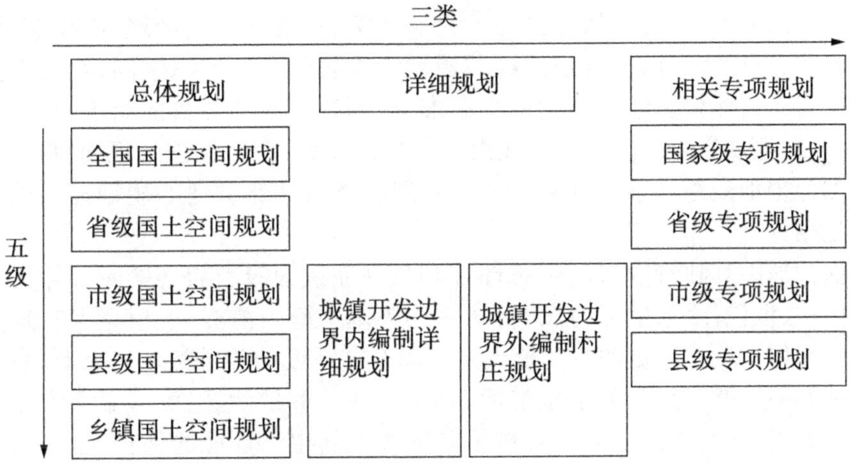

图1-3 "五级三类"国土空间规划体系示意图

---

① 中共中央 国务院.关于建立国土空间规划体系并监督实施的若干意见[EB/OL].http://www.gov.cn/zhengce/2019-05/23/content_5394187.htm.

1.5.3 与自然保护地规划的关系

新中国成立以来,我国已建立数量众多、类型丰富、功能多样的各级各类自然保护地,在保护生物多样性、保存自然遗产、改善生态环境质量和维护国家生态安全方面发挥了重要作用。如风景名胜区、自然保护区、湿地公园、森林公园、地质公园等。自然保护地独特的自然环境和生态景观,使之成为吸引旅游者的重要区域。因此,它们往往或多或少有旅游区或景区的功能和空间,其规划也或多或少有旅游规划的相关内容。2018 年以前,这些自然保护地主要按照各自所属的管理部门的要求进行规划的编制和审批管理。它们与旅游规划一样,是属于不同部门管理的不同行业的规划。

为了减少多头管理造成的矛盾,2018 年国务院机构改革职能调整之后,风景名胜区、森林公园、湿地、自然保护区、地质公园、自然遗产等各类自然保护地的管理和规划,均归入林业和草原局职能,统一由自然资源部门管理。并按照自然生态系统原真性、整体性、系统性及其内在规律,依据管理目标与效能并借鉴国际经验,将自然保护地按生态价值和保护强度高低依次分为 3 类:国家公园、自然保护区、自然公园[①]。

国家正在制定自然保护地分类划定标准,对现有的自然保护区、风景名胜区、地质公园、森林公园、海洋公园、湿地公园、冰川公园、草原公园、沙漠公园、草原风景区、水产种质资源保护区、野生植物原生境保护区(点)、自然保护小区、野生动物重要栖息地等各类自然保护地开展综合评价,按照保护区域的自然属性、生态价值和管理目标进行梳理调整和归类,逐步形成以国家公园为主体、自然保护区为基础、各类自然公园为补充的自然保护地体系。

自然保护地规划是依据国家发展规划提出的国土空间开发保护要求,并依据国土空间规划来编制的、以保护重要的自然生态系统、自然遗迹和自然景观为主要目的的专项规划。其主要内容是:明确自然保护地的发展目标、规模和划定区域,将生态功能重要、生态系统脆弱、自然生态保护空缺的区域规划为重要的自然生态空间,纳入自然保护地体系。虽然关于自然保护地的分类分级标准、规划技术规范等目前尚未出台,但可预见的是,自然保护地规划未来将逐步形成由国家公园规划、自然保护区规划、自然公园规划组成的自然保护地规划体系。过去批准的各级各类自然保护地的规划在新的规划出台之前暂时延用。

自然保护地因其独特的自然生态环境和景观而成为吸引游客的重要旅游资源。在坚持严格保护、世代传承,生态为民、科学利用等基本原则前提下,根据保护地规划的规定、限定,自然保护地在一定的空间范围内可以开展适度的旅游活动。因此,各级各类自然保护地规划中一般会涉及关于旅游活动类型、旅游容量计算、旅游服务设施配套等内容。而在旅游规划中,往往也会有自然旅游资源及其生态环境的保护、生态科考和研学旅行的开展等内容。因此,自然保护地规划与旅游规划之间相互渗透、相互补充、相辅相成、各有所长。从行政管理上讲,它们都属于并行的特定领域、特定区域的专项规划,它

---

① 中共中央办公厅 国务院办公厅.关于建立以国家公园为主体的自然保护地体系的指导意见[EB/OL]. http://www.gov.cn/zhengce/2019-06/26/content_5403497.htm.

们之间应坚持等位规划相互协调、不得矛盾的原则。旅游规划涉及自然保护地时，必须严格遵守自然保护地、生态保护红线监管的有关规定。原则上，核心保护区内禁止人为活动，不准安排旅游项目；一般控制区内允许适度的参观旅游及相关的必要公共设施建设。

以风景名胜区规划为例。在自然保护地目前的类型中，风景名胜区与旅游区最为接近。风景名胜区通常也是旅游区，往往包含多个旅游景区。因此，风景名胜区规划与旅游规划关系密切，相辅相成。风景名胜区规划也称风景区规划，是保护培育、开发利用和经营管理风景区，并发挥其多种功能作用的统筹部署和具体安排。旅游规划与之在规划的作用、编制理念、技术方法等方面，都有较多的相同或相似之处。并且，它们都属于宏观规划体系中的专项规划，它们之间必须本着相互协调、不得矛盾的基本原则。它们之间的不同之处主要体现在：

一是管理部门不同。风景名胜区过去由住建部门管理，现已归入自然资源部门的林草局管理。旅游规划通常由原旅游部门、现在的文旅部门管理。

二是两种规划的性质和出发点不同。风景名胜区规划是保护性较强的规划，规划必须明确风景区内各级保护区的范围和保护要求。其目的主要是科学保护与合理利用风景资源。旅游规划是发展类或开发类规划，主要是为旅游地发展旅游业、开发建设旅游项目提供依据，更加注重满足旅游需求、获得经济效益。

三是规划的技术要求不同。风景名胜区规划由具有城乡规划资质和风景园林工程设计资质的单位依照《风景名胜区总体规划标准》(GB/T 50298—2018)等的技术要求进行规划。旅游区规划则是由具有旅游规划资质的单位依照《旅游规划通则》(GB/T 18971—2003)等的要求进行规划，由文旅部门管理。

四是法律效力不同。国家 2006 年颁布有《风景名胜区条例》，很多地方也颁布有关于风景名胜区的保护条例或管理条例。经相应等级的人民政府审查批准后的风景名胜区规划，具有较强的法律权威，必须严格执行。风景区依法确定的区域范围、规划内容和保护要求，非合法程序不得更改。相对而言，旅游区规划的法律效力较弱，执行力差。

1.5.4 与文化遗产保护利用规划的关系

像自然保护地一样，各类文化遗产的保护、传承和利用也与旅游发展关系密切。在现实管理中，为了保护有价值的各级各类文化遗产及其生态系统，国家相关部门编制有形式多样、功能各异的文化遗产保护利用规划。

其中，文物部门主要负责以文物保护、博物馆展示为中心的相关规划。如：文物和博物馆事业发展规划、文物保护规划、文物展示利用规划、大遗址保护规划、考古遗址公园规划、文物和博物馆公共资源共享规划等。文物部门的规划根据规划用途和技术要求的不同，可以分为发展规划、总体规划、详细规划、工程设计等不同层次。

文旅部门主要负责以文化资源保护、传承、弘扬为中心的规划。如：文化遗产资源保护传承利用规划、国家文化公园建设保护规划、非物质文化遗产保护传承利用规划、文化生态保护区规划等。可以分为发展规划、总体规划、详细规划等不同层次。

住建部门主要负责与城乡建设密切相关的历史文化遗产地的保护建设规划。主要指历史文化名城、名镇、名村、历史街区、历史文化保护区、传统村落等的保护、建设规划。包含总体规划、城市设计、详细规划等不同的规划层次。

这些规划尽管类型、形式、功能多种多样，主管部门、管理办法各不相同，但总体上都是坚持保护优先、传承发展、持续利用等原则，都是既强调保护、传承、利用，又或多或少涉及开发建设、文旅融合、创新发展等相关内容。

历史文化遗产是不可再生、不可替代的宝贵资源，同时也是重要的旅游资源。很显然，旅游利用是文化遗产利用的主要途径。因此，文化遗产保护利用规划通常少不了旅游规划的有关内容。旅游规划在文化遗产传承利用及其创新性发展、创造性转化方面可以大显身手。旅游规划往往也少不了文化遗产保护传承利用的内容。因此，它们之间相互渗透、相互补充、相辅相成、各有所长。从行政管理上讲，旅游规划与这些规划都属于并行的特定领域、特定区域的专项规划，它们之间应坚持等位规划相互协调、不得矛盾的原则。旅游规划涉及历史文化遗产保护时，规划内容要符合文化遗产相关的保护规划、保护法规的要求，不得与之相矛盾。

本章小结

本章是旅游规划中最基础的部分，详细介绍了旅游规划的概念以及类型划分，重点讲述了旅游规划的主要内容、要求及编制程序。并对旅游规划与其他规划之间的关系进行了说明。

重点概念

旅游规划　旅游发展规划　旅游规划分类

案例分析

《焦作市“十四五”文化和旅游发展规划》简介

《焦作市“十四五”文化和旅游发展规划》是焦作市文化广电和旅游局委托北京大地风景旅游景观规划设计有限公司于2021年上半年完成的，是地市级“十四五”文化和旅游发展规划的一个代表。

该规划是焦作市为建设文化旅游强市和国际文化旅游名城，依据《中华人民共和国旅游法》《文化和旅游规划管理办法》的要求和《焦作市国民经济和社会发展第十四个五年规划和2035年远景目标纲要》明确的目标、任务编制的。

该规划第一部分深入研究了焦作市文化和旅游发展的大环境，总结了“十三五”时期的成就和经验，指出了“十四五”时期面临的发展机遇和问题，为规划思路的提出奠定了坚实基础；第二部分提出了“十四五”时期文化和旅游发展的总体思路，包括指导思想、发展原则、发展定位、发展目标和发展战略；第三部分提出了文旅发展的空间布局结构和空间发展思路；第四部分指出了规划期内文旅发展的十大重点任务；第五部分对文旅发展的保障体系提出了主要思路和措施；第六部分是“十四五”文旅项目库列表，从项目名称、项目选址、性质、建设内容、拟投资金额等方面，列出了核心项目库表、重点项目库表，这八十多个项目将是“十四五”时期全市文旅发展的重要抓手。参见表1-5。

该规划思路清晰，结构合理，重点突出，任务明确，措施得力，是对“十四五”期间焦作市文化和旅游发展的战略部署，是指导焦作市文化和旅游工作的重要依据，也是焦作市域内文化和旅游专项规划、区域规划、旅游区规划的重要依据。

表1-5 焦作市“十四五”文化和旅游发展规划内容简要

规划目录	内容简要
序言	简要说明编制本规划的目的和依据
第一章　发展环境	一、“十三五”时期文化和旅游业发展成就 二、“十四五”文旅融合发展面临的重大机遇 三、“十四五”文旅融合面临的主要问题和挑战
第二章　总体要求	一、指导思想 二、总体原则——坚持以人民为中心；坚持高质量发展；坚持宜融则融，能融尽融；坚持市场主导，创新驱动 三、发展定位——黄河流域生态保护和高质量发展文旅融合示范区、太行山旅游发展引领区、国际文化旅游名城 四、发展目标——国家全域旅游示范市、河南省文化和旅游产业融合发展示范区、国际知名文化旅游名城 五、总体战略——文旅融合战略、区域联动战略、全域旅游战略、产业引领战略、科技驱动战略
第三章　发展布局	一、布局原则——强化城区，提升能级；区域联动，集聚发展；交通串联，轴带支撑 二、构建“一心两翼三廊”空间格局——“一心”指焦修博城市文旅服务核心；“两翼”指北部南太行生态文旅产业发展带和南部沿黄生态文旅产业发展带；“三廊”指云修武文旅发展廊、焦博温文旅发展廊、焦沁孟文旅发展廊 三、各县（市）区文旅产业差异化发展 解放区：品质城市消费示范区，百年焦作文化核心区 山阳区：历史文化传承发展区，现代体育公共休闲区 中站区：红色文化核心体验区，近郊山地生态度假区 马村区：现代农业科技度假区，工业矿区创意旅游区 示范区：大沙河城市生态度假区，现代工业创新旅游区 孟州市：黄河文化节点城市，特色产业旅游城市 沁阳市：历史文化旅游名城，山水旅游度假目的地 温县：黄河文化节点县，太极养生度假目的地 修武县：全域旅游先行示范区，风景旅游度假目的地 武陟县：黄河文化节点县，郑州大都市区新兴增长中心 博爱县：全域旅游示范区，焦作特色美食胜地

续表 1–5

规划目录	内容简要
第四章　重点任务	一、高质量发展，建设黄河生态文旅产业发展带 二、提质升级，优化南太行生态文旅产业发展带 三、全面布局，提升中心城区文化旅游能级 四、联动发展，共建两山两拳区域生态文旅融合示范带 五、传承文化，促进文化遗产保护活化 六、产业融合，创新培育文旅产业体系 七、特色打造，乡村旅游带动乡村振兴 八、联动创新，建立红色精品旅游体系 九、创新营销，擦亮城市文旅品牌形象 十、主客共享，完善文旅公共服务体系
第五章　保障体系	一、创新文旅融合管理体制 二、优化企业营商政策环境 三、搭建文旅投资融资平台 四、推进综合管理体制创新 五、构建旅游人才培养体系 六、建立生态旅游发展机制
附录： 焦作市“十四五”文旅项目库	一、核心项目 二、重点项目
附图	01 区位分析图 02 区域铁路交通分析图 03 区域公路交通分析图 04 A 级旅游景区分布图 05 空间结构规划图 06 公共服务设施规划图 07 核心项目布局图 08 重点项目布局图

资料来源：根据 2021 年完成的《焦作市“十四五”文化和旅游发展规划》（评审稿）整理，仅供学习参考。

该规划具有站位高、格局大的显著特点。它不仅融入了新时代党中央治国理政的新思想、新理念，还积极响应了黄河流域生态保护和高质量发展战略、太行山旅游业发展规划、大运河和黄河国家文化公园建设等国家重大战略或规划，使该规划严格贯彻落实上级精神和上级规划的意图。它还充分考虑了郑州大都市区建设、洛阳都市圈建设和豫晋联动发展，重点谋划了“两山两拳”（指嵩山、云台山、少林拳、太极拳）区域生态文旅融合示范带、南太行生态文旅产业发展带、黄河生态文旅产业发展带，明确了焦作市文化和旅游发展的重点地区和主攻方向。

相较于过去编制的旅游发展规划而言，该规划具有文旅融合的显著特点。它紧紧围绕文旅融合这个核心，加强文旅融合的顶层设计，落实“以文塑旅、以旅彰文”理念，深化文化旅游供给侧结构性改革，深入推进焦作旅游“二次创业”，充分发挥“太行、太极、黄河”三大世界级文旅资源的带动优势，致力于打造郑州大都市区文旅融合发展核心示范区、黄河流域生态保护和高质量发展文旅融合示范区、太行山旅游发展引领区、国际文化旅游名城。它立足城市品牌建设，全面挖掘、整合全市的文旅资源，坚持市场主导、创新驱动、项目带动、产业引领，全力打造国际文化旅游名城和“太极胜地 · 山水焦作”城市综合文旅品牌。最后提出创新文旅融合管理体制、搭建文旅投资融资平台等保障措施。

此外，该规划还具有很强的实用性、针对性特点。它应时之需，努力扬焦作之长、补焦作之短。例如：针对焦作“景区热、城区冷”的主要问题，深入研究中心城区资源特色和发展现状，详细谋划了中心城区的文旅发展，努力提升中心城区文化旅游能级。在总体定位上，提出打造“三城”，即文化生态旅游城、文旅消费示范城、文旅服务核心城。在总体布局上，提出构建中心城区“两轴三廊四区”的“山、水、城”相得益彰的文旅空间格局。两轴，即迎宾路城市文化景观发展轴、人民路区域联动发展轴；三廊，即南水北调水利文化廊、大沙河生态休闲廊、南太行浅山活力廊；四区，即老电厂文化创意旅游区、影视城浅山休闲度假区、新河城市商旅融合示范区、东部矿区生态农旅休闲区。在实施路径上，明确了做强工业旅游、做优生态旅游、做好文化旅游、做全融合旅游四大文旅产品优化方向；谋划了提升消费环境、打造消费试点、发展夜间旅游三大消费激活手段；提出了打造“焦修博城市文旅服务核心”的区域联动战略。在引擎带动上，重点规划了滨水生态休闲产品、工业遗产体验产品、近郊山地度假产品、现代工农业体验产品、文旅商业街区产品、文化遗产综合产品六大类文化旅游产品，并部署了水系夜游地标培育、夜游打卡线路培育两大夜间旅游培育工程。

《焦作市“十四五”文化和旅游发展规划》将在“十四五”期间对焦作全市的文化和旅游发展起到强大的统领作用。

案例思考

1. 焦作市“十四五”文化和旅游发展规划包含哪些内容？
2. 你认为该规划有什么重要意义？如何处理好它与其他规划的关系？

课后思考

1. 解释旅游规划的概念。
2. 旅游规划的类型有哪些？其分类标准是什么？
3. 试述旅游发展规划与旅游区规划的内容。
4. 旅游规划需要遵循哪些要求？
5. 简述旅游规划的编制程序。

参考书目

1. 马耀峰. 旅游资源开发及管理[M]. 北京：高等教育出版社，2010.
2. 马勇，李玺. 旅游规划与开发[M]. 4 版. 北京：高等教育出版社，2018.

3. 吴必虎. 区域旅游规划原理[M]. 北京:中国旅游出版社,2010.
4. 马耀峰. 旅游规划[M]. 北京:中国人民大学出版社,2011.
5. 白翠玲, 秦安臣. 旅游规划与开发[M]. 杭州:浙江大学出版社, 2013.
6. GB/T 50298—2018. 风景名胜区总体规划标准[S].
7. GB/T 50357—2018. 历史文化名城保护规划标准[S].

2 旅游规划研究进展与理论基础

学习目标

通过本章的学习，要求学生了解国内外旅游规划的研究进展，掌握系统理论、旅游可持续发展理论的内涵，学会正确使用旅游地生命周期理论分析旅游规划的相关问题，了解区位理论、核心—边缘理论。

学习难点

国内外旅游规划进展　旅游规划的理论基础

2.1 国内外旅游规划研究进展

2.1.1 国外旅游规划研究进展

国外旅游规划的研究工作起步较早，理论和实践相对都比较成熟。针对不同时期旅游规划的具体内容和研究进展，可以将其研究发展历程划分为初始、过渡、快速发展和深入发展4个阶段。

2.1.1.1 初始阶段(20世纪30年代—70年代初)

旅游规划最早起源于20世纪30年代中期的英国、法国和爱尔兰等国家。最初旅游规划只是为一些旅游项目或设施做一些基本的市场评估和场地设计，例如为饭店或旅馆选址等，从严格意义上讲，这还算不上真正意义的旅游规划。20世纪50年代后期，当时人们已经意识到旅游开发能带来可观的经济效益，一些国家、地区的规划开始涉及旅游。1959年，在美国的夏威夷州规划中，旅游规划第一次成为区域规划中的一个重要组成部分。由于美国夏威夷州规划中旅游规划成果具有完整形态，其基本体系和具体内容都已接近于现代的旅游规划，因此，夏威夷州规划被一致认为是现代旅游规划的先驱。这一时期的旅游规划主要理论基础是旅游经济学、旅游地理学等，旅游规划者多从旅游活动与区域经济发展的经济性角度进行研究，主要代表性人物是加拿大的地理学家罗伊·沃尔夫(Roy Wolfe)。

20世纪60年代，英国、法国相继出现了正式的旅游规划。1963年，联合国国际旅游大会强调了旅游规划的重要意义。随后，马来西亚、加拿大、澳大利亚、美国等国家和地区均兴起了制定旅游规划。到20世纪70年代初,世界旅游业发展迅速,旅游开发的需求也逐步加大,因此,旅游规划得到较为广泛发展,从欧洲逐渐发展到北美的加拿大,然后进一步向亚洲和非洲等国家和地区扩展。这个时期的旅游规划内容主要集中于旅游资源的开发与利用、新旅游区开发等。学术界开始出现旅游规划方面的研究成果,如斯坦菲尔德(Steinfeld)的《美国海滨避暑胜地》、明斯(Minns)的《西印度群岛》等论文,都从不同角度探讨了旅游资源开发问题。

2.1.1.2　过渡阶段(20世纪70年代—80年代)

20世纪70年代,旅游规划的观念开始为许多国家及国际组织所认同和重视。如世界旅游组织、世界银行等国际组织都积极推动旅游规划的发展,并参与了菲律宾、斯里兰卡、尼泊尔、肯尼亚等国家的旅游规划编制工作。此时,旅游业的持续发展使旅游规划研究得到进一步加强,其显著特点就是出现了比较系统的旅游规划著作。1977年,世界旅游组织(UNWTO)对有关旅游开发规划的调查表明,43个成员国中有37个国家有了国家级的旅游总体规划。随后,世界旅游组织出版了两个旅游开发文件即《综合规划》(*Integrated Planning*)和《旅游开发规划明细录》(*Inventory of Tourism Development Plans*)。《综合规划》是为发展中国家提供的一本技术指导手册,《旅游开发规划明细录》则汇集了对118个国家和地区旅游管理机构和旅游规划的调查。1979年,UNWTO实施了全球范围内的旅游规划调查,共调查案例1 619个(184个地区规划、384个区域规划、180个国家规划、266个区域间规划、42个部门规划、599个景点规划),并形成了第一份全球在旅游开发方面的经验报告。报告指出,只有55.5%的规划和方案被实施,规划的制定和实施之间存在脱节;制定旅游规划与使用的各种方法之间差别很大;规划对成本收益方面考虑多,而社会因素涉及的少;地区级规划要比区域级、国家级、世界级更有效和普遍。此外,冈恩(Gunn)于1979年出版了早期旅游规划思想体系的总结著作《旅游规划》。该阶段旅游规划的边缘学科性质日益显现,旅游心理学、旅游社会学等更多的其他学科方法被引入旅游规划之中。旅游规划从传统静态的、确定性规划转变为动态的、不确定性规划。

2.1.1.3　快速发展阶段(20世纪80年代—90年代)

20世纪80年代是旅游规划研究与实践的大发展时期,大量的研究使旅游规划的理论思想和方法得到进一步充实,研究内容也日趋多样化。旅游规划在发达国家进一步普及和深化,同时也普及了许多欠发达国家和地区,还出现了旅游规划修编。如1959年美国夏威夷州编制的旅游规划于1980年进行了修编,印度尼西亚也在1981年编制了奴萨—坦格拉旅游规划等。

随着旅游规划理论研究的不断深入和实践经验的逐步积累,人们对旅游规划的认识则更为深刻。墨菲(Murphy)于1985年出版了《旅游:社区方法》,盖茨(Getz)于1986年发表《理论与实践相结合的旅游规划模型》,冈恩(Gunn)于1988年出版了《旅游规划》(第二版),道格拉斯·皮尔斯(Douglas Pearce)于1989年出版了《旅游开发》,他们在论著里深入地揭示了旅游规划的内涵,并对旅游规划是一门综合性极强的交叉学科基本上达成共识。这个时期提出了系列指导旅游规划的理论,其中有著名的门槛理论和旅游地生命周期理论。在旅游规划方法上,墨菲(Murphy)的社区方法和投入产出分析方法也被应用到规划之中,定量技术研究得到迅速发展。史密斯(Stephen L. J. Smith)在《旅游分析手册》中以简明实用的方式为旅游规划人员、研究人员、咨询人员和决策者介绍了36种较重要的数量方法,对每种方法的用途与其他研究手段的关系以及可能出现的疏漏做了较好的阐述。这个阶段,旅游地理学、旅游生态环境学等理论逐渐被引入旅游规划中并起到了重要的作用。

2.1.1.4 深入发展阶段(20世纪90年代至今)

20世纪90年代初,国外旅游规划理论和实践已比较丰富,建立了一定的旅游规划标准程序框架,旅游规划内容、方法和程序日渐成熟。美国著名旅游规划学家爱德华·因斯凯普(Edward Inskeep)为旅游规划的标准程序框架建立做出了巨大贡献。其两本代表作《旅游规划:一种集成的和可持续的方法》和《国家和地区旅游规划》,是面向旅游规划师操作的理论和技术指导著作。同期世界旅游组织也出版了《可持续旅游开发:地方规划师指南》及《旅游度假区的综合模式》等。由纳尔逊(J. G. Nelson)、巴特勒(R. Butler)和沃尔(G. Wall)主编的论文集《旅游和可持续发展:监控、规划、管理》着重于旅游规划贯彻和实施过程方面的研究。

这一时期,亚太旅游协会(PATA)高级副总裁罗杰·格里芬(Roger Griffin)先生在辩证理解旅游规划与市场营销关系的基础上提出了"创造市场营销与旅游规划的统一"的观点,反映了20世纪90年代旅游规划编制者对市场要素的重视。此后,旅游市场营销规划被纳入旅游规划的内容体系。

与此同时,旅游规划界开始关注旅游资源开发与保护之间的关系,并在旅游规划与开发过程中体现可持续发展的思想。如澳大利亚学者 Rors K. Dowling 提出"从环境适应性来探讨旅游发展规划",从而把环境规划和旅游规划融为一体,体现了可持续发展的思想,其实质是一种生态旅游规划框架。1995年4月27日,联合国教科文组织、环境计划署和世界旅游组织在西班牙加那利群岛兰沙罗特岛共同召开了由75个国家和地区600余名代表出席的"可持续旅游发展世界会议",会议通过了《可持续旅游发展宪章》和《可持续旅游发展行动计划》,确立了可持续发展的思想方法在旅游资源保护、开发和规划中的地位,并明确规定了旅游规划中要执行该行动计划。总之,20世纪90年代以来国外旅游规划研究和实践在理念上不断创新发展,在内容上日益完善和系统化,呈现出一种向纵深发展的态势。

2.1.2 国内旅游规划研究进展

我国的旅游规划实践与理论研究起步较晚,但发展较为迅速。其发展历程大体可分为起步、发展、成熟和规范化与创新发展阶段。

2.1.2.1 起步阶段(20世纪70年代—80年代初期)

我国的旅游规划最初是由国家建设规划部门、林业部门等机构的人员完成的。20世纪70年代,国家建设规划部门开始对城市、景区进行相应的开发规划,出现了风景旅游城市规划和风景名胜区规划等。同时,林业部门也开始进行其所管辖的森林公园的规划与开发。这些早期编制的规划，主要由政府部门直接参与，规划成员以城市规划和建筑设计规划者为主。严格来说，这个时期所编制的旅游规划属于建设规划的范畴。

1978 年改革开放使我国一切工作的重心回到经济建设上来，旅游业的创汇作用受到政府的重视。1979 年 7 月邓小平同志视察黄山时提出“要把旅游当作产业来办”，开发黄山“省里要有个规划”。1979 年 9 月，国务院在北戴河召开全国旅游工作会议，国家旅游局（原中国旅行游览事业管理局，现文化和旅游部，下同）在此次会议上讨论了《关于1980 年至 1985 年旅游事业发展规划（草案）》。这是我国国家级旅游发展规划编制的开始。此后，国家级旅游发展规划对应国民经济发展五年计划，系统的旅游经济产业思想与旅游发展规划先行的理念开始形成。

地理科学的综合性、区域性和兼跨自然科学与社会科学的二重性等特征，使中国的地理学者陈传康、卢云亭、郭来喜等成为最早一批从事旅游规划的科学研究和实践人员。1979 年中国科学院地理研究所组建了旅游地理学科组。20 世纪 80 年代初有关旅游资源评价和开发思想逐步形成，为其后的旅游资源开发规划奠定了基础。1981 年北京旅游学院筹备处把有关旅游规划研究论著汇编成册——《旅游资源的开发与观赏》。1982 年中国科学院旅游地理学科组把前期研究成果汇编出版——《旅游地理文集》，其中郭来喜的《旅游规划问题初探》《中国旅游业发展的十个问题及其解决途径》是我国对旅游规划理论基础研究的最早成果。1984 年郭来喜主持的“华北海滨风景区昌黎段开发研究”，是地理专家从事区域旅游规划最成功的范例。在这一阶段，旅游规划的指导理论主要是旅游地理学、区域经济学、旅游生态学等，规划内容侧重于旅游资源的评价与组合，摸索出了以资源为基础和导向的规划模式。

2.1.2.2 发展阶段（20 世纪 80 年代中期—90 年代初期）

1985 年底，国务院常务会议决定把旅游业纳入我国国民经济和社会发展计划，确定了旅游业在国民经济中的产业地位。1986 年初，国务院通过了国家旅游局编制的《1986 年至 2000 年旅游事业的发展规划》（旅游事业“七五”计划），为后来国家和地方制定旅游工作规划奠定了政策基础。此阶段，强劲增长的旅游需求缺乏理论上的指引，地理学以及经济学领域的学者开始介入旅游规划领域。旅游规划研究关注的焦点仍然停留在旅游资源开发和旅游产品设计等方面。如 1985 年郭康等完成的“秦皇岛市老岭旅游资源的开发战略”，1986 年陈传康等完成的“广东省陆丰县（现陆丰市）的海滨旅游资源开发层次结构”等。该阶段学者对旅游规划理论的贡献主要是旅游资源和旅游地的评价方法。楚义芳于 1989 年构建了我国观赏型旅游地评价的模型系统。

这一时期，区域规划和城市规划也开始关注城市的旅游功能，推动了城市旅游规划的开展。1985 年北京市政府组织专家经过近一年的旅游资源调查，编制完成《北京市旅游发展战略规划》，在全国产生了广泛的影响。20 世纪 80 年代初期，国家对风景名胜区的重视推动了风景名胜区规划工作的开展。1985 年 6 月 7 日，国务院发布《风景名胜区管理暂行条例》，条例规定把风景名胜区划分为国家、省、市县三级，并要求制定规划，因此，出现了一批风景名胜区规划和以丁文魁为代表的风景学派。同时，园林、建筑、环境、管理等众多学科的学者纷纷加入旅游规划研究队伍中，改变了前期规划队伍由单一学科专家组成的格局。

2.1.2.3 成熟阶段(20世纪90年代—21世纪初期)

我国旅游业从20世纪90年代初开始引导和促进旅游产品结构的战略调整,其标志就是应原国家旅游局等部门建议,国务院批准试办国家级旅游度假区。1992年首批11个国家级旅游度假区项目开启了我国旅游产业向市场经济转型的先河。政府在旅游规划中的主导作用日益突出,原国家旅游局先后完成《中国旅游资源普查规范(试行稿)》(1992)、《旅游规划工作纲要》(1997)、《旅游业可持续发展——地方旅游规划指南》(1997)、《旅游发展规划管理暂行办法》(1999)、《旅游发展规划管理办法》(2000)、《旅游规划设计单位资质认定暂行办法》(2000),一系列文件的出台表明我国旅游规划市场开始走向成熟。与此同时,我国的旅游规划工作开始与国际接轨或合作,如四川、山东、云南、海南等省份委托世界旅游组织为其编制旅游业发展规划。

这一阶段的旅游规划以旅游市场需求为出发点,市场以及客源分析在旅游规划中的作用受到重视。在市场导向基础上,我国"九五"以及"十五"旅游规划分别提出"塑造地区旅游形象"以及"旅游产品体系建设",旅游规划衍生出产品与形象两个导向,旅游市场细分、旅游形象定位、旅游形象营销等理论开始出现,旅游地生命周期理论、可持续发展理论、社区理论等从国外引入,昂普(RMP)分析技术被提出,以市场为导向的旅游规划理论与实践不断完善,其中比较具有代表性的著作有《旅游开发与规划》(邹统钎,1993)、《旅游产业规划指南》(王兴斌,2000)、《区域旅游规划原理》(吴必虎,2001)等。

2.1.2.4 规范化与创新发展阶段(21世纪初期至今)

进入21世纪以后,我国的旅游规划制度体系开始逐渐完善,旅游规划逐步走向规范化与创新发展。2003年5月,《旅游规划通则》《旅游资源分类、调查与评价》和《旅游区(点)质量的评价和划分》三部涉及旅游规划的国家标准正式开始实施,进一步规范了旅游规划编制工作。2013年10月,《中华人民共和国旅游法》实施,在旅游业基本法层面,从规划主体、规划内容等方面对旅游规划进行规制。旅游法明确了国务院和县级以上人民政府组织编制旅游发展规划的责任,要求将旅游业发展纳入国民经济和社会发展规划。2014年,旅游规划行业积极响应市县"多规合一"试点工作,力求实现旅游引领下的"多规合一"。与此同时,专业化旅游规划公司蓬勃兴起,政府、企业与规划编制单位和机构之间开始形成了良好的互动与约束机制,这对于我国旅游规划的发展具有重要的意义,也是我国旅游规划迈向市场化和国际化的重要一步。

在创新方面,我国的旅游规划工作者开始大量地参考和关注海内外先进的研究分析技术和方法。如网络信息技术、大数据分析技术、3S技术(全球定位系统、地理信息系统、遥感技术)和一些理论如系统论、控制论、行为论等,都被引入了旅游规划的编制之中。这些先进的技术工具与理论方法促进了我国旅游规划质量的提升。

该阶段中,我国在旅游规划的理念上也有较大的变革和发展。2015年4月,中共中央、国务院发布《关于加快推进生态文明建设的意见》,明确提出"坚持绿水青山就是金山银山,深入持久地推进生态文明建设"。旅游业成为践行"两山"理论的最好样板,在保护生态环境、带动区域协调发展等方面发挥了重要作用。2015年9月,原国家旅游局发出《关于开展"国家全域旅游示范区"创建工作的通知》,使得我国进入全域旅游发展阶段,并逐步构建了系统化的全域旅游发展目标，即旅游治理规范化、旅游发展全域化、旅游供给品质化、旅游参与全民化、旅游效应最大化。2017 年 6 月 12 日，原国家旅游局召开新闻发布会，正式发布了《全域旅游示范区创建工作导则》，为全域旅游示范区创建工作提供行动指南。2018 年国务院办公厅印发《关于促进全域旅游发展的指导意见》，标志着全域旅游上升为国家战略。因此，全域旅游发展规划的需求日渐旺盛。全域旅游为旅游规划提供了一种立足于旅游产业，更加注重区域协调可持续的全新发展模式，以“旅游+”为基础，打破了传统旅游规划以景点建设为核心的理念，进一步深化旅游目的地整合的概念内涵，从对量的追求转向对质的追求。全域旅游强调“多规合一”，突出“旅游+”的产业融合理念。全域旅游强调“全要素、全行业、全过程、全时空、全方位、全社会、全部门以及全游客”的八全内涵，以社会共建共享实现旅游公共服务的整合发展，这一理念指引下的旅游规划具有开放性与动态性的特征，拓展了旅游业发展的空间范围，打通了旅游产业发展链条，明确了旅游业在区域经济发展中的优势地位。全域旅游时代的旅游规划契合了现阶段我国多层次、多形态的旅游需求，突出旅游业在社会发展过程中的带动作用，这不仅是我国旅游改革创新、转型提质发展的必然要求，也符合世界旅游发展的总体规律与趋势。

2.2 旅游规划编制的理论基础

2.2.1 系统理论

2.2.1.1 系统理论的内涵

系统理论认为系统是由相互联系的各个部分和要素组成，具有一定结构和功能的有机整体。这个整体称为系统，构成整体的各个局部称为子系统，子系统下面还有更低一级的子系统，最低级的为组成系统的各要素。系统论的基本思想就是把要研究和处理的对象都看成是一个系统，从整体上考虑问题；同时还特别注意各个子系统之间的有机联系；把系统内部的各个环节，各个部分，以及系统内部和外部环境等因素，都看成是相互联系、相互影响、相互制约的。系统具有整体性、综合性、层次性、动态性、结构性等特性。

系统理论把旅游看成是一个系统。旅游的系统性有两个方面：一是功能的系统性，二是结构（主要是空间结构）的系统性。旅游功能系统最早由冈恩（Gunn）提出，它由需求板块和供给板块两个部分组成，其中供给板块又由交通、信息促销、吸引物和服务等部分构成，这些要素之间存在强烈的相互依赖。我国学者陈安泽和卢云亭于 1991 年也提出旅游系统由供给系统和需求系统构成。其中供给系统包括旅游地域系统、旅游服务系统、旅游教育系统、旅游商品系统四个子系统。吴必虎认为“旅游活动实际上是一个系统”，由客源市场系统、目的地系统、出行系统和支持系统组成。

从空间结构角度考察旅游系统，雷珀（Leiper，1995）提出了空间旅游系统，该模型包括旅游者、旅游业、客源地、旅游通道和目的地等 5 个要素，把旅游系统描述为由旅游通道连接的客源地和目的地的组合，在结构功能和空间结构两个层面上讨论旅游系统。

2.2.1.2 系统理论在旅游规划中的应用

系统理论为旅游规划提供了方法论基础。系统论在旅游规划中的应用主要体现在以下两方面：

(1)系统思维在旅游规划中的应用 旅游系统规划的基本思想就是以客源市场系统为导向，以旅游目的地系统规划为主体，以出游系统为媒介，以支持系统即环境为保障，利用反馈系统来监控。因此，在旅游规划的实践中，规划人员应利用系统观念，把规划的对象区域看作是一个完整的系统，结合旅游系统的特性分析对象区域的属性及其与外界环境的关系，对其内部的构成要素进行完善，理顺各要素之间的关系，使其健康、有序地发展。

(2)系统分析和综合方法在旅游规划中的应用 旅游规划的内容和考虑的因素比较复杂，将这些内容和因素合理地组织起来需要运用系统方法。运用系统论的层次性将旅游规划系统细分为多个子规划系统，子规划系统又被细分为更低组织水平的子系统，最后到组成旅游系统的诸要素。系统分析，就是逐层进行分析，最终落到对组成要素及其影响因素的分析；系统综合，首先是要素的综合，然后由低组织水平的子规划系统向高组织水平的子规划系统逐步综合，最后是整个旅游系统的整体规划。

2.2.2 旅游地生命周期理论

2.2.2.1 旅游地生命周期理论的内涵

旅游地生命周期的概念最早是由德国学者克里斯塔勒(Christaller W,1963)在研究欧洲的旅游发展时提出的，美国学者斯坦斯菲尔德(Stansfield C,1978)在研究美国大西洋城旅游发展时也提出了类似的概念。目前，被学者们公认并广泛应用的旅游地生命周期理论是由加拿大学者巴特勒(Butler,1980)提出的。

巴特勒根据产品周期的概念，提出旅游地的演化经过6个阶段：探索阶段、起步阶段、发展阶段、稳固阶段、停滞阶段、衰落或复苏阶段，如图2-1所示。

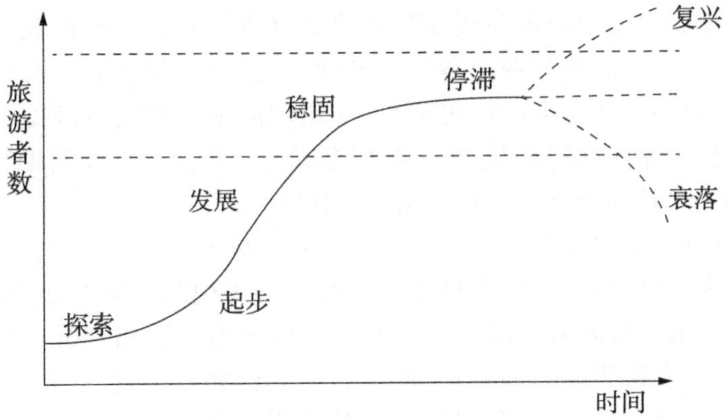

图2-1 旅游地生命周期

资料来源：巴特勒(Butler,1980)

（1）探索阶段　这是旅游地发展的初始阶段，特点是旅游地只有零散的游客，没有特别的设施，其自然和社会环境未因旅游的产生而发生变化。

（2）起步阶段　随着旅游者人数增多，旅游逐渐变得有规律，本地居民开始为旅游者提供一些简便的设施。随着这个阶段的到来，广告开始出现，旅游市场范围已基本可以被界定出来，旅游季节也逐渐形成，一些本地居民为适应旅游季节调整生活方式，有组织的旅游开始出现，迫使地方政府和旅游机构增加、改善旅游设施和交通状况。

（3）发展阶段　在大量广告和旅游者的宣传下，一个成熟的旅游市场已经形成，外来投资骤增，本地居民提供的简陋膳宿设施逐渐被规模大、现代化的设施取代，旅游地自然面貌的改变已比较显著。

（4）稳固阶段　游客增长率将下降，但总游客量将继续增加并超过常住居民数量。旅游地大部分经济活动与旅游业紧密联系在一起，为了扩大市场范围和延长旅游季节，广告无所不在。大规模的旅游者已经对当地居民的生活造成了一定的影响，当地居民会对大量游客的到来和为游客服务而修建的设施产生反感和不满。旅游地在这一阶段有了界线分明的娱乐、商业区，以前的设施有可能成为二级设施而满足不了需要。

（5）停滞阶段　在这个阶段，游客量达到最大，旅游环境容量已趋饱和或被超过，环境、社会和经济问题随之而至。接待设施过剩，保持游客规模需要付出大量的努力。

（6）衰落或复苏阶段　在衰落阶段，旅游地市场衰落，无论是吸引范围还是游客量，已不能和新的旅游地相竞争。随着旅游业的衰退，最终原来的旅游地可能完全失去旅游功能。另一方面，旅游地也可能进入复苏阶段，若要进入复苏阶段，旅游地必须积极进行旅游开发创新，如新建一系列人造旅游景观或开发新的旅游资源，重新启动旅游市场。

2.2.2.2　旅游地生命周期理论在旅游规划中的应用

（1）可作为解释旅游地演变的模型　旅游地的演变过程十分复杂，而应用巴特勒旅游地生命周期理论进行分析时，则可根据各种不同旅游地的具体生命周期特点及规律，剖析形成这些具体生命周期特点和规律的内在因素，帮助系统梳理影响各阶段游客量变化的因素，使复杂的问题趋于简单化，因此该理论是分析旅游地兴衰过程的简便有效的方法之一。但巴特勒的旅游地生命周期理论只是提供了研究旅游地演化过程的理论框架，然而希望用这一理论既能解释复杂的旅游地演化规划，又能对旅游地的游客做出准确的预测，是不现实的。就我国的情况而言，应用旅游地生命周期理论框架去分析各种不同旅游地的具体生命周期特点及规律，剖析形成这些具体的生命周期特点和规律的内在因素，可以有效地指导旅游地的规划、建设和管理。

（2）指导旅游地规划和市场营销工作　应用旅游地生命周期理论去分析影响旅游产品生命周期的因素，也就是要分析影响旅游产品作为吸引物的魅力由盛变衰的条件，可以有效地指导旅游地的规划和市场营销工作。对旅游地生命周期分析要联系对产品的宣传促销、旅游消费者购买能力的变化、旅游产品流行的非市场性因素等。对于调整性旅游规划可依据旅游地所处的生命周期阶段及时调整开发方向、产品结构，改善旅游发展环境、改变市场营销策略等，以尽量延长旅游地的生命周期。

（3）作为旅游地预测的工具　旅游地生命周期理论描述了旅游地各发展阶段的特征，并较好地预示了其今后的发展趋势，因此，可作为旅游地预测的工具，有效地指导旅游地的规划建设和管理。依据这种对周期阶段特征的描述,可在不同阶段对旅游地或旅游产品进行预测,采取针对性的开发战略和政策措施,以使旅游地尽快地步入稳固期,并延长稳固期,实现旅游地的长期稳定发展。例如,在探索阶段应致力于环境保护,注重项目的特色和多样性,倡导和鼓励项目的适当超前性,倡导和鼓励有文化品位的项目。在发展和稳固阶段优先考虑如何加强管理,防止旅游地衰落的问题;一旦衰落发生,那么应该预测是否有必要去复苏旅游地以及如何复苏问题等。

2.2.3 旅游可持续发展理论

可持续发展理论是在生态环境危及人类的生存和发展,传统发展模式严重制约经济发展和社会进步,人类对环境保护的呼声日益高涨的背景下产生的。这一理论的提出立刻引起了全世界对人口、资源、环境和经济发展问题的极大关注。

2.2.3.1 旅游可持续发展理论的内涵

目前人们普遍认可的可持续发展的概念是 1987 年以挪威首相布伦特兰夫人(Gro Harlem Brundtland)为首的世界环境与发展委员会发表的题为《我们共同的未来》(*Our Common Future*)的研究报告中所提出的,并在 1992 年巴西里约热内卢联合国环境与发展大会上得到确认,即“既满足当代人的需要,又不损害后代满足其需要能力的发展”。

1990 年,在加拿大温哥华召开的全球可持续发展大会——旅游行动策划委员会会议上,人们构筑了旅游可持续发展的基本框架,即旅游可持续发展的目的是保护环境,维护当代和后代人之间的公平利益。会上通过了《旅游业可持续发展行动纲领》,该纲领中提出旅游可持续发展的目标:①增进人们对旅游所产生的环境效应与经济效应的理解,强化其生态意识;②促进旅游业的公平发展;③改善旅游接待地区居民的生活质量;④为旅游者提供高质量的旅游经历;⑤保护未来旅游开发赖以存在的环境质量。

1995 年 4 月,联合国教科文组织、环境规划署和世界旅游组织等在西班牙加利群岛召开“可持续旅游发展世界会议”,通过了《可持续旅游发展宪章》和《可持续旅游发展行动计划》两个纲领性文件,明确了可持续旅游发展的含义:在保持和增强未来发展机会的同时,满足旅游者和旅游地居民当前的需要,在保持文化完整性、基本的生态过程、生物多样性和生命维持系统的同时,满足社会经济发展和美学的需要。

旅游可持续发展是可持续发展理论在旅游业中的具体体现,与可持续发展具有本质上的一致性,概括起来主要有以下三个方面的内涵:

(1)公平性　强调本代人之间的公平、代际间的公平,以及公平分配有限的旅游资源,特别是公平分配不可再生的旅游资源。在未找到替代性资源以前尽可能地延长旅游资源的生命周期,避免不可再生旅游资源过早枯竭。旅游需求的满足不能以旅游环境的恶化为代价,当代人不能为满足自己的旅游需求而损害后代公平利用旅游资源的能力。

(2)可持续性　强调旅游资源的开发与旅游业的发展应在生态系统的承载能力之内,保持生命保障系统和生物的多样性,保证可再生资源的永续利用,同时尽量减少对不可再生资源的消耗。因为旅游业的发展对不可再生旅游资源的消耗是绝对的,而且随着旅游开发利用程度的增加其生命周期呈缩短趋势。为了后代也能享有利用这些旅游资源的机会,必须对旅游业的发展提出速度和规模上的限定,这正是可持续发展与以往任何发展思想最明显的区别所在，反对为满足本代人需求和为谋取短期利益而掠夺式地开发旅游资源，保证旅游资源的可持续性。

(3)共同性　共同性指人类应有共同的认识、共同的责任感，为实现可持续发展而共同努力。由于各国历史、文化和社会经济发展水平的不同，旅游可持续发展的具体目标、政策措施和实施步骤也不可能是相同的。但是，可持续发展作为全球发展的总目标，它所体现的公平性和持续性原则是共同的，并且实施这一总目标必须采取全球共同的联合行动，既要尊重各国的特色与利益，又要在保护全球环境与发展体系方面采取国际统一行动，在谋求发展方面达到共同认识，承担共同责任，反对狭隘的政治观、区域发展观和民族观。它所体现的是全人类的共同利益和发展需求，要求人们在有效合作机制的基础上团结一致、相互尊重和积极参与。

综上所述，旅游可持续发展是指整个旅游系统的持续良性运行而且包括旅游资源经济效益的持续发展，它是在当今旅游业迅猛发展并带来生态和环境质量的破坏以及对经济社会产生冲击的背景下，旅游发展的必然趋势。旅游可持续发展要求旅游业内部各部门及员工的共同参与，同时也需要各相关部门的积极配合，最终实现旅游业发展的经济效益、社会效益和生态效益的统一。

2.2.3.2　旅游可持续发展理论在旅游规划中的应用

旅游可持续发展理论应用于旅游规划实践中，就是要对旅游资源进行有规律的、可持续的开发利用，从而实现旅游环境的生态平衡及旅游资源、环境的代际平衡。根据旅游可持续发展理论，旅游规划中要遵循三个基本原则：

(1)生态可持续性　旅游发展要与基本生态过程、生物多样性(物种、生态系统和遗传的多样性)、生物资源的维护基调一致。

(2)社会和文化的可持续性　提高人们对其生活的控制能力，维护和增强社区的个性化及文化多样性，做到旅游发展与社区文化、价值观相协调。

(3)经济的可持续性　旅游资源有效管理和利用，经济得到持续性增长，并为后代留足发展空间。在旅游可持续发展理论的指导下，旅游规划中应十分注重旅游地社区和谐发展和旅游地多种利益相关者共同发展。

2.2.4　区位理论

2.2.4.1　区位理论的内涵

区位主要指某事物占有的场所，但也含有位置、布局、分布、位置关系等方面的意义。区位理论研究人类活动的空间选择及空间内人类活动的组合，主要探索人类活动的一般空间法则。在人类活动中，有政治活动、文化活动、经济活动等内容或实体，称为区位主体，它指区位中占有其场所的事物。区位理论有两层基本内涵：一层是人类活动的空间选择；另一层是空间内人类活动的有机组合。前者是区位主体已知，从区位主体本身固有的特征出发，来分析适合该区位主体的可能空间，然后从中优选出最佳区位；后者正好相反，已知大的区位空间，依据该空间的地理特征、经济和社会状况等因素，来研究区位主体的最佳组合方式和空间形态。总体来看，区位理论是说明和探讨地理空间对各种经济活动分布和区位的影响,研究生产力空间组织的一种学说,或者说是关于人类活动的空间分布和空间组织优化的理论。区位理论最早出现在经济学中,19 世纪初,德国农业经济学家杜能(Von Thunen)创立了农业区位论;20 世纪初,德国经济学家韦伯(Alfred Weber)创立了工业区位论;20 世纪 30 年代,德国地理学家克里斯泰勒(Walter Christaller)根据聚落和市场的区位,提出了中心地理论;随后另一个德国经济学家廖什(August Losch)利用克里斯泰勒的理论框架,发展了产业的市场区位论。

2.2.4.2 区位理论在旅游规划中的应用

旅游区位是指旅游景区(点)与其客源地相互作用中的相关位置、通达性及相对意义,可以划分为客源区位、资源区位、交通区位和认知区位。区位理论在旅游规划中的应用主要体现在以下几个方面:

(1)制定旅游发展战略　区位条件影响旅游市场的大小和可进入性,决定来访游客的多少和旅游开发建设的程度,最终决定旅游经济效益的大小。因此,制定旅游发展战略时,要分析与研究各区位因子(资源、交通、市场、人力、经济等)及其特征,确定合理的开发战略,防止盲目规划。

(2)确定旅游空间组织层次　根据区位理论,旅游中心地的场强往往大于周围腹地的场强,所以在旅游规划中要高度重视旅游吸引物和旅游活动的规划,其旅游空间布局规划合理与否直接影响旅游景区的经济效益和发展前景。在旅游规划中,可通过分析区位条件、资源和经济状况,将景区划为核心区和功能区,核心区依托核心旅游吸引物,以游览为主;功能区依托服务娱乐设施,以服务、接待为主,包括商业区、生活区、娱乐区、休假疗养区等。

(3)优化旅游地空间布局　在区域旅游和旅游地的空间上合理布局,使其产生聚集。比如,一条交通线路、机场或者高速公路单为某一旅游地而建,会造成成本过高;若为几个旅游地和旅游点共同使用,在降低成本的同时可以提高利用效率,增加旅游资源的容量,带来更大的经济效益。

2.2.5 核心—边缘理论

2.2.5.1 核心—边缘理论的内涵

核心—边缘理论于 1966 年由美国学者弗里德曼(J. R. Friedmann)提出,是解释经济空间结构演变模式的理论。弗里德曼认为在若干区域之间,因多种原因会有个别区域率先发展起来而成为“核心”,其他区域则因发展缓慢而成为“边缘”。在区域经济增长过程中,核心与边缘之间存在着不平等的发展关系。总体上,核心居于统治地位,而边缘则在发展上依赖于核心。

任何一个国家都是由核心区域和边缘区域组成。核心区域由一个城市或城市集群及其周围地区组成,指城市聚集区,是工业发达、技术水平较高、资本集中、人口密集、经济增长速度快的区域。边缘区域是相对于核心区域经济较为落后的区域。由于核心—边缘之间的贸易不平等,使边缘区的资金、人口和劳动力向核心区流动的趋势得以强化,经济权力集中在核心区,技术进步、高效的生产活动以及生产的创新等都集中在核心区,构成核心区与边缘区的不平等发展格局。核心区与边缘区的空间结构地位不是一成不变的。弗里德曼认为，核心区域与边缘区域的关系，在经济发展的不同阶段会发生转化。在发展的初级阶段，是核心区域对边缘区域的控制，边缘区域对核心区域的依赖，然后是依赖和控制关系的加强。但随着社会经济的发展，随着核心区扩散作用的加强，核心区域将带动、影响和促进边缘区域的发展。边缘区域将形成次级核心区，甚至可以完全摆脱原来的核心区域的控制。核心区与边缘区边界会发生变化，区域的空间关系也会发生变化，最终达到区域空间结构一体化。

2.2.5.2 核心—边缘理论在旅游规划中的应用

"核心—边缘"理论为区域旅游规划提供了一个关于旅游空间结构变动的解释模型，对区域旅游格局的空间认识和旅游资源的区域整合、旅游用地规划和城市旅游圈层的构造、区域旅游联动发展等都具有重要的指导意义。

(1)"核心—边缘"区域整合　运用核心—边缘理论对旅游资源所存在的客观差异进行分析比较，突出世界级、国家级和地区级旅游资源的地位，以它们为核心，形成旅游资源开发的若干增长极；突出核心—边缘结构中的资源优势互补而不是空间替代竞争，以旅游交通线路为廊道，旅游区(点)为节点，建构旅游资源区域体系。

(2)"核心—边缘"景区规划　景区规划一般是围绕核心景观或者核心服务功能区所组成的景观群落，不同类型景观群落的"核心—边缘"结构形态不同。根据旅游景区的类型，运用核心—边缘理论配置其土地利用分区，确定核心区域和边缘区域。

(3)"核心—边缘"联动发展　对于单核模式的区域，区域旅游联动发展为区域内部的核心与边缘之间的旅游互动；对于平行多核模式和多层极核模式的区域，区域旅游联动发展首先表现为"核心—边缘"结构系统内部的旅游互动，其次为一个"核心—边缘"结构系统与另一个"核心—边缘"结构系统之间发生旅游互动，从而构成复合型的"核心—边缘"结构体系。

本章小结

本章主要介绍了旅游规划研究进展与理论基础。国外旅游规划的研究发展历程大致可以分为四个阶段：初始阶段、过渡阶段、快速发展阶段、深入发展阶段。我国旅游规划研究起步较晚，但发展迅速，其发展历程大体可分为起步阶段、发展阶段、成熟阶段和规范化与创新发展阶段。旅游规划编制的理论基础是多元化的，主要有系统理论、旅游地生命周期理论、旅游可持续发展理论、区位理论、核心—边缘理论等。

重点概念

旅游系统　旅游可持续发展　旅游地生命周期　区位理论　核心—边缘理论

课后思考

1. 简述国外旅游规划发展经历了哪几个阶段。
2. 简要说明我国旅游规划规范化和创新性的具体表现。

3. 简述旅游地生命周期理论在旅游规划中的应用。

4. 通过本章的学习,谈谈你对旅游规划理论基础的认识。

参考书目

1. 马勇,李玺. 旅游规划与开发[M]. 4 版. 北京:高等教育出版社,2018.
2. 马耀峰. 旅游规划[M]. 北京:中国人民大学出版社,2011.
3. 吴必虎,俞曦. 旅游规划原理[M]. 北京:中国旅游出版社,2010.
4. 张凌云,刘威. 旅游规划理论与实践 [M]. 北京:清华大学出版社,2012.
5. 吴志强,李德华. 城市规划原理[M]. 北京:中国建筑工业出版社,2010.
6. 吴国清,丁水英,谷艳艳. 旅游规划原理[M]. 北京:旅游教育出版社,2010.

3 旅游规划的基础分析

学习目标

学生通过本章的学习，了解旅游规划环境分析与开发条件评价的相关内容；熟悉旅游资源和旅游市场调查的内容和步骤；掌握旅游资源调查、评价及旅游市场调查、分析和预测的主要方法。

学习难点

旅游资源调查方法　旅游资源综合评价方法　旅游市场调查和预测的方法

3.1 旅游环境分析与开发条件评价

3.1.1 旅游环境分析

3.1.1.1 自然环境分析

自然环境即规划区的地质地貌、气象气候、水文、土壤、动植物等要素组成的自然环境。自然环境对旅游资源的质量、时间节律和开发有着直接的决定作用。自然环境还影响着自然灾害发生的可能性大小、旅游建设施工条件和投入成本等。

3.1.1.2 经济环境分析

经济环境即规划区的经济状况，包括经济发展水平、人力资源、物资和产品供应、基础设施等条件。经济发展水平决定着当地的客源数量及旅游的保障水平。通常经济越发达的地区在旅游资源开发上的投资实力越强，且本地居民对旅游产品的消费需求也相应较高，这为当地发展旅游业提供了良好的保障；人力资源条件是指能够满足旅游经营和管理所必需的旅游从业人员，由其提供完善和优质的服务；物资和产品供应条件是保证旅游资源开发、旅游经济活动正常运行所必需的设备、食品、原材料、地方特产的供给情况，它直接关系旅游开发的成本与效益；基础设施条件指交通、水电、邮政、通信、医疗等公共设施建设的先进程度和完善程度。

3.1.1.3 社会文化环境分析

社会文化环境是指规划区的法规政策、社会治安、卫生保健、政府及居民对旅游业的态度、地方开放程度和风俗习惯等。良好而富有特色的社会文化环境因素可以构成旅游资源的一部分,可以增强旅游地的吸引力和发展潜力,从而对旅游资源开发利用起到促进作用。

3.1.1.4 旅游环境容量分析

旅游环境容量是指旅游资源自身或所处区域在一定时间条件下旅游活动的容纳能力,一般用容人量和容时量两个指标来衡量。容人量是指单位游览面积所能容纳的游客数量。容时量则指旅游者在该区域游览时所需要的基本时间。旅游环境容量主要受旅游资源的特性、旅游功能、旅游活动方式及旅游者偏好等多种因素的影响,也涉及旅游者心理需求、旅游资源保护、生态平衡、旅游社会经济效益等多方面的问题。旅游环境容量对于旅游规划区的旅游开发规模起决定性作用。为了保证旅游资源的有序开发和永续利用,规划时往往选择环境容量众多指标中数值最小的指标作为开发规模的上限值。

3.1.2 旅游开发条件评价

3.1.2.1 区位条件

区位条件包括规划区的地理位置、交通条件及与周围旅游区之间的相互关系。它是影响旅游资源开发的可行性、开发规模和开发效益的重要外部条件。

3.1.2.2 客源条件

客源数量直接关系旅游开发的经济效益。客源条件评价可以从两个方面进行分析:一是空间方面,分析旅游资源所能吸引的客源范围、最大辐射半径、客源层次及特点;二是时间方面,分析旅游资源季节变化可能形成的旅游淡旺季,这与旅游资源所在地的气候特征有一定关系。如在冬季,国内游客被海南岛的温暖气候和哈尔滨的冰雪景观所吸引,因此形成了我国两个冬季旅游的旺季产品。

3.1.2.3 旅游资源条件

旅游资源条件主要包括旅游资源的特性和特色,旅游资源的价值和功能,旅游资源的数量、密度和布局三个方面。

旅游资源的特性和特色是衡量其对游客吸引力大小的重要因素,它对旅游资源的利用功能、开发方向、开发程度及其经济和社会效益起着决定作用,因此,旅游资源的特性和特色是旅游资源开发的生命线。

旅游资源的价值是旅游资源质量水平的反映,包括旅游资源的艺术欣赏价值、文化价值、科学价值、经济价值和美学价值等。旅游资源功能与旅游资源价值相对应,指经过开发后能够满足旅游者某方面需求的能力。旅游资源价值和功能对于其开发形式、开发前景具有重要影响。

旅游资源数量是指区域内旅游资源单体的数量;密度是指单位面积内旅游资源的数量,它表示区域内旅游资源的聚集程度;组合布局则是指旅游资源的空间分布和结构组合特征。旅游资源的数量、密度和布局是判断区域旅游开发的规模和可行性的重要因素。

3.1.2.4 投资条件

资金是旅游开发的必要条件。资金来源是否充裕,财力是否雄厚,直接关系旅游开发的深度、广度及开发的可能性。投资条件主要包括资源所在区域投资渠道的畅通程度和政府对于旅游投资的政策。投资渠道畅通、投资主体较多、政府对于旅游投资制订优惠政策的区域,其投资条件相对较为优越,这类地区在资源开发的资金筹集方面能获得有效保证。

3.1.2.5 建设施工条件

旅游资源开发会涉及系列工程项目的建设,如各种游览设施、娱乐设施和道路交通、供水供电、停车场等基础设施,因此,旅游资源的开发对于区域内的地质、地形、土质、供水等有较高的要求。上述开发建设条件的好坏与旅游资源开发可行性间有紧密的关联,需要在资源评价时加以关注。

3.1.2.6 开发现有条件

对已经经过初步开发的旅游资源,评价时应注意总结其开发过程中的成功经验和失败教训,找出存在问题,对下一步开发和保护提出建设性的意见。

3.2 旅游资源的调查与评价

旅游资源的调查与评价,是旅游资源开发的前提。调查和评价是同一项工作的两个步骤,在内容、方法和结论上各有差异。总的来说,调查是评价的前期工作,注重对旅游资源单体的深入了解和基本信息的掌握;评价是调查工作的进一步深化,即注重在单体分析的基础上相互比较、综合分析,从而得出对旅游资源整体的认识。

3.2.1 旅游资源调查

3.2.1.1 旅游资源调查概念和意义

旅游资源调查是指按照旅游资源分类标准,对旅游资源单体进行的研究和记录。旅游资源调查是为了查明调查区域内旅游资源的类型、数量、质量、分布、成因、规模、价值、组合状况及开发潜力等,为旅游资源评价和开发利用提供准确可靠的第一手资料,特别是通过对旅游资源自身及其外部开发条件的定期及不定期调查,可以全面、系统、动态地掌握旅游资源开发、保护和利用的进展状况、存在问题以及发展趋势,为旅游管理部门及时、准确获得相关信息并迅速采取相应措施提供条件。

3.2.1.2 旅游资源调查的类型

根据《旅游资源分类、调查与评价》(GB/T 18972—2017),按照资源调查方式和精度要求不同,旅游资源调查分为“旅游资源详查”和“旅游资源概查”两个档次。

(1)旅游资源详查　旅游资源详查是用于了解和掌握整个区域旅游资源的全面的旅游资源调查。

在调查对象上,要求对区域内全部的旅游资源单体进行调查。

在调查的组织流程上，要成立专门的调查小组，完成全部旅游资源调查程序，包括调查准备、实地调查。

在调查内容上，除了对调查对象的景观类型、特征、成因等进行深入调查之外，还要对资源所在地的交通、资源的开发及保护现状、环境状况等进行调查和评价。

在调查的成果形式上，要提交规定的全部文（图）件，包括“旅游资源调查区实际资料表”、编绘“旅游资源地图”、编写“旅游资源调查报告”。

可以看出，详查所获得的资料非常翔实，但同时也是一项非常复杂、耗时长、耗资大、技术水平要求高的工作。

（2）旅游资源概查　旅游资源概查适用于了解和掌握特定区域或专门类型的旅游资源调查。

在调查对象上，只需要对涉及的旅游资源单体进行调查。

在调查的组织流程上，可以简化工作程序，如：不需要成立调查组，调查人员可以由其参与的项目组织协调委派。

在调查内容上，资料收集可以仅限定在与专门目的所需要的范围。

在调查的成果形式上，除必须编绘“旅游资源地图”外，其他文件可根据需要选择填写。

一般来说，这种调查方式周期短、收效快，但信息损失量大，容易在进行旅游资源评价时造成偏差。

3.2.1.3　旅游资源调查的内容

旅游资源调查的内容复杂而繁多，涉及旅游活动的方方面面，既要注重旅游资源自身的各种情况，又要关注资源地外界环境的现状与发展变化。

（1）旅游资源环境调查

1）自然环境调查。包括调查区的名称、地域范围、面积、所在的行政区划及其中心位置与依托的城市，地质地貌条件、水体环境、气象气候与动植物环境等。

2）人文环境调查。包括调查区的历史沿革、经济环境和发展水平、制度措施、法治环境、交通、邮电通信、医疗环卫等基础条件，还要调查当地旅游业发展水平及当地居民对发展旅游业的态度等。

3）环境质量调查。调查影响旅游资源开发利用的环境保护状况，包括工矿企业、生活服务、仓储等设施的排污、放射性污染、电磁波辐射等情况，还包括地质、水文、气象气候以及土壤中的重要物质或元素的本底值，以及由此引起的地方病、流行病等。

（2）旅游资源赋存状况调查　包括调查区内旅游资源的类型、数量、规模、等级、结构、成因、分布以及与当地旅游资源相关的重大历史事件、社会风情、名人活动、文化作品等情况。对于重点旅游资源，应组织尽可能详细的资料，包括类型描述、特征数据、环境背景和开发现状等。

（3）旅游资源开发现状及开发条件调查

1）旅游要素调查。餐饮、饭店、交通、游览、购物、娱乐等既是旅游业的重要组成部分，又是形成旅游吸引物的重要因素，对其开发现状进行调查十分必要。

2）客源市场调查。调查客源地居民的消费水平和出游率，依据旅游资源吸引力进行必要的客源分析，包括客源分布范围、数量、产生客源的有利因素和不利因素。

3）邻近资源与区域间资源的相互关系。包括自然和人文旅游资源的组合状况和协调性，景观的聚集程度等。调查分析邻近资源与区域内资源的相互联系，以及区域内旅游资源在不同层次旅游区域中的地位。

3.2.1.4 旅游资源调查的步骤

（1）调查准备阶段　主要包括成立调查组、收集整理基本资料、制订计划、进行技术培训、准备实地调查所需的资料、设备等。

调查组成员应具备与所调查区旅游环境、旅游资源、旅游开发有关的专业知识，一般应吸收旅游、环境保护、地理学、生物学、建筑园林、历史文化等方面的专业人员参与。

收集整理的资料包括：与旅游资源单体及其赋存环境有关的各类文字描述资料，包括地方志书、乡土教材、旅游区与旅游点介绍、规划与专题报告等；与旅游资源调查区有关的各类图形资料，重点是反映旅游环境与旅游资源的专题地图；与旅游资源调查区和旅游资源单体有关的各种照片、影像资料。

根据旅游资源调查的目的和要求，结合资料收集整理反映的具体情况，制订出调查计划，明确调查的任务、目的、将采用的工作方法、技术要求、人员配备、工作部署和时间安排、所需设备和经费等，并提出预期成果。

在进入旅游资源实地调查前，应准备好所需要的物质设备，如定位仪器、简易测量仪器、影像设备等。此外，还要准备若干“旅游资源单体调查表”（表3-1，表3-2）。

表3-1　旅游资源单体调查表（第一部分）

基本类型：

代　　号	其他代号：①　　　　　；②
行政位置	
地理位置	
性质与特征（单体性质、形态、结构、组成成分的外在表现和内在因素，以及单体生成过程、演化历史、人事影响等主要环境因素）	
旅游区域及进出条件（单体所在地区的具体部位、进出交通、与周边旅游集散地和主要旅游区［点］之间关系）	
保护与开发现状（单体保存现状、保护措施、开发情况）	

表 3-2 旅游资源单体调查表(第二部分)

<table>
<tr><td colspan="4">共有因子评价问题(你认为本单体属于下列评价项目中的哪个档次,应该得多少分数,在最后的一列内写上分数)</td></tr>
<tr><td>评价项目</td><td>档次</td><td>本档次规定得分</td><td>你认为应得的分数</td></tr>
<tr><td rowspan="4">单体为游客提供的观赏价值,或游憩价值,或使用价值</td><td>全部或其中一项具有极高的观赏价值、游憩价值、使用价值</td><td>30 ~ 22</td><td></td></tr>
<tr><td>全部或其中一项具有很高的观赏价值、游憩价值、使用价值</td><td>21 ~ 13</td><td></td></tr>
<tr><td>全部或其中一项具有较高的观赏价值、游憩价值、使用价值</td><td>12 ~ 6</td><td></td></tr>
<tr><td>全部或其中一项具有一般观赏价值、游憩价值、使用价值</td><td>5 ~ 1</td><td></td></tr>
<tr><td rowspan="4">单体蕴含的历史价值,或文化价值,或科学价值,或艺术价值</td><td>同时或其中一项具有世界意义的历史价值、文化价值、科学价值、艺术价值</td><td>25 ~ 20</td><td></td></tr>
<tr><td>同时或其中一项具有全国意义的历史价值、文化价值、科学价值、艺术价值</td><td>19 ~ 13</td><td></td></tr>
<tr><td>同时或其中一项具有省级意义的历史价值、文化价值、科学价值、艺术价值</td><td>12 ~ 6</td><td></td></tr>
<tr><td>历史价值,或文化价值,或科学价值,或艺术价值具有地区意义</td><td>5 ~ 1</td><td></td></tr>
<tr><td rowspan="4">物种珍稀性,景观奇特性,现象遍在性在各地的常见性</td><td>有大量珍稀物种,或景观异常奇特,或此类现象在其他地区罕见</td><td>15 ~ 13</td><td></td></tr>
<tr><td>有较多珍稀物种,或景观奇特,或此类现象在其他地区很少见</td><td>12 ~ 9</td><td></td></tr>
<tr><td>有少量珍稀物种,或景观突出,或此类现象在其他地区少见</td><td>8 ~ 4</td><td></td></tr>
<tr><td>有个别珍稀物种,或景观比较突出,或此类现象在其他地区较多见</td><td>3 ~ 1</td><td></td></tr>
<tr><td rowspan="4">个体规模大小,群体,结构丰满性和疏密度,现象常见性</td><td>独立型单体规模、体量巨大;组合型旅游资源单体结构完美、疏密度优良级;自然景象和人文活动周期性发生或频率极高</td><td>10 ~ 8</td><td></td></tr>
<tr><td>独立型单体规模、体量较大;组合型旅游资源单体结构很和谐、疏密度良好;自然景象和人文活动周期性发生或频率很高</td><td>7 ~ 5</td><td></td></tr>
<tr><td>独立型单体规模、体量中等;组合型旅游资源单体结构和谐、疏密度较好;自然景象和人文活动周期性发生或频率较高</td><td>4 ~ 3</td><td></td></tr>
<tr><td>独立型单体规模、体量较小;组合型旅游资源单体结构较和谐、疏密度一般;自然景象和人文活动周期性发生或频率较小</td><td>2 ~ 1</td><td></td></tr>
</table>

续表 3-2

<table>
<tr><td colspan="8">共有因子评价问题(你认为本单体属于下列评价项目中的哪个档次,应该得多少分数,在最后的一列内写上分数)</td></tr>
<tr><td colspan="2">评价项目</td><td colspan="4">档次</td><td>本档次规定得分</td><td>你认为应得的分数</td></tr>
<tr><td colspan="2" rowspan="4">自然或人为干扰和破坏情况,保存完整情况</td><td colspan="4">保持原来形态与结构</td><td>5～4</td><td></td></tr>
<tr><td colspan="4">形态与结构有少量变化,但不明显</td><td>3</td><td></td></tr>
<tr><td colspan="4">形态与结构有明显变化</td><td>2</td><td></td></tr>
<tr><td colspan="4">形态与结构有重大变化</td><td>1</td><td></td></tr>
<tr><td colspan="2" rowspan="4">知名度和名牌度</td><td colspan="4">在世界范围内知名,或构成世界承认的名牌</td><td>10～8</td><td></td></tr>
<tr><td colspan="4">在全国范围内知名,或构成全国性的名牌</td><td>7～5</td><td></td></tr>
<tr><td colspan="4">在本省范围内知名,或构成省内的名牌</td><td>4～3</td><td></td></tr>
<tr><td colspan="4">在本地区范围内知名,或构成本地区名牌</td><td>2～1</td><td></td></tr>
<tr><td colspan="2" rowspan="4">适游情况或服务游客情况</td><td colspan="4">适宜游览的日期每年超过300天,或适宜于所有游客使用和参与</td><td>5～4</td><td></td></tr>
<tr><td colspan="4">适宜游览的日期每年超过250天,或适宜于80%左右游客使用和参与</td><td>3</td><td></td></tr>
<tr><td colspan="4">适宜游览的日期超过150天,或适宜于60%左右游客使用和参与</td><td>2</td><td></td></tr>
<tr><td colspan="4">适宜游览的日期每年超过100天,或适宜于40%左右游客使用和参与</td><td>1</td><td></td></tr>
<tr><td colspan="2" rowspan="4">受污染情况,环境条件及保护措施</td><td colspan="4">已受到严重污染,或存在严重安全隐患</td><td>-5</td><td></td></tr>
<tr><td colspan="4">已受到中度污染,或存在明显安全隐患</td><td>-4</td><td></td></tr>
<tr><td colspan="4">已受到轻度污染,或存在一定安全隐患</td><td>-3</td><td></td></tr>
<tr><td colspan="4">已有工程保护措施,环境安全得到保证</td><td>3</td><td></td></tr>
<tr><td>本单体得分</td><td></td><td>本单体可能的等级</td><td>级</td><td>填表人</td><td></td><td>调查日期</td><td>年　月　日</td></tr>
</table>

(2)实地调查阶段

1)确定调查区内的调查小区和调查线路。可将整个调查区划分为“调查小区”。调查小区一般按行政区划分(如省级一级的调查区,可将地区一级的行政区划分为调查小区;地区一级的调查区,可将县级一级的行政区划分为调查小区;县级一级的调查区,可将乡镇一级的行政区划分为调查小区),也可按现有或规划中的旅游区域划分。

调查线路按实际要求设置,一般要求贯穿调查区内所有调查小区和主要旅游资源单体所在的地点。

2)选定调查对象。宜选定下列单体进行重点调查:具有旅游开发前景,有明显经济、社会、文化价值的旅游资源单体;集合型旅游资源单体中具有代表性的部分;代表调查区形象的旅游资源单体。而对下列旅游资源单体暂时不宜进行调查:明显品位较低,不具有开发利用价值的;与国家现行法律、法规相违背的;开发后有损于社会形象的或可能造成环境问题的;影响国计民生的;某些位于特定区域内的,如军事禁区。

3)填写"旅游资源单体调查表"。应针对每一个旅游资源单体分别填写一份"旅游资源单体调查表"。

(3)数据整理阶段 在实地调查过程结束之后,应将收集到的第一手资料及间接资料进行系统的整理总结,检查在调查中是否有遗漏的旅游资源,并对该区域内的旅游资源做出总括性分析,从而确定调查区域旅游资源的开发模式和方向。

(4)资料管理和更新阶段 对旅游资源调查的成果和资料必须及时存档,建立调查区的旅游资源信息库,并及时更新和补充,以保证正确反映现实情况的发展变化。对调查资料要采用计算机和信息系统技术进行整理,以有利于资料存储、检索、分析处理和更新,并为在条件成熟时建立更大区域甚至全国的旅游资源信息系统奠定基础。

3.2.1.5 旅游资源调查的方法

在旅游资源调查中,较常采用以下几种调查方法:

(1)二手资料收集法 二手资料收集法是旅游资源调查的最基本方法,也是旅游资源调查的第一步。调查人员首先要收集现有的有关旅游资源及其开发条件和环境的各种相关文字(如地方志、档案资料、规划材料、调研报告、出版物、统计资料、政府工作报告、相关部门工作总结、政策法规、网络信息等)、图片、地图、照片、音像等资料,在现有资料收集的基础上,确定下一步调查的内容和其他调查方法的运用。

(2)现代科技分析法 现代科技手段的应用为旅游资源调查带来了方便,主要包括遥感技术(RS)、全球定位系统(GPS)、地理信息系统(GIS)、现代测量技术、物探技术等。

遥感技术(RS)是指从人造卫星、飞机或其他飞行器上远距离对地球进行测量观察而获得地学信息的一种手段,具有受地面条件限制少、覆盖面广、信息量大、所需时间短、费用少等优点,该方法特别适合于对常规方法无法到达的地区进行调查和监测,所以,利用遥感技术有助于发现新的旅游资源,能提高野外调查的效率,同时能及时发现旅游资源的退化和保护情况,进而及时采取补救措施。

全球定位系统(GPS)是一种无线电导航定位系统,该技术可以快速、高效、准确地进行定时、定位、导航,具有全天候、全覆盖、高精度、高效益、自动化、多功能等显著特点。在旅游规划中,使用GPS的优点:①能准确测量旅游景点、旅游设施、旅游村、镇、城的经纬度、海拔高度;②对于面状旅游资源,可自动对所行轨迹封闭区域计算面积;③导航并编辑航线,为旅游线路(尤其是区域旅游线路)组织提供参考。

地理信息系统(GIS)是在计算机硬、软件系统支持下,可对整个或部分地球表层(包括大气层)空间中的有关地理分布数据进行采集、储存、管理、运算、分析、显示和描述。其在旅游业中的应用包括:①为管理、决策、规划提供数据和工具;②具有导游功能。目前很多旅游地都在研发基于GIS的导游数字化产品。

在实际的旅游资源调查中,RS、GPS、GIS三种技术往往结合使用,用RS提供最新的影像信息(即提供、更新数据源),用GPS发挥定位和导航功能,提供影像信息的高精度几何信息(三维空间位置信息),GIS可对RS、GPS技术采集的信息进行影像处理、分析应用。

现代测量技术如全站仪可用于测定调查区的位置、面积、体量、长度等。物探技术主要用于调查尚未发掘的地下文物。

(3)田野勘测法　田野勘测法是调查人员通过观察、踏勘、测量、登录、填绘、摄像等形式,直接接触旅游资源,获得客观的感性认识,取得宝贵的第一手资料。该方法是旅游资源调查最常用的一种实地调查法。

(4)问卷调查法　问卷调查法是实地调查的一种辅助方法。调查者事先设计科学合理的问卷,通过网络或现场分发给各有关部门、个人填写,或采取在踏勘现场由游客填写的方式,收集有关旅游资源、旅游市场的动态信息。

(5)访问座谈法　访问座谈法也是实地调查的辅助方法之一。调查者通过开座谈会、电话采访等形式,收集相关旅游资源信息,为实地勘察提供线索、确定重点,提高勘察的质量和效率。调查对象应具有代表性,如行政部门或景区(点)的旅游管理人员、当地从事地质、历史、水文、环保等的研究人员等。

(6)统计分析法　统计分析法即利用统计学的方法来对旅游资源进行分类、分组的分析和处理的方法。在资源调查过程中往往需要对各类旅游资源的数量、规模等进行数据的统计,这些统计数据为旅游资源的进一步分析提供了依据。

3.2.2　旅游资源评价

3.2.2.1　旅游资源评价概念和意义

(1)旅游资源评价概念　旅游资源评价是在旅游资源调查的基础上,依据科学的标准和方法,对一定区域内旅游资源的规模、质量、等级、开发前景及开发条件等进行综合评判和鉴定的过程。

(2)旅游资源评价意义　通过对一定区域内旅游资源的评价,可以对旅游资源的品位、特质、开发条件等有一个全面而客观的认识,从而明确该旅游资源或该旅游地在同类旅游资源或所处区域中的地位,确定不同旅游资源的开发序位,为制定旅游开发规划、进行旅游管理决策等提供科学的判断标准或理论依据。

3.2.2.2　旅游资源评价的原则

旅游资源评价工作涉及面广,情况复杂。为了使旅游资源评价客观、公正,结果准确、可靠,必须遵循一定的原则。

(1)全面系统的原则　由于旅游资源的价值和功能是多方面、多层次、多形式的,它除了供旅游开发使用外,通常还包括历史文化、艺术欣赏、科学考察及其他社会功能等,因此,评价时要全面、系统、综合地考虑。

(2)尊重事实和动态发展的原则　旅游资源本身及其开发的外部条件处于不断的发展变化之中,所以进行旅游资源评价时,不仅要从旅游资源的客观实际出发,还要用动态和进步的眼光看待变化趋势,对旅游资源及其开发利用前景做出积极、全面和正确的评价。

(3)符合科学的原则　针对旅游资源的成因、性质、特征和价值等问题,评价时要采取科学的态度，给予科学的解释说明，不能代之以神话传说、封建迷信。

(4)效益估算原则 旅游资源评价的最终目的是开发利用，而开发的首要条件是取得经济、社会和生态的综合效益，因此，在评价时，要估算其效益，以确定开发决策。

(5)高度概括原则 由于旅游资源评价涉及的内容很多，为了使评价结论有可操作性，评价结论应明确、精练，能高度概括旅游资源的价值、特色和功能。

(6)力求定量的原则 在评价调查区域的旅游资源时，应尽量避免带有强烈主观色彩的定性评价，力求定量或半定量评价，并要求不同调查区尽量采用统一定量评价的标准，以便对评价结果进行横向对比。

3.2.2.3 旅游资源评价的内容

旅游资源评价的内容极为广泛，涉及资源价值、资源环境及开发条件三个方面。资源价值的评价是对旅游资源自身品质和丰优程度的判定，可概括为以下六项指标。

(1)美学观赏性 美学观赏性主要指旅游资源能提供给旅游者美感的种类及强度。旅游资源的美是多种多样的，既有自然美，也有人文美；既有形态美、形式美、意境美、色彩美，也有动态美、韵律美、嗅味美等。凡是吸引力较大的旅游资源首先必须具有较高的美学观赏性。观光是旅游的最基本形式，旅游资源的美学观赏性就是形成其吸引力的基础。

(2)历史文化性 历史文化性即旅游资源所包括的历史文化内涵：一是指旅游资源是否与重大历史事件、历史人物有关，其遗存文物古迹的数量和质量；二是指旅游资源是否具有或体现了某种文化特征，是否与某种文化活动密切联系，或者是否有与之直接相关的文学艺术作品、神话传说等。历史文化内涵深厚的旅游资源具有的旅游吸引力就大。

(3)科学性 科学性主要是指旅游资源的某种研究功能，在自然科学、社会科学和教学科研方面具有哪些特点？能为科学工作者、探索者和追求者提供什么样的研究场所。这些场所通常是自然保护区、特殊的自然环境区域、博物馆、纪念地等。

(4)奇特性 奇特性即旅游资源的特色、个性，也就是“唯我独有”“人有我优”“人优我特”的特征。具体而言，一方面是指旅游资源相对于非旅游资源的差异程度，即差异性；另一方面是指旅游地唯我所有，有别于其他或不与其他重复，即新奇性。旅游资源的奇特性越突出，其旅游吸引力越大，从而具有越高的旅游价值。

(5)规模与组合状况 旅游资源的规模是指资源数量的多少、体量及占地面积大小等。旅游资源的组合状况，包括自然资源与人文旅游资源的结合与互补情况；各要素的组合及协调性；资源的集聚程度等。在一定区域内，若旅游资源密度大，类型丰富、搭配协调，并形成了一定的规模，则该区域具有较高的旅游价值；若旅游资源密度大，而且集群成网，并有多种类型搭配协调，又与邻近景点互不雷同，则被称为最佳地域组合。

(6)旅游功能 旅游功能是指旅游资源能够满足某种旅游活动需求的作用。如果一项旅游资源兼有两种或两种以上的旅游功能，能够吸引多种旅游客群，宜于开展多种旅游活动，那么其旅游价值就高。

3.2.2.4 旅游资源评价的方法

旅游资源的评价方法大体上可分为定性评价和定量评价两种。

(1)定性评价法 定性评价是指通过人们的感性认识,对旅游资源做描述性的评价和分级,一般无具体数量指标。该方法简单易行、见效快,但不可避免地存在着结论的非精确性和推理过程的相对不确定性。

1)一般体验性评价法。一般体验性评价是以大量旅游者或专家为主体根据自己的亲身体验对某一旅游资源(或旅游地)就整体质量进行的定性评价。常用方式是旅游者在问卷上回答有关旅游资源地的优劣顺序,或由各方面专家讨论评价,或统计旅游资源在旅游书籍、常见报刊上出现的频率,从而确定一国或地区最优秀的旅游资源地。“中国十大名胜”和“中国旅游胜地四十佳”就是这种评价方法的产物。但是该方法不能用于评价一般的或尚未开发的旅游资源地,仅限于对少数知名度较高的旅游资源的评价。

2)“六字七标准”评价法。从资源本身和资源所处环境两个方面对旅游资源进行评价。对旅游资源本身的评价采用以下六字:①美:旅游资源给人的美感;②古:有悠久的历史;③名:具有名声或与名人有关的事物;④奇:给人新奇之感;⑤特:特有的、别处没有的或少见的稀缺资源;⑥用:有应用价值。对旅游资源所处环境采用季节性、环境污染状况、与其他旅游资源之间的联系性、可进入性、基础结构、社会经济环境、客源市场等七项标准进行评价。

3)“三三六”评价法。根据“三大价值”“三大效益”和“六大开发条件”对旅游资源进行描述性评价。①“三大价值”指旅游资源的历史文化价值、艺术观赏价值、科学考察价值;②“三大效益”指旅游资源开发之后的经济效益、社会效益、环境效益;③“六大开发条件”指旅游资源所在地的地理位置和交通条件、旅游资源地域组合条件、旅游环境容量、旅游客源市场、投资能力、施工难易程度等六个方面。

4)美感质量评价。这是一种专业性的旅游资源美学价值的评价。通常是在深入分析旅游者或者是专家体验的基础上,建立规范化的评价模型,评价结果多具有可比性的定性尺度或数量指标。其中有关自然风景视觉质量评价较为成熟,已发展成为四个公认的学派,即专家学派、心理物理学派、认知学派和经验学派或现象学派。其中,专家学派认为,凡是符合形式美原则的风景就具有较高的质量,评价工作由少数训练有素的专业人员来完成。这一方法一直处于统治地位,为许多官方机构所采用。

(2)定量评价 定量评价是通过统计、分析、计算,用具体的数量来表示旅游资源及其环境等级的方法。此类方法具有指标数量化、评价模型化、标准评定公众化等特点,评价结果更直观、准确。

1)技术性的单因子评价。旅游资源的技术性单因子评价是指针对旅游资源的旅游功能,集中考虑某些起决定作用的关键因子,并对这些因子进行适宜评价或优劣评判。大量技术指标的运用,是这类评价的基本特征,在自然旅游资源评价中应用较多,对于开展专项旅游,如登山、滑雪、海水浴等尤为适用。在此,仅对海水浴场适宜性、溶洞旅游资源和滑雪旅游资源的评价给以介绍(表 3-3、表 3-4 和表 3-5)。

表 3-3　海水浴场适宜性评价

评价类型	适宜性		适宜性评价内容		
气候条件		气温(℃)	大气状况	风力(级)	紫外线指数(UV-I)
	适宜	>25	晴天、少云、多云、阴天	<3	<5.0
	较适宜	20~25	轻雾、小雨	3~5	5.0~8
	不适宜	<20	雾、中等以上降水、特殊天气或灾害天气	>5	大于 8.0
海水水质		海水水质	粪大肠杆菌(个/升)	溶解氧(毫升/升)	水体透明度(米)
	最适宜游泳	优	<100	>6	>5.00
	适宜游泳	良	100~1 000	5~6	1.20~5.00
	较适宜游泳	一般	1 000~2 000	3~5	0.50~1.20
	不适宜游泳	差	>2 000	<3	<0.50
海滩条件		海滩面积(平方米)	海滩前滨坡度(‰)	海滩底质粒度均值(毫米)	1.5 米深水域距海岸线的距离(米)
	优	>100 000	<60	<1.00	>30.50
	良	50 000~100 000	60~100	1.00~2.50	15.25~30.50
	较差	<50 000	>100	>2.50	9.15~15.25
水文条件			水温(℃)		浪高(米)
	适宜		>23		<1.00
	较适宜		20~23		1.00~1.80
	不适宜		<20		>1.80

资料来源:改编自刘煜杰.海水浴场适宜性评价研究:以山东省为例[J].资源与人居环境,2009:(14):70-72。

表 3-4　溶洞旅游资源评价标准

单项级别 \ 要素		Ⅰ	Ⅱ	Ⅲ	Ⅳ
规模	洞长(km)	>10	2~10	0.5~2	< 0.5
	厅大(m^2)	>48 000	10 000~40 000	1 000~10 000	<1 000
	洞深(m)	>100	30~100	0~30	0
沉积物	科学美感性	种类多,范围大,形态好,色彩丰富或某特点极其特殊	种类次多,范围较大,形态不错,色彩有变化	种类有几种,范围不太大,形体一般,色彩二三种	种类单一,范围小,形体差,色彩单一

续表 3-4

单项级别＼要素		Ⅰ	Ⅱ	Ⅲ	Ⅳ
险奇性	陡窄水(Q)/(t/s)	高陡坎,垂直降深>100 m,有大流量暗河,$Q>1$,主洞突然变窄、长、弯	有较陡的坎,垂直降深100～50 m,地下河$Q=0.5\sim1$	有陡坎,垂直降深0～50 m,$Q=0.1\sim0.5$	基本水平,无坎,$Q<0.1$
文化历史	史前古生物,史前古人类史迹(壁画、题迹、生活遗迹)	世界性的影响,如北京周口店猿人洞穴	对国内有影响,如宜昌三游洞	历史上有记载,有一定文化史	基本上没有历史文化或现代人发现,有现代名人题迹
交通中心城市	交通方式、距中心城市距离	位于中心城市,有公共汽车到达	距中心城市一日游	距中心城市二日游	距县城一日游

资料来源:陈诗才.自然风景旅游[M].北京:地震出版社,1993.

表 3-5　滑雪旅游资源的技术性评价(美国)

决定因素	评价标准与计分			
雪季长度	6 个月 (6)	6 个月 (6)	4 个月(4)	3 个月(2)
积雪深度	>1.22m (6)	0.92～1.22m (4)	0.61～0.92 m(2)	0.61 m 以下(1)
干　雪	3/4 季节时间(4)	1/2 季节时间(3)	1/4 季节时间(2)	0 季节时间(1)
海　拔	>762.5m(6)	457.6～762.5m(4)	152.5～457.5 m(2)	45.75～152.5m(1)
坡　度	很好 (4)	好 (3)	一般(2)	差(1)
温　度	>10℃(3)	−17.8～6.7℃(2)	<−17.8℃(1)	——
风　力	轻微(4)	偶尔变动(3)	偶尔偏高(2)	易变(1)

注:分等:A=29～33,B=21～28,C=8～20。坡度:最理想的坡度须兼具下列三等坡度:①初等坡度(10%～20%)占全区的15%～25%;②中等坡度(20%～35%)占全区的25%～40%;③高等坡度(35%～65%)占全区的30%～40%。

资料来源:保继刚,楚义芳.旅游地理学(修订版)[M].北京:高等教育出版社,1999.

2)综合性多因子评价。综合性多因子评价方法是在考虑多个因子的基础上,运用数理方法通过建立分析模型,并据此对旅游资源及其环境和开发条件进行综合定量评价。该方法的评估结果为数量指标,便于对不同旅游资源评价结果进行比较。

这类方法中运用比较多的有层次分析法(保继刚,1989)、指数分析法(楚义芳,1989)、美学评分法(俞孔坚,1988)、模糊数学评价法(杨汉奎,1987)、价值工程法(罗成德,1992)、综合价值评价模型法(李功阳、丁文魁,1986)和观赏型旅游地综合评价(楚义芳,1991)等。这里仅介绍层次分析法。

层次分析法是将复杂的问题分解成若干层次，在比原问题简单得多的层次上逐步分析，将人的主观判断用数量形式表达出来。这种分析首先将研究问题的各种影响因素进行归类和层次划分，确定出属于不同层次和不同组织水平的各因素之间的相互关系。在总目标（最高层）下划分出第一层、第二层及第三层等，不同层次间的因子便构成多目标决策树，然后对决策树中的总目标及子目标分别建立反映因子之间的判断矩阵。

对于一个总目标 F，各影响因子 $P_i(i=1,\cdots,n)$ 的重要性分别为权重 $Q_i(Q>0, \sum Q=10$ 或 $1)$，则

$$F=\sum_{i=1}^{n} Q_i p_i$$

公式中，F 为旅游资源综合评价值；n 为评价因子数目；Q_i 为第 i 个评价因子的权重；P_i 为第 i 个评价因子的评分值。

层次分析法中，首要的工作是确定本底权重；然后，获得各评价因子的评分值；最后利用模型计算旅游资源综合评价结果。

保继刚在国内首先采用层次分析法对旅游资源进行综合定量评价。他将旅游资源的评价分为若干层次，构建旅游资源评价模型树（图 3-1）。

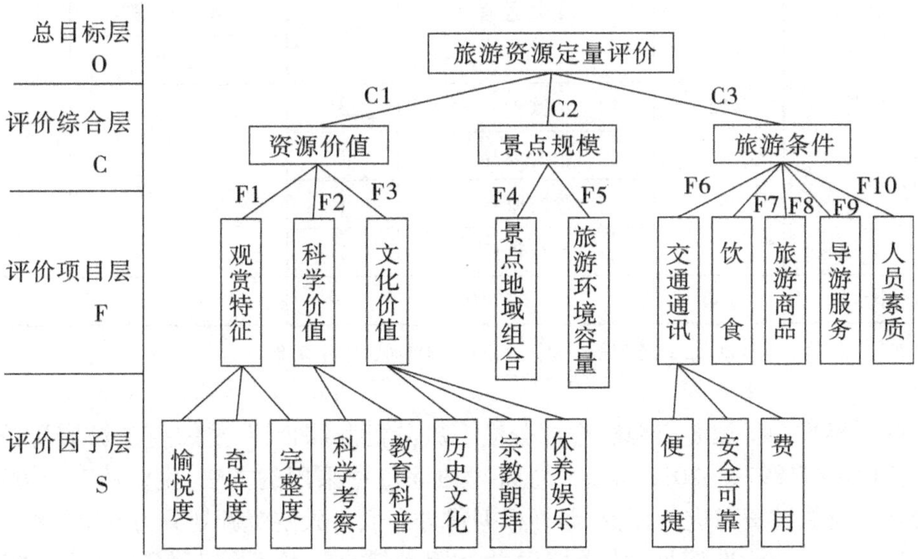

图 3-1 旅游资源评价模型树

资料来源：陈传康，保继刚. 北京旅游地理[M]. 北京：中国旅游出版社，1989.

然后邀请专家以填表方式按重要、稍重要、明显重要等判断级别，分别以 1、3、5、7、9 或其倒数作为量化标准，对同一层次的各因素间相对于上一层次的某项因素的相对重要性给予判断，提出意见，再在计算机上进行整理、综合、检验，排出最后结果，即评价综合层排序权重及位次、评价项目层排序权重及位次、评价因子层排序权重及位次（略）。再根据其权重排序，以 100 分按权重赋予各个因素分值，得到旅游资源定量评价参数表（表 3-6）。最后，利用表 3-6 就可以有一定的评分标准对旅游资源进行分项评价打分，得到综合结果。

表 3-6 旅游资源定量评价参数表

评价综合层	分值	评价项目层	分值	评价因子层	分值
资源价值	72	观赏特征	44	愉悦感	20
				奇特度	12
				完整度	12
		科学价值	8	科学考察	3
				科普教育	5
		文化价值	20	历史文化	9
				宗教朝拜	4
				休养娱乐	7
景点规模	16	景点地域组合	9		
		旅游环境容量	7		
旅游条件	12	交通通信	6	便捷	3
				安全可靠	2
				费用	1
		饮食	3		
		旅游商品	1		
		导游服务	1		
		人员素质	1		
合计	100	100			

资料来源:陈传康,保继刚.北京旅游地理[M].北京:中国旅游出版社,1989.

3)国家标准中的旅游资源综合评分法。旅游资源综合评分法是《旅游资源分类、调查与评价(GB/T18972—2017)(以下简称〈国标〉)》中采用的方法,主要从三个方面共八个评价指标对旅游资源进行评分,最终根据得分高低将旅游资源划分为五个等级。

评价体系。该标准依据"旅游资源共有因子综合评价系统"赋分,系统设"评价项目"和"评价因子"两个档次。"评价项目"为"资源要素价值""资源影响力""附加值"。其中,"资源要素价值"项目中含"观赏游憩使用价值""历史文化科学艺术价值""珍稀奇特程度""规模、丰度与频率""完整性"等五项评价因子;"资源影响力"项目中含"知名度和影响力""适游期或使用范围"等两项评价因子;"附加值"含"环境保护与环境安全"一项评价因子。

计分方法。评价项目和评价因子用量值表示,资源要素价值和资源影响力总分值为100,其中:"资源要素价值"为85分,"资源影响力"为15分,"附加值"中"环境保护与环境安全"分正分和负分。每一评价因子分为4个档次,其因子分值相应分为4档。各项目及其因子的评价赋分标准见表3-7。

计分及等级划分。根据对旅游资源单体的评价，得出该单体旅游资源共有因子评价赋分值。依据总分，将旅游资源单体分为五个等级，从高级到低级为：

得分值域≥90分，为五级旅游资源；得分值域≥75～89分，为四级旅游资源；得分值域≥60～74分，为三级旅游资源；得分值域≥45～59分，为二级旅游资源；得分值域≥30～44分，为一级旅游资源；得分≤29分，为未获等级旅游资源。

其中：五级旅游资源被称为"特品级旅游资源"；五级、四级、三级旅游资源被通称为"优良级旅游资源"；二级、一级旅游资源被通称为"普通级旅游资源"。

表3-7　旅游资源评价赋分标准

评价项目	评价因子	评价依据	赋值
资源要素价值（85分）	观赏游憩使用价值（30分）	全部或其中一项具有极高的观赏价值、游憩价值、使用价值	30～22
		全部或其中一项具有很高的观赏价值、游憩价值、使用价值	21～13
		全部或其中一项具有较高的观赏价值、游憩价值、使用价值	12～6
		全部或其中一项具有一般观赏价值、游憩价值、使用价值	5～1
	历史文化科学艺术价值（25分）	同时或其中一项具有世界意义的历史价值、文化价值、科学价值、艺术价值	25～20
		同时或其中一项具有全国意义的历史价值、文化价值、科学价值、艺术价值	19～13
		同时或其中一项具有省级意义的历史价值、文化价值、科学价值、艺术价值	12～6
		历史价值，或文化价值，或科学价值，或艺术价值具有地区意义	5～1
	珍稀奇特程度（15分）	有大量珍稀物种，或景观异常奇特，或此类现象在其他地区罕见	15～13
		有较多珍稀物种，或景观奇特，或此类现象在其他地区很少见	12～9
		有少量珍稀物种，或景观突出，或此类现象在其他地区少见	8～4
		有个别珍稀物种，或景观比较突出，或此类现象在其他地区较多见	3～1
	规模、丰度与频率（10分）	独立型单体规模、体量巨大；组合型旅游资源单体结构完美、疏密度优良级；自然景象和人文活动周期性发生或频率极高	10～8
		独立型单体规模、体量较大；组合型旅游资源单体结构很和谐、疏密度良好；自然景象和人文活动周期性发生或频率很高	7～5
		独立型单体规模、体量中等；组合型旅游资源单体结构和谐、疏密度较好；自然景象和人文活动周期性发生或频率较高	4～3
		独立型单体规模、体量较小；组合型旅游资源单体结构较和谐、疏密度一般；自然景象和人文活动周期性发生或频率较小	2～1
	完整性（5分）	保持原来形态与结构	5～4
		形态与结构有少量变化，但不明显	3
		形态与结构有明显变化	2
		形态与结构有重大变化	1

续表 3-7

评价项目	评价因子	评价依据	赋值
资源影响力（15 分）	知名度和影响力（10 分）	在世界范围内知名，或构成世界承认的名牌	10 ~ 8
		在全国范围内知名，或构成全国性的名牌	7 ~ 5
		在本省范围内知名，或构成省内的名牌	4 ~ 3
		在本地区范围内知名，或构成本地区名牌	2 ~ 1
	适游期或使用范围（5 分）	适宜游览的日期每年超过 300 天，或适宜于所有游客使用和参与	5 ~ 4
		适宜游览的日期每年超过 250 天，或适宜于 80% 左右游客使用和参与	3
		适宜游览的日期每年超过 150 天，或适宜于 60% 左右游客使用和参与	2
		适宜游览的日期每年超过 100 天，或适宜于 40% 左右游客使用和参与	1
附加值	环境保护与环境安全	已受到严重污染，或存在严重安全隐患	–5
		已受到中度污染，或存在明显安全隐患	–4
		已受到轻度污染，或存在一定安全隐患	–3
		已有工程保护措施，环境安全得到保证	3

4）国家标准的旅游资源评价体系存在的问题。在 2003 版《国标》的基础上，2017 年《国标》进行了修改，提出了更加完善的旅游资源类型划分标准、调查和评价的实用技术与方法指导，为指导相关行业和部门工作发挥了重要作用，但仍然存在着一些不完善的地方。具体表现在：

第一，旅游资源评价较主观。2017 版《国标》在对旅游资源的评价中，继续采用直接打分的方法。这种做法虽然简单、可操作性强，但是分数的高低很难有清晰的依据，存在着评价过于主观随意的问题。例如，在对旅游资源的观赏游憩使用价值进行评价时，每个档次的划分标准是“极高、很高、较高、一般”，这种划分方式主要依据高低程度进行评价，在实际判断时，个体的主观因素会在很大程度上影响评级的结果，不利于后续旅游资源整合开发工作的开展。

第二，过分注重旅游资源本体价值。《国标》评价项目包含“资源要素价值”“资源影响力”和“附加值”，没有包含对旅游资源所依附环境的评价，而旅游资源所依附环境的好坏也会影响其对游客的吸引力，因此旅游资源评价应包含对其依附环境的评价。另外，旅游资源评价往往是针对某一区域旅游资源整体价值的判断，所以，评价时除考虑旅游资源单体价值外，还要考虑区域内不同旅游资源单体之间组合、搭配关系。

第三，评价因子和评价结论存在局限性。《国标》确定的 8 个评价因子不能涵盖所有的旅游资源基本类型，会出现许多资源难以“对号入座”的问题。就评价结论而言，《国标》将“五级旅游资源”称为“特品级旅游资源”，之后，又将“五级、四级、三级资源”又统称为“优良级旅游资源”。那么，在对“五级旅游资源”进行等级评定时，“五级旅游资源”

究竟是“特品级旅游资源”还是“优良级旅游资源”？这显然存在评级分歧与矛盾。

第四，忽略市场需求。旅游资源评价是为了确定旅游资源的开发利用方向，最终将资源转化为旅游产品，以满足市场需求。因此，旅游资源价值大小某种程度上取决于其对旅游市场的吸引力，脱离市场的旅游资源评价是没有意义的。而《国标》没有针对旅游市场需求的评价项目，评价结果对资源的市场开发导向不明显。

基于以上问题，如何规范化、定量化、科学化旅游资源评价的数理模型和概念体系，成为今后《国标》修订需要重点思考的实践操作性问题。

3.2.2.5　旅游资源评价的成果形式

在完成旅游资源调查和评价工作后，规划组应形成一定的研究成果，其成果形式主要包括：旅游资源调查区实际资料表、旅游资源图、旅游资源调查报告。

旅游资源调查区实际资料表的内容包括：调查区基本资料，各层次旅游资源数量统计，各主类、亚类旅游资源基本类型数量统计，各级旅游资源单体数量统计，优良级旅游资源单体名录，调查组主要成员、主要技术存档材料等。此表同样适用于调查小区实际资料的填写。

旅游资源图包括：表现一级至五级单体分布的旅游资源图和表现三级至五级单体分布的优良级旅游资源图。

旅游资源调查报告的编写一般包括如下内容：前言、调查区旅游环境、旅游资源开发历史和现状、旅游资源基本类型、旅游资源评价、旅游资源保护与开发建议、主要参考文献。

3.3　旅游市场调查、分析与预测

广义的旅游市场是指旅游产品交换过程中所反映的有关旅游者与旅游经营者之间各种经济行为和经济关系的总和。狭义的旅游市场是我们通常所说的旅游需求市场或旅游客源市场。在旅游规划研究中，旅游市场是指旅游者愿意付出一定的代价换取旅游商品的实际需求。其特点是：游客不仅愿意按照一定价格购买，而且会付出闲暇时间，所购买的是一种异乡生活经历。

3.3.1　旅游市场调查

3.3.1.1　旅游市场调查的目的、意义

旅游市场调查的目的，是为了摆脱个人有限的经验和主观推断，以正确的方法主动收集、掌握与旅游规划决策相关的旅游市场需求信息。其意义主要表现为：旅游市场调查可以为旅游规划提供第一手材料和可靠信息，指导开发者进行总体设计；为旅游经济部门和旅游开发部门的决策者制定政策、进行预测和制订计划提供依据；为旅游开发部门提供旅游者对旅游消费需求的变化信息，以便合理规划、布局、制定服务项目等，并为充分利用旅游资源寻找客源市场和途径；为开发研究部门提供技术和竞争动向方面的情报。

3.3.1.2 旅游市场调查的方法

(1)文案调查法　文案调查法又叫间接调查法,是利用企业内部和外部各种信息和情报资料,对调查内容进行分析研究的一种调查方法。其包括资料筛选、编排标记、文字摘录、分析鉴别和分类登记五个步骤。文案调查是旅游市场调查的第一步,其获取资料渠道之一是企业内部资料,如业务、统计、财务和供销等方面资料;渠道之二是企业外部资料,如政府部门、信息中心、咨询机构、协会、书报、电台、电视台、博览会、展销会和交易会等。

文案调查法的优点是时间和费用较少、不受时空限制、不受主观因素的干扰等,其不足是时效性差、缺乏一致性、利用率较低,另外调查员要有较好的理论、专业知识及技能。

(2)观察调查法　观察调查法是指调查人员直接到现场或通过仪器观察、调研游客流量和游客行为等的方法。观察得到的资料比较生动、直观、可靠,但它一般只看到表面现象,很难对深层因素进行分析。

(3)询问调查法　询问调查法是被采用最多的一种调查方法,是指调查人员将事先拟定好的调查问题以各种方式向被调查者提出来,以询问的方式收集资料、了解信息的一种做法。按照调查人员与被调查者接触的方式不同,访问法主要包括问卷法和访谈法。

(4)抽样调查法　抽样调查法是按照一定方式,从调查总体中抽取部分样本进行调查,用所得的结果说明总体情况的调查方法。抽样调查可分为随机抽样和非随机抽样。这种方法可节约人力、财力和时间,有较强的时效性和准确性,资料搜集的深度和广度会大大提高;但在缺少详细的分类资料,抽样数目不足时会影响调查的准确性。

(5)试验调查法　试验调查法是将选定的刺激因素引入被控制的环境中,进而系统地改变刺激程度,以收集和测量调查对象的反应;有时可根据需要,将调查对象分成若干小组,然后分别给予不同程度的外部刺激变数,以便进行分析对比;特别是当对同一现象存在不同解释的时候,运用试验法可以找出真正的原因,因此,这种方法对于研究变量之间的因果关系非常有效。但有时难以完全控制试验条件。

(6)网络调查法　网络调查法是利用互联网作为技术载体和交换平台来了解和掌握市场信息的一种方法。具体方式是通过网页调查、发送电子邮件、推送微信等方式来获取调研结果。与传统的调查方法相比,网络调查法具有快速、经济、共享、互动和无时空限制等优点,但也存在着对象的不确定性、样本数量有限等缺点。

3.3.1.3 旅游市场调查的程序

旅游市场调查是一项涉及面广,复杂的认识活动,要顺利进行旅游市场调查,确保调查质量达到预期目的,必须科学安排调查过程中的各项工作。旅游市场调查的一般程序如下:

(1)准备阶段　这一阶段是市场调查工作的准备和开始,这一阶段的主要任务是:一是,评估现有资料,明确待调查和解决的问题;二是,针对待调查的问题,确立调查的内容和指标;三是,拟订方案和工作计划。调查方案是对某项调查本身的具体设计,主要包括调查的具体对象、调查的地区范围、调查资料的收集和整理的方法等;调查工作计划包括对某项调查的组织领导、人员配备和考核、完成时间、工作进度和费用预算等进行安排。

（2）实施阶段　这一阶段的主要任务是组织调查人员按照调查方案的要求和工作计划的安排收集各种资料数据。一般而言，市场调查所要收集的资料包括第一手资料和第二手资料。在这个阶段，市场调查的组织者必须集中精力做好外部协调工作和内部指导工作，力求以最少的人力、最短的时间、最好的质量完成收集信息资料的任务。

（3）总结阶段　这一阶段是调查全过程的最后一环，也是市场调查能否发挥作用的关键。本阶段的任务是：一是，平衡调查样本，编辑检查调查资料；二是，借助统计分析技术，将整理后的资料和数据进行分析、解释，得出结论并提出合理化建议；三是，撰写市场调查报告或规划的市场分析专项报告，为旅游规划和开发的决策提供依据。

3.3.2　旅游市场分析

在对旅游市场进行全面调查的基础上，应对旅游市场的调查资料进行整理和分析，所得结论将成为旅游规划的重要基础。

3.3.2.1　旅游环境分析

旅游环境分析主要包括对规划地政治法律、经济技术、社会文化环境和区位因素的分析。

（1）政治法律环境　政治环境包括两方面内容，其一是政府对旅游发展的态度和制定的相应政策；其二是当地的政治氛围和社会稳定状况。

政府制定的政策，尤其是那些针对旅游经济发展的政策会对社会购买力和旅游需求产生影响，它在很大程度上影响着旅游市场的规模和发展方向。

旅游地的政治氛围和社会稳定程度对旅游发展也影响较大，严重的恐怖事件和政治变革会对旅游业产生强烈的冲击，如在危机频繁、反恐形势紧张的国家和地区，入境旅游者的人数会大幅度减少——旅游者都不愿冒生命危险去旅游。

法律环境分析主要是了解旅游目的地及客源地的有关法律、法规和条例，包括环境保护法、旅游法、保险法、合资经营条例、出入境规定以及地区旅游管理条例等。

（2）经济技术环境　国民经济发展状况对规划地的旅游发展前景影响显著，同时还决定了旅游规划地的硬件和软件条件。通常情况下，旅游规划中对经济环境的分析主要从区域经济总量的发展状况和个人收入的增长状况两方面着手。

对区域经济总量的发展应重点关注区域经济的增长速度、区域经济的增长效率和区域经济的产业结构三个方面。在旅游规划与开发中，对区域经济的增长速度通常用该地区近年来国内生产总值（GDP）等指标来衡量，指标数值高说明经济发展态势良好，能为旅游开发提供较为坚实的经济基础；对经济增长效率的评价通常借助单位产出的能源耗费或借用绿色 GDP 等经济指标；而分析规划地的经济产业结构有利于更好地制定旅游业在区域经济发展中的定位，常用的指标为第一、二、三产业增加值的比重，或三个产业从业人员的数量之比。

总体经济的发展状况为旅游开发提供了宏观的发展背景与条件，个人经济状况和收入增长情况，则主要为规划者提供更为详尽的市场需求相关信息。关于个人的收入增长情况，主要考察个人收入和个人可支配收入等指标。旅游者个人可支配收入越多，其能用于旅游消费的收入份额也相应较高。

现代科技和信息产业的发展对旅游业经营产生了重要影响，例如旅游电子商务的蓬勃发展和管理信息系统在旅游企业的广泛应用，都大大方便了当今旅游企业的营销、运营和管理，但在给旅游业发展带来诸多利益的同时，也使得所有旅游企业面临共同的挑战——市场全面开放。越来越多的人通过互联网预订酒店、机票、购物等，大大影响了旅行社业务；信息的公开化使无专利权的旅游产品易于被模仿；在线旅游栏目的出现使部分消费者不出门便参与旅游娱乐活动，减少了旅游住宿、餐饮、交通和购物等收入来源。因此，旅游规划需要了解旅游行业内新科技的发展水平和发展趋势。

(3)社会文化环境　对旅游规划与开发产生影响的社会文化因素主要包括人口状况、文化水平、社会阶层、相关群体和家庭。

人口因素是市场分析的基础内容之一，人口规模和市场规模之间具有密切联系，通常对于人口因素应关注规划地及其市场腹地的人口规模、结构以及增长速度等。

文化水平的不同是引起旅游者消费行为差异的重要因素。所谓文化是指人类从生活实践中建立起来的信仰、价值观念和人生观念、道德、理想等的综合体。不同的世界观和价值观，不同的文化教育水平下，人们的消费需求倾向也会不同。因此在进行市场分析时要考虑人们的价值观念、生活方式以及购买行为对旅游需求的影响。

社会阶层是社会成员按照一定的标准划分的彼此之间社会地位有区别的社会群体。在划分社会阶层时，常见的标准包括职业、收入水平、教育文化水平等。同一阶层的群体在态度、行为等方面具有较强的相似性，不同阶层之间群体则在上述方面存在着差异，因此，在编制区域旅游规划时应充分考虑阶层因素对旅游市场需求的影响。

相关群体是指旅游者的主要社会关系。旅游者在与相关群体的接触过程中，会逐渐将他们的行为视为自己行为的准绳，从而形成与周围的群体一致的消费和需求行为特征。

国内外相关研究结果也表明，家庭因素会对旅游者的消费行为造成影响，在研究中较为常见的家庭因素主要考虑家庭生命周期。在家庭生命周期的各阶段，家庭成员人数和家庭成员的消费行为都各具特点，因此，在对规划区进行市场分析时，也应该关注市场主体的家庭相关因素。

(4)区位因素　区位因素包括：自然区位、经济区位、交通区位和旅游区位。

自然区位指的是旅游开发地所处的自然地理位置，强调该地与其他区域在空间上的位置关系。旅游开发地所处的自然区位通常决定了该地的自然条件。

经济区位是指旅游开发地在区域经济中的地位以及与周边地区在经济发展中的相互合作与竞争关系。一般经济发达、经济区位优良的地区在基础设施和配套服务方面优于经济欠发达区域。

交通区位在旅游业发展中扮演着非常重要的角色，没有旅游交通，旅游者跨地域的移动就难以实现，就无法开展旅游活动。在分析交通区位时主要考察陆路、水路、航空等交通要素的覆盖率和通达率等指标。

旅游区位是指该地在区域旅游发展中的地位以及与周边旅游发展的相互关系。对旅游区位的分析能为旅游开发地的发展竞争力评价和制定旅游市场发展战略提供一定依据。

3.3.2.2 消费者行为分析

对消费者行为分析有助于契合市场供给与需求的结构,能有效帮助旅游地针对不同消费者群体提供旅游产品和服务。大体上看,旅游规划的消费者行为分析主要包括三个方面:

(1)消费者特征及行为特点 消费者特征和行为特点的分析有助于规划者了解该区域旅游产品的市场范围和对该区域感兴趣的旅游者类型,为旅游市场细分和目标市场选择提供一定的参考依据。该内容通常借助客源地结构,消费者的年龄、性别、职业、收入,出游目的,逗留时间,到访次数与频率等指标进行分析。

(2)消费者的行为模式 消费模式是对消费者在规划地消费行为的概括。分析该内容有助于评价旅游给当地带来的效益度,协助规划者了解在旅游者消费过程中,需要进一步优化和提升的方向。在分析消费者消费模式时,通常包括旅游信息搜集、旅游决策、旅游行程安排、消费项目构成等内容。

(3)消费者的旅游体验品质评价 在全域旅游发展模式下,旅游体验品质被放在消费者利益的首要位置上,因此,需要针对消费者的旅游体验品质进行分析,从而明确未来优化的方向。对消费者的旅游体验品质评价可借助于"消费者对旅游产品及服务的满意度、消费者与产品服务互动后形成的主观心理认知和情感表现"等指标来分析。

3.3.2.3 市场竞争者分析

市场竞争者分析主要包括竞争者的识别、评估竞争者的优势与劣势、估计竞争者的反应模式三个方面。

(1)竞争者的识别 包括识别竞争者类型、数量、分布、实力及识别竞争者的战略等。

(2)评估竞争者的优势和劣势 常用的指标包括:竞争者的市场占有率和市场地位、影响竞争者经营和发展的因素、竞争者扩大经营规模或退出行业所面临的障碍、竞争者的盈利能力及销售增长率等。

(3)估计竞争者的反应模式 按照竞争者的反应策略,竞争者的反应模式大致分为缓慢反应者、局部反应者、隐蔽反应者和激进反应者四种类型。通过对竞争者反应模式的分析可以有效指导旅游地市场推广策略的制定,从而更有效促进旅游地的开发。

3.3.2.4 居民或从业者诉求分析

由于居民和从业者既可能是未来旅游发展的从业者,也会成为未来旅游业发展的潜在消费者,他们通常较为关注地方的利益和旅游业的发展,因此,他们的诉求和参与意愿的分析是不可缺少的工作内容。分析的内容大概包括:旅游规划涉及的主要内容、规划区域的发展方向、居民对区域旅游发展的期待、当地设施的改善、旅游发展的分期计划等。

3.3.3 旅游市场预测

旅游市场预测是在旅游市场调查的基础上,运用预测的理论和方法,根据对旅游市场发展规律的认识,来推测旅游市场未来需求的过程。旅游市场预测是旅游规划与开发的重要环节之一,对旅游市场进行预测,可以有效指导规划者进行市场细分,进而选择出适宜的目标市场。

3.3.3.1 旅游市场预测的类型

旅游市场预测的种类很多,按不同的标准可分为不同类型。如按预测时间,可分为短期预测、中期预测、长期预测;按预测范围,可分为旅游宏观市场预测和旅游微观市场预测;按预测的方法和性质,可分为定性预测、定量预测;按预测地域的大小,可分为国际旅游市场预测和国内旅游市场预测;按预测内容的繁简,可分为专题市场预测和综合性市场预测。

3.3.3.2 旅游市场预测的程序

旅游市场预测必须遵循一定的程序,采用严谨、科学的工作步骤。具体包括:

(1)明确市场预测的必要性。

(2)明确预测的目的和要求,确定预测目标。明确目的,是开展市场预测的第一步,预测目的不同,预测的内容和项目、所需要的资料和所运用的方法都会有所不同。明确预测目标,就是根据经营活动中存在的问题,拟定预测的对象、内容、范围、期限、参加的人员、编制预测计划等。

(3)明确资料来源和类型。

(4)选择预测的方法或预测模型。根据预测的目标以及各种预测方法的适用条件,选择合适的预测方法,预测方法选用是否恰当,将直接影响预测的精确性和可靠性。运用预测方法的核心是建立描述、概括研究对象特征和变化规律的模型,并根据模型进行计算或处理,即可得到预测结果。

(5)对预测结果进行处理和评估。对调查收集的资料进行综合分析,并通过判断、推理,使感性认识上升为理性认识,从事物的现象深入事物的本质,从而预计市场未来的发展变化趋势。在分析评判的基础上,通常还要根据最新信息对原预测结果进行评估和修正。

(6)撰写市场预测报告。预测报告应该概括预测研究的主要活动过程,包括预测目标、预测对象及有关因素的分析结论、主要资料和数据、预测方法的选择和模型的建立,以及对预测结论的评估、分析和修正。

3.3.3.3 旅游市场预测的方法

旅游市场预测的方法很多,常用的方法包括定性预测和定量预测两类。

(1)定性预测方法　定性预测法是较早应用于旅游市场预测的基本方法,一般包括购买者意向调查法、经理人员判断法、销售人员综合意见法、德尔菲法、头脑风暴法等。

1)购买者意向法。购买者意向法是采用随机抽样或典型调查方法,通过向潜在旅游者发放表格或询问的方式,调查旅游者的购买意向、需求数量和对产品的评价等意见,以此来推断旅游产品未来需求量的一种预测方法。该方法开支较大,费时、费力,且受调查者意愿的影响。比较适合预测期较短的高消费市场的预测。

2)经理人员判断法。经理人员判断法是邀请企业内部各职能部门的主管人员根据各自的经验对所预测内容做出分析和估计的方法。该方法简单可行,预测成本低,对市场的变动较为敏感,而且由于预测者分属于各自不同的部门,做出的预测结果往往较为准确和全面。常用于旅游市场需求和旅游产品销售情况的预测。

3)销售人员综合意见法。销售人员综合意见法是由旅游企业内外的营销人员对旅游产品的产销情况、旅游市场发展趋势变化以及未来旅游产品销售数量等做出预测的方法。该方法的优点为预测结果比较接近实际,缺点是对旅游市场的总形势和发展趋势缺乏总体把握,导致预测结果具有一定的局限性。此方法比较适合于对旅游市场需求和竞争对手的预测。

4)德尔菲法。德尔菲法俗称“背靠背”法,是美国兰德公司于20世纪50年代初发明并推广使用的。它是以匿名的方式通过多轮讨论征询专家意见而综合汇总,最后得出预测结果的一种方法。其基本程序是:确定预测问题,设计意见征询表;选择要征询的专家,专家人数的多少由问题的复杂程度决定,一般为30～50人为宜;进行意见征询,请专家就征询的问题进行直接征答;回收征询表并整理意见,取所有专家的平均意见为最后结果。为保证结果的准确性,一般要经过3～4轮征询。

德尔菲法的优点是可以加快预测速度和节约预测费用,可以获得不同但有价值的观点和意见。适用于长期预测和对新产品的预测,在历史资料不足或不可测因素较多时尤为适用。缺点是对于分地区的顾客群或产品的预测可能不可靠,责任比较分散,专家的意见有时可能不完善。

5)头脑风暴法。与德尔菲法相反,头脑风暴法是根据预测目标的要求,组织各类专家,使专家面对面进行讨论和相互激发,使预测观点不断集中和深化,从而提炼出符合实际的预测方案。这是一种直观的预测方法,其优点是可以充分发挥各类专家的创造性思维,在较短时间内得到富有成效和创造性的预测成果,是寻求新观点、新建议、新思路的有效途径。缺点是与会专家易受权威的影响,不利于预测者充分发表意见,同时易受个人表达能力的影响。

(2)定量预测方法　定量预测法是运用数学和统计等方法,对较系统和完整的资料和数据进行分析,从而对旅游市场及其变化做出评估和推断的方法。较为常用的定量预测法包括时间序列分析法和回归分析法两种。

1)时间序列预测法。时间序列预测法是利用预测目标的历史统计数据,按时间先后顺序排列成数据,运用统计方法研究其发展变化客观过程的规律性,建立数学模型进行外推预测对象的一种方法。常用的时间序列分析法有简单平均法、加权平均法、移动平均法、指数平滑法等。

①简单平均法:是把预测事件中各个时期的实际值进行算术平均,将所得的平均数值作为下一期的预测值。其计算公式为:

$$\hat{y}_{n+1} = \frac{y_1 + y_2 + \cdots\cdots + y_n}{n}$$

公式中 $\hat{y}_{n+1}$ 为 $n+1$ 期的预测值, n 为时间序列的资料期数, y_1, y_2…… y_n 为各期的观测值。该方法使用简便、灵活迅速,花费较少,但精确度差,适用于短期或近期预测。

②加权平均法:是在简单平均法的基础上,根据不同时期资料的重要性程度,分别给予不同的权数后再加以平均的一种预测方法。其计算公式为:

$$\hat{y}_{n+1}=\frac{y_1k_1+y_2k_2+\cdots\cdots+y_nk_n}{k_1+k_2+\cdots\cdots+k_n}$$

公式中 $\hat{y}_{n+1}$ 为 $n+1$ 期的预测值，n 为时间序列的资料期数，y_1，$y_2\cdots\cdots y_n$ 为各期的观测值，k_1，$k_2\cdots\cdots k_n$ 为各期的权数。

该方法的关键是确定适当的权数。一般来说，离预测期越近的数据对预测值的影响就越大，应确定较大的权数；离预测期越远的数据对预测值的影响就越小，应确定较小的权数。这样可以体现各期数据的不同影响程度，因而这种方法的预测结果更为准确。

③移动平均法：是根据时间序列资料，逐项推移，依次计算一定项数的序时平均数，边移动边平均，得到一个由移动平均数构成的新的时间序列，借以反映长期趋势的方法。其计算公式为：

$$\hat{y}_{n+1}=\frac{y_n+y_{n-1}+\cdots\cdots+y_{n-t+1}}{n}$$

公式中 $\hat{y}_{n+1}$ 为 $n+1$ 期的预测值，n 为时间序列的资料期数，y_n，$y_{n-1}\cdots\cdots y_{n-t+1}$ 为各期的观测值，t 为移动平均期数。

该方法通过不断引进新的数据来修正平均值，在一定程度上消除由于季节性、周期性或随机性变动等因素的影响，因而预测结果更为可靠。所以当时间序列的数值由于受周期变动和不规则变动的影响，起伏较大、不易显示发展趋势时，可采用移动平均法来消除这些因素的影响。

④指数平滑法：是用预测目标历史数据的加权平均数作为预测值的一种预测方法。其计算公式为：

$$\hat{y}_{n+1}=\alpha y_n+(1-\alpha)\hat{y}_n$$

公式中 $\hat{y}_{n+1}$ 为 $n+1$ 期的预测值，$\hat{y}_n$ 为 n 期的预测值，y_n 为 n 期的实际值，α 为平滑系数，$0<\alpha<1$。

其中平滑系数是一个经验数据，具有修匀实际数据所包含的偶然因素对预测值的影响的作用。平滑系数取值越大，则近期实际数对预测结果的影响越大；平滑系数取值越小，则近期实际数对预测结果的影响也就越小。因此，进行短期预测或波动较大的预测时应采用较大的平滑指数，进行长期预测或波动较小的预测时应采用较小的平滑系数。

时间序列分析法简单易行，应用较为普遍。但是经济事件的未来状态不可能是过去的简单重复，因此这种方法一般只适用于短期预测和中期预测。如果时间序列数据随时间的变化波动很大，或者市场环境、国家经济政策有重大变化或经济增长发生转折时，不宜采用这种方法。

2）回归分析法。回归分析法即在实际的旅游规划与开发过程中，很多区域缺乏连贯的历史资料，无法选用时间序列预测法对旅游市场进行预测，在此情形下，规划者可采用回归分析法进行预测。该方法是按影响旅游市场发展的相关变量（如距离、游客收入、文化水平、年龄等）之间的关系，建立回归模型的一种预测方式。在使用该方法时，较关键的工作在于对相关因子的优选。其要求是：相关因子与预测因子间的相关度越高越好；相关因子间的相关度越低越好。

回归分析法的工作程序是：

①用相关图判定因子间的相关模型，以确定采用一元回归模型还是多元回归模型。

②计算相关系数，判定因子间的相关程度。

③如果因子显著相关，则配合所选的回归线求解参数，建立回归模型。

④按所得的模型进行预测。

⑤对预测结果进行标准差检验。

回归分析模型有一元回归模型和多元回归模型两类：

一元回归模型为：$y = a + bx$

如果相关系数

$$r = \frac{n\sum xy - \sum x \sum y}{\sqrt{n\sum x^2 - (\sum x)^2}\sqrt{n\sum y^2 - (\sum y)^2}} \geqslant 0.05$$

则可用最小平方法配合回归线，求解参数 a、b，从而得到一元回归预测模型。

如用多元回归方程建模，方程为：

$$Y = a + b_1x_1 + b_2x_2 + \ldots\ldots + b_nx_n$$

可见因子的数量将显著影响调查与计算的工作量，因此，必须尽量减少因子数量。

本章小结

旅游资源调查与评价、旅游市场的调查与预测是旅游规划的基础性工作。本章系统分析了旅游资源调查和评价、旅游市场调查和预测的内容、程序和方法，并对规划区旅游环境分析与开发条件评价进行了阐述。

重点概念

旅游资源调查　旅游资源评价　层次分析法　国家标准的旅游资源评分法

旅游市场调查　旅游市场预测

案例分析

江口县旅游资源调查与评价

1. 江口县概况

江口县位于贵州省东北部，其涵盖 7 个镇及 2 个民族乡，148 个行政村，10 个社区，1 468 个自然寨，人口总数 23.46 万，有土家族、苗族、侗族、仡佬族等 15 个少数民族，共计 12.69 万人，占总人口的 52%。江口县旅游资源丰富，20 世纪 80 年代开始陆续做了一系列旅游调查工作，特别是针对梵净山的地质、旅游及矿产方面，但以往旅游资源的调查比较局限，多集中于对梵净山及周边地区景点范围内的旅游资源，未对江口县各乡镇的旅游资源进行详细调查，不利于江口县全域旅游工作的推广，而江口县作为典型的西部民族县域，在“扶贫攻坚”“全域旅游”及“乡村振兴”战略的大时代背景下，对全县各乡镇、行政村的旅游资源进行调查和评价就具有重要意义。

2. 江口县旅游资源调查过程、评价方法与数据来源

2.1　调查过程

(1)资料收集是本次调查工作的基础。所有的单体资源信息来源可以划分为两类,第一类是通过问卷调查进行收集;第二类是通过对已有资料筛选来获取旅游资源单体信息。

(2)结合实际情况,找出江口县旅游资源大普查项目的工作重点,运用相应的技术方法及路线、规范等,合理部署本次旅游资源普查工作,完成《江口县旅游资源大普查项目总体设计》的编写。

(3)项目团队对旅游资源单体逐一进行实地普查工作。

(4)在完成实地普查工作后,项目团队及时开展了对原始资料的整理工作,包括以下五个方面:问卷信息表、筛选信息表的整理归类;旅游资源单体调查表的完善;积极组织旅游资源单体的综合评级工作;完善项目实际材料图的编制工作;完善项目三级质量体系材料的整理,包括项目自检、互检、抽检等。

2.2　评价方法

本次调查依据国家标准《旅游资源分类、调查与评价》(GB/T18972—2017),遵循客观评价、发展评价、定性评价、定量评价、集体评价、集中评价、兼顾三种效益等原则,并结合《贵州省旅游资源大普查技术要求》中的标准,对江口县旅游资源单体进行评分和划分等级。

2.3　数据来源

本次旅游资源普查工作在充分收集前人资料的基础上,初步了解了江口县的旅游资源现状,共收集到各类资料77份,以电子版资料为主,内存容量达60G。同时,共发出问卷表520份,回收504份,回收率达96.92%。从收集的资料情况来看,主要筛选信息来源于旅游局、林业局、文物局、商贸局等单位,共筛选出旅游资源单体460余处,包括地文、水域、建筑等8个主类。

3. 江口县旅游资源评价

3.1　旅游资源丰富多样、类型全面

通过对江口县旅游资源的统计发现,江口县普查得到的1 021个旅游单体中,有8个主类、22个亚类和64个基本类型(表3-8),分别占全国标准的100%、95.56%和58.18%(表3-9),即江口县拥有了所有旅游资源主类,还拥有含自然景观综合体、农业产品和人事活动记录等在内的22个亚类,其基本类型达64种。有学者研究表明,如果某地区行政区域的旅游资源基本类型单体数与全国旅游资源基本类型数量的比值在41%~60%,则说明该区域旅游资源丰度等级属于中等,若县级行政区域的比值>40%,则说明该区域旅游资源丰度等级为丰富。普查可知,江口县作为县级行政区域,基本类型占全国的比例远超过40%,说明江口县旅游资源丰富多样,类型全面。

表 3-8 江口县旅游资源类型基本情况

属性	主类			亚类		基本类型
	类型	数量	占比（%）	类型	数量	
自然类旅游资源	A 地文景观	242	23.70	AA 自然景观综合体	14	AAA 山丘型景观;AAB 谷地型景观;AAC 沟谷型景观;AAD 滩地 型旅游地
				AB 地质与构造形迹	11	ABA 断层景观;ABB 褶曲景观;ABC 地层剖面;ABD 生物化石点
				AC 地表形态	208	ACA 台丘状地景;ACB 峰柱状地景;ACC 垄岗状地景;ACE 奇特 与象形山石;ACF 岩土圈灾变遗迹
				AD 自然标记与自然现象	9	ADA 奇异自然现象;ADB 自然标志地;ADC 垂直自然带
	B 水域景观	176	17.24	BA 河系	72	BAA 游憩河段;BAB 瀑布
				BB 湖沼	28	BBA 游憩湖区;BBB 潭池;BBC 湿地
				BC 地下水	62	BCA 泉;BCB 埋藏水体
				BD 冰雪地	14	BDA 积雪地;BDB 现代冰川
	C 生物景观	186	18.22	CA 植被景观	185	CAA 林地;CAB 独树与丛树;CAC 草地;CCD 花卉地
				CB 野生动物栖息地	1	CDB 蝶类栖息地
	D 天象与气候景观	3	0.29	DA 天象景观	1	DAB 地表光现象
				DB 天气与气候现象	2	DBA 云雾多发区

续表 3-8

属性	主类			亚类		基本类型
	类型	数量	占比（%）	类型	数量	
人文类旅游资源	E 建筑与设施	298	29.19	EA 人文景观综合体	53	EAA 社会与商贸活动场所;EAD 建设工程与生产地;EAE 文化活动场所;EAF 康体游乐休闲度假所;EAG 宗教与祭祀活动场所
				EB 实用建筑与核心设施	200	EBA 特色街区;EBB 特性屋舍;EBC 独立厅、室、馆;EBD 独立场、所;EBE 桥梁;EBG 港口、渡口与码头;EBJ 陵墓;EBK 景观农田
				EC 景观与小品建筑	45	ECA 形象标志物;ECC 亭、台、楼、阁;ECI 塔形建筑;ECJ 景观步 道、甬路;ECL 水井
	F 历史遗迹	38	3.72	FA 物质类文化遗存	37	FAA 建筑足迹;FAB 可移动文物
				FB 非物质类文化遗存	1	FBA 民间文学艺术
	G 旅游购品	27	2.64	GA 农业产品	17	GAA 种植业产品及制品;GAB 林业产品与制品;GAC 畜牧业产品与制品;GAE 养殖业产品与制品
				GB 工业产品	1	GB 工业产品
				GC 手工工艺品	9	GCB 织品、染织;GCG 纸艺与灯艺
	H 人文活动	51	5.00	HA 人事活动记录	32	HAA 地方人物
				HB 岁时节令	19	HBA 宗教活动与庙会;HBB 农时节日;HBC 现代节庆

表 3-9　江口县旅游资源三大层次数量统计

系列	标准数量	江口县	
		数量（个）	占全国比例（%）
主类	8	8	100.00
亚类	23	22	95.56
基本类型	110	64	58.18

3.2　数量以自然类旅游资源为主

由表 3-8 统计分析可知，江口县旅游资源数量结构为：自然景观类（607 个），人文景观类（414 个），占总体数量比分别为 59.45% 和 40.55%，比例为 1∶0.63，说明江口县旅游资源主要以自然类旅游资源为主,人文类旅游资源为辅。这种组合结构主要得利于江口县独特的地质地貌和良好的生态环境,县内山峦重叠、沟谷纵横、河流溪沟众多、热带季风湿润气候,四季分明,森林覆盖率达95%,负氧离子浓度高达18.9万个/cm^3,且全县以“走进江口,回归自然”为主题,在保护生态环境的基础上适度开发旅游景点。另外,县内受经济水平较低,基础服务设施尚不完善以及交通不便捷等因素限制,人文类旅游资源发展相对缓慢。自然旅游资源中,地文景观表现最好,共242个单体,占比23.70%,其次为生物景观,共186个,占比18.22%,而天象与气候景观数量最少且类型较为单一,仅3个,占比0.29%。江口县地质构造比较复杂,受新元古代梵净山运动、志留纪晚期的加里东运动等造山运动的影响,县内地貌主要有喀斯特地貌和侵蚀地貌两类,在两者共同的作用下,县内易形成“丘丛—峰丛”“冲沟—峪谷”等地貌景观,而天象与气候景观为各种天文现象,受地域限制,江口县主要的天象气候景观为梵净山佛光和梵净山云海。人文旅游资源中,以建筑与设施为主,共计298个旅游单体,占比29.19%,其次为人文活动,共51个,占比5.00%。可以看出各项人文景观数目差异较大,不均匀特性明显,其中建筑与设施类单体数目较多,受历史与人文环境的影响,县内宗教与祭记活动场所、祭拜场馆、传统与乡土建筑等资源比较丰富,而旅游购品的单体最少,共27个,仅占2.64%。原因在于江口县除梵净山周边景区发展较好之外,其他景区发展相对较差,相应的旅游商品也主打梵净山品牌,结合传统手工艺制作,将商品进行展示,导致旅游商品资源少且结构单一,如工业产品仅1处。

3.3 结构属于“金字塔”形

根据旅游资源等级评价结果(表3-10)可知,江口县所有旅游资源单体中,一级旅游资源的单体数量最多,有567处,占比55.53%,其次是二级和三级,分别有185处和137处,占比分别为18.12%和13.42%,未获等级的单体有104处,占比10.18%,而四级、五级旅游资源单体只有21处和7处,占比仅2.06%和0.69%。另外,江口县特品级旅游资源仅7处,优良级的为165处,占比16.16%,而普通级的多达752个,占比73.65%。可见,江口县普通级旅游资源占主导地位,优良级旅游资源比较少,特品级更加稀少,旅游资源内部结构属于典型的“金字塔”形。

表3-10 旅游资源等级评价统计汇总

等级	优良级旅游资源			普通级旅游资源		未获等级旅游资源	单体总数(个)
	五级	四级	三级	二级	一级		
单体数/个	7	21	137	185	567	104	1021
占比(%)	0.69	2.06	13.42	18.12	55.53	10.18	100

3.4 具有明显的地域性和民族性

由表3-11~表3-13统计可知,江口县自然旅游资源中有112个优良级旅游资源,其中55个(占总数的9.11%)和46个(占总数的41.07%)分别为地文景观和水域风光类,它们共同的特点是通过地质作用和地理过程,形成的地表环境景观或现象,具有极强的地域性。另外，53个优良级人文旅游资源中，有37个(占总数的69.81%)和13个(占总数的24.53%)分别为建筑与设施类和历史遗迹类，两者共同的特点是民族历史文化底蕴深厚、富有当地民俗特色。因此，江口县旅游资源的特点具有明显的地域性和民族性。

表3-11　江口县各主类旅游资源评价情况

资源类型	五级		四级		三级		二级		一级		未获等级		单体总数	
	单体数(个)	比重(%)	单体数(个)	比重(%)	单体数(个)	比重(%)	单体数(个)	比重(%)	单体数(个)	比重(%)	单体数(个)	比重(%)	单体数(个)	比重(%)
A 地文景观	4	1.65	9	3.72	42	17.36	43	17.77	140	57.85	4	1.65	242	23.70
B 水域景观	1	0.56	1	0.56	44	24.86	36	20.34	93	53.11	1	0.56	176	17.24
C 生物景观	0	0.00	0	0.00	9	4.84	9	4.84	97	52.15	71	38.17	186	18.22
D 天象与气候景观	1	33.33	1	33.33	0	0.00	0	0.00	1	33.33	0	0.00	3	0.29
E 建筑与设施	1	0.32	9	2.90	27	8.71	87	28.06	174	59.68	0	0.00	298	29.19
F 历史遗迹	0	0.00	1	0.00	12	10.53	6	15.79	19	73.68	0	0.00	38	3.72
G 旅游购品	0	0.00	0	0.00	1	3.70	2	7.41	24	88.89	0	0.00	27	2.64
H 人文活动	0	0.00	0	0.00	2	3.92	2	3.92	19	37.25	28	54.90	51	5.00
总计	7	35.87	21	40.52	137	73.91	185	98.13	567	455.95	104	95.29	1021	100.00

表3-12　江口县自然与人文旅游资源统计情况

资源类型	五级		四级		三级		二级		一级		未获等级		旅游资源	
	单体数(个)	比重(%)	单体数(个)	比重(%)	单体数(个)	比重(%)	单体数(个)	比重(%)	单体数(个)	比重(%)	单体数(个)	比重(%)	单体数(个)	比重(%)
自然旅游资源	6	0.59	11	1.08	95	9.30	88	8.62	331	32.42	76	7.44	607	59.45
人文旅游资源	1	0.10	10	0.98	42	4.11	97	9.50	236	23.11	28	2.74	414	40.55
总计	7	0.69	21	2.06	137	13.42	185	18.12	567	55.53	104	10.18	1021	100.00

表 3-13 江口县自然和人文旅游资源并项统计情况

资源类型	优良级旅游资源单体		普通级旅游资源单体		未获等级旅游资源单体		旅游资源单体总数	
	单体数（个）	比重（%）	单体数（个）	比重（%）	单体数（个）	比重（%）	单体数（个）	比重（%）
自然旅游资源	112	10.97	419	41.04	76	7.44	607	59.45
人文旅游资源	53	5.19	333	32.62	28	2.74	414	40.55
总计	165	16.16	752	73.65	104	10.19	1021	100.00

3.5 自然景观的综合价值较高

由表 3-11、表 3-12 和表 3-13 可知，165 个优良级旅游资源单体中，自然类共 112 处，占同级别总数的 67.88%，在 7 个特品级旅游资源单体中，自然类有 6 处，占同级别总数的 85.71%；而人文旅游资源的优良级单体有 53 处，占同级别总数的 32.12%，特品级的仅 1 处。相对而言，自然景观比较突出，如梵净山国家级自然保护区，江口国家湿地公园等自然景观，除极具优势的自然属性外，又同时兼具深刻的人类活动印记，或历史典故，或古村落、寺庙，或名人游踪等，自然资源中积淀了深厚的人类文化，使得资源要素价值、资源影响力及附加值中环境保护与环境安全等方面得分较高。

3.6 旅游资源开发具有较大成长空间

由表 3-11、表 3-12 和表 3-13 可知，江口县所有旅游单体中，未获等级的旅游资源单体共 104 处，占总数的 10.19%。这表明，江口县待发展的旅游资源单体较多，未来成长空间较大，原因在于，江口县旅游资源开发尚处于正式启动阶段，相关旅游资源还未及时进行等级评价，导致未获等级的旅游资源单体较多。

资料来源：徐仕强，杨建，刘雨婧. 西部民族地区县域旅游资源特征及空间分布格局：以江口县为例[J]. 经济地理，2019，39(8)：224-229.

案例思考

1. 说明国家标准《旅游资源分类、调查与评价》（GB/T 18972—2017）中旅游资源的分类体系。

2. 说明国家标准《旅游资源分类、调查与评价》（GB/T 18972—2017）中旅游资源的评价体系、计分办法和旅游资源等级划分办法。

3. 国家标准《旅游资源分类、调查与评价》（GB/T 18972—2017）中的旅游资源评价体系是否存在问题？对其如何进行改进创新？

课后思考

1. 旅游环境分析和旅游开发条件评价主要包括哪些内容？

2. 简述旅游资源调查的类型。

3. 简要说明旅游资源调查的基本程序和方法。

4. 旅游资源评价主要包括哪些内容?

5. 试分析比较旅游资源定性和定量评价的优缺点。

6.《旅游资源分类、调查和评价》中旅游资源评价包括哪些评价因子？并简要阐述其评价依据。

7. 旅游规划与开发中的市场分析主要包括哪些内容?

8. 试述旅游市场调查的步骤和方法。

9. 常用的旅游市场预测方法有哪些?

参考书目

1. 马勇,李玺.旅游规划与开发[M].4版.北京:高等教育出版社,2018.
2. 李晓琴,朱创业.旅游规划与开发[M].2版.北京:高等教育出版社,2021.
3. 龚绍方.旅游规划与开发[M].郑州:郑州大学出版社,2007.
4. 许韶立.旅游规划与开发[M].北京:机械工业出版社,2012.
5. 马耀峰.旅游规划[M].北京:中国人民大学出版社,2011.
6. 陈扬乐.旅游策划:原理、方法与实践[M].武汉:华中科技大学出版社,2009.
7. 白翠玲,秦安臣.旅游规划与开发[M].杭州:浙江大学出版社,2013.
8. 徐惠群.旅游营销[M].北京:中国人民大学出版社,2009.
9. 李享.旅游调查研究的方法与实践[M].北京:旅游教育出版社,2005.
10. 谢平芳,黄远辉,赵红梅.市场调查与预测[M].南京:南京大学出版社,2020.
11. 徐军委.市场营销学[M].北京:企业管理出版社,2019.

4　旅游规划总体思路制定

学习目标

通过本章学习，要熟悉编制旅游规划的主要依据，理解编制旅游规划的主要原则，掌握编制旅游规划的指导思想、总体定位以及发展战略选择的基本步骤和方法，深入领会旅游空间布局的典型模式和功能分区的主要原则。

学习难点

指导思想　总体定位　空间布局　功能分区

总体思路制定是旅游发展的纲领性内容，事关旅游规划地发展全局。制定旅游规划总体思路必须在国家宏观背景下，结合当地政府关于加快旅游业发展的总体要求和本地区旅游产业发展实际，确定旅游规划的指导思想，制定旅游业发展的宏观目标和战略路径，同时对旅游产业空间布局和功能分区做出合理安排。

4.1　旅游规划的依据、指导思想与原则

4.1.1　规划依据

编制旅游规划必须在国家有关法律法规框架下，参照旅游行业发展的技术标准，结合旅游业发展的政策文件，做好各级各类规划衔接，充分借鉴和参考相关地方文献，才能确保旅游规划与开发的合法合规性和可操作性。

4.1.1.1　法律法规

法律法规是编制旅游规划的基本前提，必须依据国家法律法规编制规划，否则就可能触犯法律，这就要求旅游规划编制人员熟练掌握相关法律法规及其重要条文。首先，旅游规划必然要涉及土地利用，尤其是建设用地指标问题，这就要求规划者熟悉《中华人民共和国城乡规划法》和《中华人民共和国土地管理法》的相关条目，从而为规划的实际落地提供土地保障；其次，随着我国“五位一体”总体布局的提出，生态文明建设成为社会主义建设的重要任务，生态保护成为旅游开发不得不面对的现实问题，这要求规划人员必须掌握《中华人民共和国环境保护法》《中华人民共和国水污染防治法》《中华人民共和国防洪法》《中华人民共和国文物保护法》《中华人民共和国野生动物保护法》《中华人

民共和国风景名胜区条例》《中华人民共和国自然保护区条例》等法律法规的相关规定，防止规划开发对生态环境和重点文物保护单位造成污染和破坏；再次，由于旅游产业融合的推进，乡村旅游、温泉旅游、森林旅游、中医药健康旅游、研学旅游、低空旅游、体育旅游等新业态不断涌现，规划人员也必须熟悉相关行业和部门的法律，譬如《中华人民共和国农业法》《中华人民共和国森林法》《中华人民共和国水法》《中华人民共和国旅游法》；等等。最后，只有将相关行业和部门的法律法规与旅游业的发展结合起来，才能保证旅游规划与开发合法合规。

4.1.1.2 技术标准

标准化建设是推动旅游产业发展的重要保障，旅游规划必须参照相关行业标准尤其是旅游行业的标准进行编制。首先，旅游规划编制人员必须掌握《旅游规划通则》的基本要求，按照要求编制各类旅游规划项目；其次，还要按照《旅游资源分类、调查与评价》的标准对旅游资源展开评价，参照《旅游景区质量等级的划分与评定》和《旅游度假区等级划分》的要求开展旅游项目和产品的设计；最后，还要按照《旅游民宿基本要求与评价》《旅游饭店星级的划分与评定》《文化主题旅游饭店基本要求与评价》《旅游购物场所服务质量要求》《旅游休闲街区等级划分》《旅游餐馆设施与服务等级划分》《旅游娱乐场所基础设施管理及服务规范》《内河旅游船星级的划分与评定》《标志用公共信息图形符号 第 2 部分：旅游设施与服务符号》《旅游信息咨询中心设置与服务规范》《旅游厕所质量等级的划分与评定》等一系列标准建设规划区内的旅游住宿、旅游购物、旅游餐饮、旅游娱乐、旅游车船、旅游标识、旅游咨询以及旅游厕所等服务设施，并依据《导游服务质量》《游乐园（场）安全和服务质量》《风景名胜区总体规划标准》等规范文件指导服务供给，从而保障旅游地开发的整体质量。

4.1.1.3 政策文件

近年来，国家和地方为推动旅游业的发展，出台了一系列政策文件。譬如，2014 年，国务院出台《关于促进旅游业改革发展的若干意见》（国发〔2014〕31 号），就树立科学旅游观，增强旅游发展动力，拓展旅游发展空间，优化旅游发展环境，完善旅游发展政策等五个方面提出具体要求。2015 年，国务院办公厅再次颁发《关于进一步促进旅游投资和消费的若干意见》（国办发〔2015〕62 号），围绕旅游基础设施建设、旅游新业态培育、旅游消费空间拓展等方面做了战略部署。2018 年，国务院办公厅印发《关于促进全域旅游发展的指导意见》（国办发〔2018〕15 号），指出随着大众旅游时代到来，发展全域旅游，将一定区域作为完整旅游目的地，以旅游业为优势产业，统一规划布局、优化公共服务、推进产业融合、加强综合管理、实施系统营销，实现旅游发展全域化、旅游供给品质化、旅游治理规范化、旅游效益最大化。2019 年，国务院办公厅颁发《关于进一步激发文化和旅游消费潜力的意见》（国办发〔2019〕41 号），对推出消费惠民措施、提高消费便捷程度、提升入境旅游环境、推进消费旅游点示范、丰富产品供给、推动旅游景区提质扩容、发展假日和夜间经济、促进产业融合发展和严格市场监管执法等工作做了具体部署。经国务院同意，2020 年，文化和旅游部、国家发展和改革委员会、教育部、工业和信息化部、公安部、财政部、交通运输部、农业农村部、商务部、市场监管总局等十部门联合印发《关于深化“互联网+旅游”推动旅游业高质量发展的意见》(文旅资源发〔2020〕81 号),要求智慧旅游景区,旅游信息基础设施,旅游公共服务模式,线上旅游营销,旅游监管服务,旅游治理能力,旅游创新、创业,旅游数据安全等八个方面推进“互联网+旅游”。2021 年,国务院办公厅印发《关于服务“六稳”“六保”进一步做好“放管服”改革有关工作的意见》,提出在“后疫情”时代,鼓励各地区适当放宽旅游民宿市场准入、推进实施旅游民宿行业标准等。为了落实国家产业政策,地方政府也及时出台相关配套政策,推动旅游产业发展。由于产业政策直接影响旅游产业发展,因此,规划编制人员必须及时跟踪对旅游业有直接影响的重大政策,并与旅游规划紧密结合,保证旅游规划的时效性和前瞻性。

4.1.1.4 相关文献

相关文献主要指各级各类规划,如将生态环境保护规划、国土空间规划(含城乡规划、土地利用规划),以及国民经济和社会发展规划、文物保护规划、交通规划、文化产业规划以及其他相关规划。旅游规划编制必须依托上级规划,并衔接各类部门规划,实现多规合一,确保旅游项目能够无缝对接、有效落地。除各级各类规划外,地方其他文史资料也是挖掘旅游区特色的重要来源,譬如各类地方志、统计年鉴、工作总结和各类文宣资料等。

4.1.2 指导思想

指导思想是旅游规划的核心,规定了整个旅游规划制定的方向、方针、政策、策略和基本原则。指导思想的主要内涵包括三个方面:一是指导思想基础论述;二是指导思想主体表述;三是指导思想阐释。

4.1.2.1 指导思想基础

依据国内外旅游发展的经验和趋势,旅游规划与开发应该树立全域旅游发展观。全域旅游是指在一定区域内,以旅游业为优势产业,通过对区域内经济社会资源尤其是旅游资源、相关产业、生态环境、公共服务、体制机制、政策法规等进行全方位、系统化的优化提升,实现区域资源有机整合、产业融合发展、社会共建共享,以旅游业带动和促进经济社会协调发展的一种新的区域协调发展理念和模式。全域旅游强调旅游目的地不能只关注景区景点建设,而必须关注到整个旅游目的地的打造。

从资源上来说,不仅把传统的自然风景、历史文化、民风民俗看作是可以开发利用的旅游资源,还要考虑社会资源向旅游产品的转化,重视工业农业、特色乡村、特色街道、商务商贸、会展中心、各类节事活动甚至是各种生活方式等特有的事象、物象,考虑其旅游开发利用的可能性和价值及其旅游 IP 转化的潜力。既要考虑有形的物质旅游资源的开发利用,又要考虑无形的非物质资源的开发利用。

从旅游产品来看,旅游地所有围绕在游客身边的事物,包括各类旅游吸引物、旅游设施、文化活动、旅游服务,甚至本地居民形象,都是旅游产品的组成部分,正所谓“处处是景观,人人是形象”,即这一旅游发展理念的体现。

从旅游产业来说,旅游地所有围绕旅游活动运转的产业集群都应包括在内,既包括食、住、行、游、购、娱等传统六要素组成的主体产业,也包括与旅游活动相关的工业、农业、商业、建筑、地产、金融、通信、文化等国民经济部门。通过加强旅游主体产业与各相关产业的协作,强调旅游开发与区域整体的一体化发展,形成跨旅游产业的互动发展,不断延伸旅游产业链条。

从旅游市场来说,就是要以战略营销的理念思考旅游地的发展,从范围经济的高度去审视旅游市场,通过规划开发打造旅游地的核心竞争力,用建立战略联盟的方略来协调目标市场的旅游供应者和旅游需求者,从而开拓出区域合作的双赢。

4.1.2.2 指导思想主体

指导思想主体建立在全域旅游观思想基础之上。指导思想主体通常是用一段精练的语言,高度概括出旅游规划主体要求旅游开发所要实现的发展路线、战略任务、效益水平和理想目标,这也是指导思想的主要内容。

(1)发展路线　依托资源、文化或区位等优势条件,遵循市场经济和产业特征,确立最适用于本地旅游业成长的发展模式。

(2)战略任务　明确提出发展旅游的基本战略任务,包括延长旅游产业链,扩展旅游发展空间,塑造旅游新形象,开发龙头产品,提升产业素质和竞争力等。

(3)效益水平　概括提出发展旅游业应达到的综合效益,塑造地方形象,拉动地方经济,提高居民生活水平,促进改革开放,全面推动社会文明进步等。

(4)理想目标　使旅游业成为当地国民经济发展的战略性支柱产业,或者直接在规划中阐明创建国家全域旅游示范区、国家级旅游度假区、旅游改革创新区或中国国际特色旅游目的地等。

4.1.2.3 指导思想阐释

指导思想阐释是以发展路线为核心,结合战略任务、效益水平和理想目标进行分领域阐述,全面完整地说明指导思想,以使规划主体能更深入地了解和掌握指导思想,从而能把握和实施旅游规划。阐释指导思想一般以战略思想为主线分题阐述,譬如文化和旅游部《"十四五"文化和旅游发展规划》以习近平新时代中国特色社会主义思想为指导,将习近平总书记关于文化和旅游工作的一系列重要指示精神贯穿于规划全篇,注重把握新发展阶段、贯彻新发展理念、构建新发展格局,突出高质量发展的主题,把中央决策部署转化为"十四五"文化和旅游发展的科学思路和扎实举措,着力推进文化铸魂、发挥文化赋能作用,着力推进旅游为民、发挥旅游带动作用,着力推进文旅融合、努力实现创新发展。

4.1.3 规划原则

尽管不同的规划侧重点有所不同,但就一般旅游规划而言,主要应坚持市场导向、突出特色、综合效益和可持续发展等四大原则。

4.1.3.1 市场导向原则

市场导向原则是指在旅游规划与开发前要进行市场调查与市场预测,准确掌握旅游市场供需及其变化规律,结合旅游资源特色,确定开发的主题、方向、规模和层次。该原则要求了解和掌握旅游市场的供需状况,包括需求的内容、满足的程度、旅游产品供需发展趋势、潜在需求状况、整个市场规模、结构和支付能力以及新企业进入市场状况等，然后根据这些因素进行旅游规划开发的编制工作。由于市场需求处于动态变化之中，这使旅游规划开发不仅要满足客源市场现实的需求，还应把握市场的各种形成要素，了解长期的发展方向，预测潜在的需求和变化趋势。例如，后疫情时代，旅游市场的流行趋势出现了新的特点，自驾出行、周边游和文化休闲等成为热门。同时，非价格要素愈发重要、客群更加细分，"95后"客群更偏好沉浸式红色旅游体验等。对新的旅游市场趋势进行系统考虑，从而用一种动态、连续、长期的发展战略进行旅游规划与开发，并使这项工作富有前瞻性和预见性。

4.1.3.2 突出特色原则

突出特色原则要求在旅游规划开发中要挖掘当地特有的旅游资源，尽可能突出旅游资源特色，从战略上认识到所拥有资源的优势，并通过开发措施强化其独特性，从而形成强大的吸引力和完整独特的旅游形象。如清明上河园以名画《清明上河图》1∶1复建为载体，通过各种演艺和表现形式打造全国最大的宋文化主题公园，从而成为中原地区文旅融合的一个经典样本，吸引了海内外游客的到访。

4.1.3.3 综合效益原则

综合效益原则就是在旅游规划与开发中要坚持经济效益、社会效益和环境效益相统一的原则，通过旅游资源规划开发，使潜在的旅游资源变成旅游产品，从而产生直接的经济效益，并有助于调整区域产业结构，带动相关部门和行业发展。同时，通过发展旅游业扩大就业，促进国际和地区间的经济技术合作与文化交流，产生良好的社会效益。对旅游资源科学合理地开发利用，可以使自然资源和人文资源得到必要保护，从而产生良好的环境效益。

4.1.3.4 可持续发展原则

可持续发展原则要求旅游规划与开发必须兼顾局部利益和全局利益，短期利益和长远利益，合理安排资源开发的序次，不可一蹴而就，而应分期分批展开，实现旅游资源的永续利用。对于那些不会破坏旅游资源和环境的项目，要以开发利用为主，大力开发建设；对于稀缺的、不可再生的旅游资源，应以保护为主，在不破坏资源的前提下，实施科学的有限开发战略。同时，由于可持续发展原则涉及经济可持续发展、社会可持续发展和生态可持续发展三个方面，因此旅游开发必须讲究经济效益，追求社会公平，关注生态平衡，实现三者的有机结合。

4.2 旅游规划的总体定位与目标制定

旅游规划的重要任务之一就是要为规划地确定一个总体定位或旅游业发展的主要方向，而目标的制定则是围绕总体定位展开，形成对总体定位的有效支撑。

4.2.1 总体定位

总体定位主要指旅游产业的功能定位，是以当地拥有的历史文化、资源条件和经济发展水平为基础,对旅游目的地开发所做出的事关全局的战略决策和总体布局。通常从目标市场需求、政治经济环境、技术资金实力和旅游资源基础等四个方面加以综合衡量。政治经济环境和技术资金实力构成了旅游总体定位的外部环境,旅游资源基础是旅游总体定位的基础因子,目标市场需求则是旅游功能定位的方向指南。在总体定位中,可以从经济功能、社会功能和环境功能等方面进行若干细分,提出相应的定位。譬如澳门的总体定位是世界旅游休闲中心,海南的定位是世界一流的海岛休闲度假旅游目的地,拈花湾景区的定位是中国心灵度假目的地。

与宣传口号不同,旅游规划的总体定位更加凸显的是旅游目的的功能,而不是市场形象特征,譬如开封清明上河园的宣传口号是"一朝步入画卷,一日梦回千年",主要是对市场主题特征进行高度总结和文学性描述,但是清明上河园的总体定位却从功能上分为四个方面,即中国最大的宋文化主题公园,中部地区都市休闲根据地,中国古代非物质文化遗产的展演地、展示地和演出地,中国古代娱乐的最大再现地。也可以说,旅游宣传口号是外在形象建设,而旅游总体定位则是内在目标愿景;宣传口号属于市场营销的范畴,而旅游总体定位属于目的地建设或产品打造的范畴。

4.2.2 目标制定

在确定旅游业发展目标时,既要考虑到国家宏观环境,又要考虑本地区旅游业发展的实际情况,并结合总体定位做出决定。在制定目标的具体操作过程中,要深刻把握任务、目的和指标的特定内涵。

4.2.2.1 按照旅游发展目标的内容分类

按照旅游发展目标的内容分类,旅游发展目标,可分为终极目标(总体目标)和阶段目标(包括概念性目标和数值性目标)。所谓终极目标是该旅游地经过长期的开发和发展后要达到的目标,通常包括如下内容:对该地区旅游发展的未来可能性所做的预期;对该地区旅游发展战略的一般性指导方针;对该地区旅游发展意义的阐释等。相对旅游发展的终极目标,阶段目标较为细致和具体。一般而言,根据人们的分期习惯,往往将旅游发展的阶段目标分为近期、中期和远期三个部分。近期目标通常对旅游发展中的基础设施建设、旅游产品组合、旅游市场划分等基本内容和亟待解决的问题做出规定;中期目标是在前期成果的基础上对旅游纵深发展,如旅游理念提升、旅游形象塑造、旅游精品开发、旅游市场推广等提出要求;远期目标则对旅游发展持续动力的规划和创新项目的设计提供蓝图。此外,还可以用概念性目标(目的)和数值性目标(指标)来共同阐明阶段目标。旅游发展的概念目标需要涉及旅游区域开发建设、旅游城市建设、旅游环境建设、旅游产品开发、客源市场拓展、旅游企业发展、旅游科技与教育发展、旅游管理体制等众多方面的内容。旅游发展的数值性目标则需要规定该时期境内外接待旅游者人次、旅游总收入、外汇总收入、就业人数等量化指标。由于数值性预测目标的不稳定性,在规划中可以通过给出数值目标区间来规定。

4.2.2.2 按照旅游发展目标的属性分类

按照旅游发展目标的属性分类,旅游发展目标可分为经济水平目标、社会效益目标、环境保护目标和文化发展目标。旅游发展的经济水平指标是反映其最终产业规模和经济收益状况的系列指标，包括境内外接待旅游者人次、旅游总收入与创汇、占国内生产总值的比重、投资回收期、投资收益率等；旅游发展的社会效益目标主要涉及旅游业发展将会产生怎样的社会效果，包括提供的就业机会、地方居民支持率、社会风气、旅游者满意度、从业人员服务质量等指标；旅游发展的环境保护目标直接关系旅游可持续发展问题，主要包括自然风景资源保护、历史文化资源保护、环境综合整治指标、绿化覆盖率、水资源环境、大气资源环境等内容；旅游发展的文化发展目标需体现旅游发展对当地文化的影响和文化互动的预期成果，包括当地文化的弘扬、文化整合的程度、特色文化的吸引力等指标。

4.3 旅游发展战略的选择与制定

旅游发展战略是在旅游市场分析的基础上，结合总体定位和目标设置所做出的战略路径选择，只有选择合适的发展战略才能够保证总体定位的实现和目标的完成。目前，随着旅游业的持续快速发展，旅游实践和旅游理论取得长足的进步。因此，在旅游规划中可供选择的发展战略有许多，它们在实际应用中都取得过良好的效果和效益，如全球化战略、跨越式发展战略、创新发展战略、区域合作战略（区域一体化战略）、产业化战略、龙头带动战略、可持续发展战略等。选择这些发展战略的关键是要紧密结合规划地的实际，牢牢把握规划的战略目标，充分掌握各战略的核心因素和关键点。下面选择几个具有代表性的战略做简单介绍。

4.3.1 全球化战略

全球化战略是具有世界级旅游资源或市场区位的旅游目的地，针对开发全球客源市场而在规划中策划并计划实施的一种常用战略。作为世界级的旅游资源或旅游目的地，应该而且也必须把旅游开发的定位放在全球市场，要以高起点、高水平、国际化的标准来指导旅游规划，制定出系统的全球化战略规划内容。在一般情况下，旅游全球化战略主要包括以下内容：

4.3.1.1 品牌全球化

就是以倾力打造国际化旅游品牌作为全球化战略框架的中心，针对国际旅游市场的需求，将具有世界级的旅游资源打造为面向全球市场的旅游产品，并通过国际化营销建立起国际化旅游品牌。品牌全球化包括景区品牌全球化和区域品牌全球化两方面内容。景区品牌全球化又可称为产品品牌全球化，是围绕规划区内世界级的旅游资源，如世界自然与文化遗产、世界地质公园、世界历史名城等，打造具有“中国标志性景区品牌”或“国际标准生态型多功能景区品牌”的过程；区域品牌全球化是对旅游区域品牌进行全球化定位和开发的过程，在进行战略规划时，要把旅游区域品牌在全球化进程中的目标定位为“世界主要观光旅游目的地区域”或“世界主要休闲度假旅游目的地区域”。为实现这个目标，区域旅游品牌开发一定要按照国际旅游标准，打造出能让全球游客认可和接受的国际旅游区域品牌。

4.3.1.2 旅游市场全球化

旅游市场的全球化战略是依托营销手段全球化和营销网络国际化两个子战略而实施的战略系统。

营销手段全球化是通过举办或参与重大国际节事活动来助推国际市场的战略行为。譬如世界互联网大会、博鳌亚洲论坛等节事活动的持续举办为本地区的旅游发展注入全球化动能。

营销网络国际化战略主要是指要通过利用国际先进渠道进行国际营销的战略行为,譬如利用国际化的社交网络和自媒体平台进行旅游目的地营销,或者通过各种协会、同学会、商会等民间组织来启动国外市场,可以达到方便、快捷、高效的目的。

4.3.2 跨越式发展战略

跨越式发展战略也称超常规发展战略,是指在一定历史条件下,落后者对先行者走过的某个发展阶段的超常规赶超战略计划,俗称“弯道超车”。跨越式发展具有相对性,它是与渐进式发展相比较而存在的一种非线性特殊发展方式。

跨越式发展战略主要包括三个基本内涵:一是速度与效益的统一性。跨越式发展是旅游业发展质量和水平的整体跃升,既要有数量的赶超,又要着力于提高旅游经济的整体素质。跨越式发展是数量、质量、结构、效益统一的协调发展,是可持续发展。二是创新的前提性。跨越式发展必须推进全面创新,在观念创新上超越传统,在体制创新上打破旧体制,在机制创新上高效先行,在科技创新上具有前瞻性,集中力量解决具有全局战略性重大问题。三是非均衡性。跨越发展是一个非线性的特殊发展,要遵循客观规律,按照非均衡发展理论,坚持有所为有所不为,集中人力、物力、财力,在基础好、具备发展条件的重点区域、重点行业、重点项目上取得重点突破,并率先实现跨越式发展。

跨越式发展战略最适用于旅游资源丰富但旅游业比较落后的地区。譬如在我国改革开放初期,旅游业率先打开国门,并采取了“适度超前”的跨越式发展战略,使我国旅游业在较短时间内达到了与世界接轨的水平。

4.3.3 龙头带动战略

龙头带动战略是指在较大范围的旅游区域内,精心挑选、强力打造龙头旅游景点,带动整个区域旅游业快速发展的战略行动计划。其主要内涵是实施两个战略步骤:一是要推行精品战略,加大龙头景点建设力度,进一步整合旅游资源,开发观光旅游精品、文化旅游极品、休闲度假新品,高水平展示旅游景点文化内涵,全面提升景点建设水平和文化品位,使其成为具有强大吸引力的旅游产品;二是要推行名牌战略,建立创新发展机制,全面塑造品牌形象,加大旅游宣传推广,以持续性高聚焦度的热点事件大力提高旅游吸引力,从而带动全区域的旅游发展。譬如迪士尼、乐高乐园、环球影城等国外主题公园巨头进入中国市场,形成基于区域市场的纵向分工;长隆集团在广州、珠海等地的发展,起到了良好的龙头带动作用,有效提升了当地旅游业的发展水平。

4.3.4 全域旅游战略

全域旅游是在一定区域内，以旅游业为优势产业，通过对区域内经济社会资源尤其是旅游资源、相关产业、生态环境、公共服务、体制机制、政策法规、文明素质等进行全方位、系统化的优化提升，实现区域资源有机整合、产业融合发展、社会共建共享，以旅游业带动和促进经济社会协调发展的一种新的区域发展理念和模式。全域旅游有五个特征：全部门齐抓共管、全资源综合利用、全产业融合创新、全社会共享共建、全时空完美体验。

4.3.5 区域合作战略

区域合作战略是指在特定区域范围内的旅游业或相关行业部门以及地方政府，在一定的领域和层面，通过协商建立战略性合作关系的模式。这个特定区域大可到国内多省区，小可到一个县区；合作的领域可以是全方位的，也可以是单一领域；通过旅游合作，可以建立起资源共享、产品互补、客源互送、利益共享的区域旅游合作网络体系，充分利用和开发区域内的资源和客源。譬如在开封成立的“一带一路”城市旅游联盟，即是一个多层面的区域旅游合作组织，该联盟成员来自陕西、新疆、甘肃、河南等“一带一路”沿线17个省、自治区、直辖市，已在旅游发展、节庆活动、品牌培育、旅游市场开发、旅游客源互送、媒体宣传和国际交流方面展开合作，有效推动了“一带一路”沿线城市经济社会发展和文化旅游交流。

4.3.6 旅游产业化战略

旅游产业化是以市场为导向，以效益为中心，依靠龙头带动和技术进步，对旅游业和旅游经济实行区域化布局、专业化生产、一体化经营、社会化服务和企业化管理，形成食、住、行、游、购、娱产业一体化，产、供、销一条龙的经营方式和产业组织形式。旅游产业化战略是具有丰富旅游资源或区位优势的旅游目的地，在进行旅游规划时着眼于旅游产业发展，通过旅游资源的开发和市场紧密相连，使旅游市场的经营组织全面企业化的战略规划。旅游产业化战略主要体现在旅游资源开发产业化、旅游链条产业化和旅游关联行业产业化三个子战略。

4.3.6.1 旅游资源开发产业化

旅游资源开发产业化是以市场为导向，利用各种资源开发旅游产品，并建立起产品生产和企业经营的产业化、资本化过程。旅游资源开发产业化始于对核心旅游资源的开发利用，进而辐射到周边配套资源，再扩展到其他关联产业。

4.3.6.2 旅游链条产业化

传统意义上的旅游链条指“食、住、行、游、购、娱”六大要素。目前，我国大多数地区的旅游收益仍主要产生于“游”，产业化建设空间巨大，因而要拉长旅游产业链，推动全要素产业化建设，提高旅游产业总体供给水平。

4.3.6.3 旅游关联行业产业化

旅游业发展对规划区内许多关联行业都具有拉动作用，特别是一些关联度紧密的行业，譬如上海迪士尼项目的建成，迅速带动了当地的房地产、零售、服装、手工艺品、交通等行业的发展。

4.3.7 创新发展战略

创新发展战略是规划地旅游业以本地现状为参照系，借鉴国内外先进旅游发展理念和经验，突破陈旧观念，树立创新思想，以市场为导向，以效益为中心，多领域多方位实施开拓创新，推动旅游地超常规发展的战略行动计划。创新发展战略的主要内涵是：观念创新、机制创新、产品创新、体制创新、营销创新和服务创新等。通过创新发展，建立起具有地方特色和符合地方发展实际的科学旅游发展模式。

4.3.8 高质量发展战略

高质量发展战略必须树立和践行绿水青山就是金山银山的发展理念，坚持节约资源和保护环境的基本国策，坚定走生产发展、生活富裕、生态良好的发展道路，建设美丽中国，为人民创造良好生产生活环境，为全球生态安全做出贡献。旅游业作为环境友好型产业，已经成为全国各地加强生态文明建设的重要战略选择。旅游业的生存发展与资源的保护和环境质量的改善具有天然的耦合关系，被誉为“永远的朝阳产业”，但如果不注重资源的保护与环境的协调，同样也不能持续健康发展。为了避免旅游开发可能产生的消极影响，必须贯彻开发与保护相结合的原则，大力倡导绿色开发、绿色产品、绿色经营、绿色消费，在项目、服务、品牌、机制上求突破，尽可能营造良好的自然生态环境和社会人文环境，实现融合发展。

以上八个发展战略是旅游地发展的主要战略，不同的旅游目的地可以选择不同的战略组合，但可持续发展战略、创新发展战略和旅游产业化战略是基本战略，是每个旅游目的地和景区都必然要选择的战略。在选择了合适的发展战略后，还要对战略重点做进一步梳理，划分出现有优势重点领域和潜在优势重点领域，分主次有轻重地进行梯次开发。

4.4 旅游空间布局与功能分区

空间布局和功能分区是旅游规划、开发与管理的一项重要工作，它对区域旅游的开发、建设和管理起着指导作用，按功能对区域旅游空间进行划分，不仅有利于协调旅游区的综合发展，而且更有利于旅游区的开发建设与经营管理。

4.4.1 旅游空间布局的基本内涵

旅游空间结构是旅游系统中各个要素之间的空间组织关系，包括诸要素在空间中的相互位置、相互关联、相互作用等，以及诸要素如何在空间中生成、运动和发展。旅游空间结构是一定区域内旅游要素组织在空间上的投影，是目前旅游要素的相对区位关系和分布表现形式，它是在长期旅游发展过程的累积结果，旅游空间结构是否合理直接影响到旅游目的地能否健康、可持续发展。

一般来说，由于旅游资源空间具有不可移动性，所以，旅游空间布局主要是以旅游资源为核心，对旅游服务设施进行空间布局，而旅游服务设施，包括住宿设施、娱乐设施及旅游商店，一般布局在客流集散地，即旅游客流出入口处，将客流从该地分流到目的地的其他地区。

旅游设施空间布局具有明显的等级性。对单个旅游景点来说，一般配备简单的旅游商店和娱乐设施，而住宿设施布局则是根据旅游者在景点之中的停留时间决定。同时，为了吸引更多的旅游者并延长他们的逗留时间，或为了方便旅游线路安排和配备旅游设施，经常在主要景点的周边地区开发一些次级景点或旅游活动，增强景区对旅游者的整体吸引力。因此，在旅游区内部的主要景点附近或旅游区主要入口处，形成一个旅游集散地，集中旅游设施和公共服务设施。

4.4.2 旅游功能分区的原则

旅游功能分区对于区域旅游特色的形成和区域旅游形象的塑造以及区域旅游空间结构的优化等具有重要的意义，在一般的旅游区规划当中，应遵循以下几个原则：

4.4.2.1 突出主题形象

这是旅游空间规划的中心原则，在旅游规划中必须通过各种产品与服务来突出旅游区主题形象的独特之处，通过自然景观、建筑风格、园林设计、服务方式、节庆事件等来塑造与强化旅游区的形象。当地居民的生活方式及居民对游客的态度亦对旅游区的主题形象起重要作用。

4.4.2.2 集中功能单元

对不同类型的设施，如住宿、娱乐、餐饮、零售等设施相对集中分布。游客光顾次数最多、密度最大的商业娱乐设施，宜布局在中心与交通便利的区位，并在它们之间布设方便的路径，力求使各类服务综合体在空间上形成聚集效应。之所以集中功能单元布局，是因为有几个方面的考虑：

第一，在开发方面，集中功能单元的布局能使基础设施实现低成本、高效益，而且随着旅游开发深入与市场规模的扩大，新的旅游后勤部门更容易生存。

第二，在经济方面，集中布局带来的景观类型多样性还可以吸引游客滞留更长时间，从而增加地方经济中旅游服务部门的收入，带动社区经济的发展。

第三，在社会方面，集中布局有利于游客与当地居民的交流与沟通，有利于社会环境的优化，进而可将其开发成一种新的旅游吸引物。同时，许多旅游设施还可以兼为当地社区居民使用。

第四，在环境方面，集中布局有利于环境保护与控制，对污染物的处理亦更为有效，敏感区能得到有效保护。

第五，集中布局可以防止布局散乱，亦可防止对主要自然景观的视觉污染。

第六，集中布局也有利于主题形象的形成，规模聚集效应对举办各种促销活动可以产生一定的整体规模优势。

4.4.2.3 协调功能分区

功能分区的协调表现在处理好旅游区与周围环境的关系，功能分区与管理中心的关系，功能分区之间的关系，主要景观结构（核心建筑和主体景观）与功能小区的关系。在规划设计时，有些功能分区具有特殊生态价值而应划为生态保护区，而旅游娱乐区则可承受较大的外界干扰，规划设计中通过适当的合理划分，引入适当的设施使其达到最佳的使用状态。另外，协调功能分区还应对各种旅游活动进行相关分析，确定各类活动之间的互补、相依或相斥关系，从而有效划分功能分区，据此为各功能分区内各种设施、各类活动安排适当的位置，如野餐区必须具备良好的排水条件、浓密的遮阴、稳定的土壤表层和良好的植被覆盖及方便的停车场。

4.4.2.4 合理规划交通线

旅游区内交通线的规划应充分考虑旅游者旅游过程中的心理特性，以实现符合人体工程学的有效动线规划，设计必须依照顺序推进，以建立理想的空间布局关系。旅游区内部交通网络应高效且布局优化，路径与园林景观有效配置，并建立公共交通系统，采取步行或无污染的交通方式，限制高速行车。空间布局还应体现出层次美感，在区内布置有效的观景台和观景长廊，让旅游者能在区内最佳位置充分享受到完善展示的自然景观。

4.4.2.5 保护旅游环境

环境保护的目的是保障旅游区的可持续发展，它包括两个方面：一是保护旅游区内特殊的环境特色；二是使旅游区的游客接待量控制在环境承载力之内，以维护生态环境的可持续发展。另外，实施环境保护时，还要充分体现以人为本的原则，即旅游区最终是为人类旅游活动而设计，实现人与环境的协调，也就是规划应同时满足旅游功能及美学上的需求，为游客创造充满美感的经历体验。

根据以上原则，在对一个较大的旅游区进行空间规划时，一般可以将景区划分为观光游览区、旅游度假区、休闲娱乐区、综合服务区以及生态保护区等几个主要功能分区。

4.4.3 旅游空间布局的典型模式

对于旅游空间布局，许多专家从大量实践中抽象出几个经典的理论模型，它们分别是社区—旅游吸引物综合体布局、三区结构布局、双核布局、环自然风景点或娱乐中心布局、环旅馆布局、野营地式布局、组团式布局、多组团式布局等模式。

4.4.3.1 社区—旅游吸引物综合体布局

1965 年甘恩提出了“社区—旅游吸引物综合体”布局模式（图 4-1），这种布局方式是在旅游区中心布局一个社区服务中心，外围分散形成一批旅游吸引物综合体，在服务中心与吸引物综合体之间有交通连接。

4.4.3.2 三区结构布局

1973 年弗斯特提出旅游区空间开发的“三区结构布局模式”（图 4-2）。这种布局的核心区是受到严密保护的自然区，限制乃至禁止游客进入。围绕它的是娱乐区，在规划娱乐区里配置了野营、划船、越野、观景点等服务设施。最外层是服务区，为游客提供各种服务，有饭店、餐厅、商店或高密度的娱乐设施等。

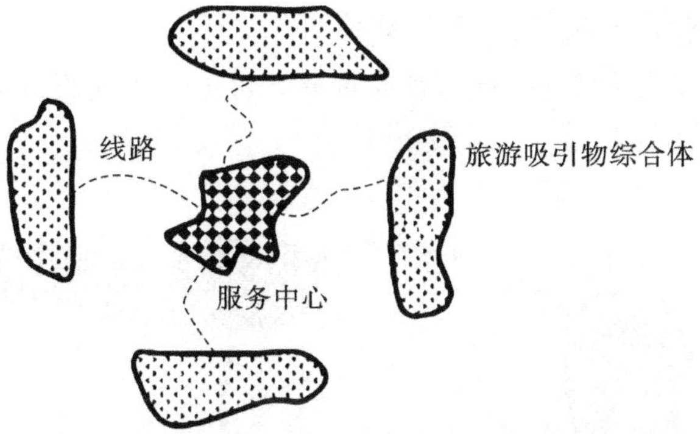

图 4-1 “社区-旅游吸引物”综合体布局

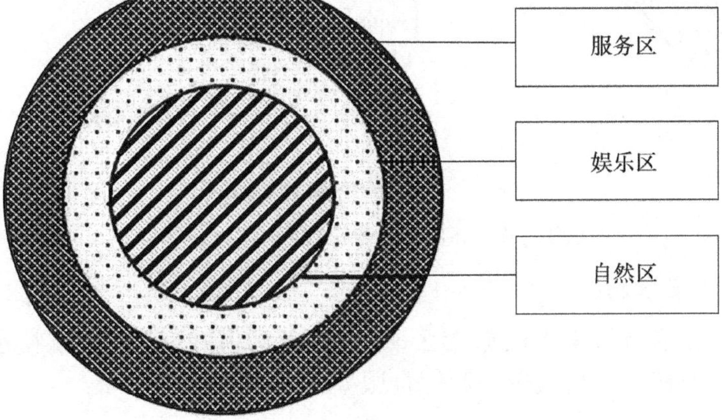

图 4-2 三区布局结构

4.4.3.3 双核布局

1974 年特拉维斯提出“双核布局模式”(图 4-3)。这种布局方法为游客需求与自然保护区之间提供了一种商业纽带,通过精心的设计,将服务功能集中在一个辅助型社区内,处于保护区的边缘。

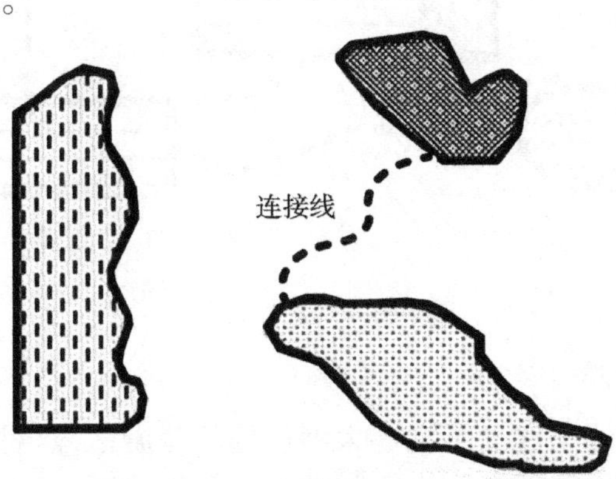

图 4-3 双核布局结构

4.4.3.4 环自然风景区或娱乐中心布局

自然风景魅力突出的旅游区,通过此布局模式可进一步提高自然风景区(景点)的吸引力,布局重点是娱乐,其次是住宿(图4-4)。

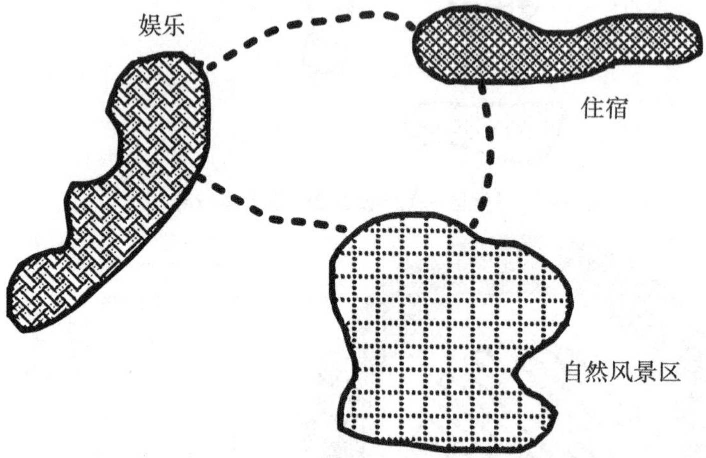

图4-4 环自然风景区或娱乐中心布局

4.4.3.5 环旅馆布局

缺乏明显的核心自然景点的旅游区,通过此布局模式使豪华(或特色)旅馆成为核心。布局的重点是旅馆的建筑风格和综合服务设施体系(图4-5)。

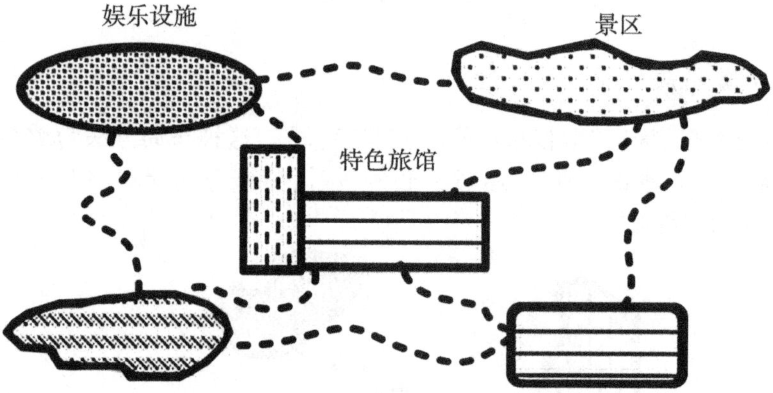

图4-5 环旅馆布局

4.4.3.6 野营地式布局

适用于景点分散,当地条件又不宜建大型设施的旅游区,这种模式是以对整个旅游区恰当的亚区划分为基础,兼顾亚区之间的功能互补性,重点对亚区的旅游服务设施进行布局。目前,较为流行的是自驾营地。

4.4.3.7 组团式布局

组团式布局是城市规划中常用的一种形式。这种布局主要是在有限的空间内将功能加以分散,使得空间功能和结构得以优化。其主要标志是旅游区用地由集中布局逐步发展到分散布局,旅游区的中心功能分散到多个中心去,共同形成一个“合力”,起到“大中心”的作用(图4-6)。旅游区呈现组团式发展的主要原因是旅游区规模的不断扩大,特别是旅游区进入加速发展阶段后,原有的空间布局模式很难适应新发展形势的要求。同时现代旅游者和旅游地当地居民更加注重旅游环境的保护和生态环境的质量,而现代交通和通信技术的迅猛发展又为旅游区分散布局提供了强有力的保障。所以,现代旅游区空间结构开始呈现出从向心结构向离心结构、由单心结构向多心结构发展的态势。

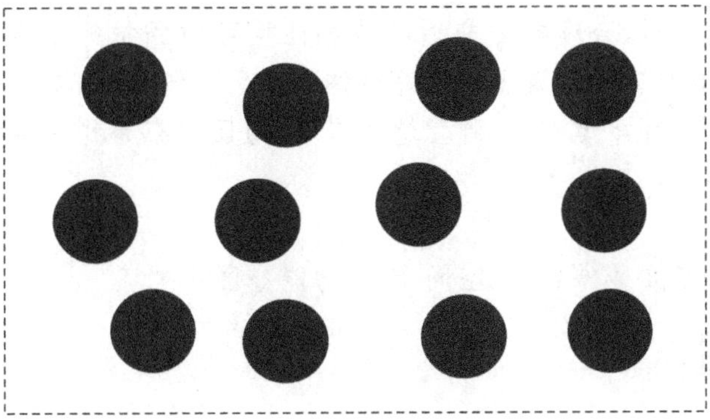

图4-6 组团式布局

4.4.3.8 多组团式布局

旅游区空间布局的多组团模式实际上是组团布局模式的一种复合形式。从图4-7中可以看到,一个多组团的空间布局是由多个组团构成。多组团的空间布局模式是旅游地发展到较高阶段的产物,一般多见于旅游城市中。

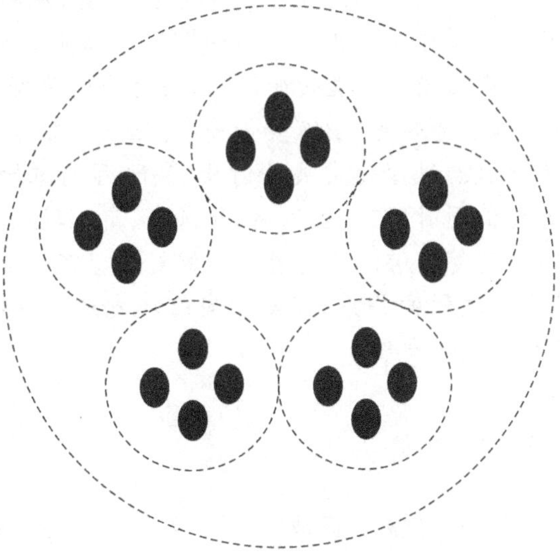

图4-7 多组团式布局

本章小结

总体思路制定是旅游发展的纲领性内容,事关旅游规划地发展全局。总体旅游思路必须符合国家的法律法规要求,结合行业技术标准以及相关地方文献,根据本地区发展实际情况做出战略选择。本章主要对旅游规划的指导思想、总体定位、战略选择、空间布局和功能分区进行了系统分析,也正是这五个方面的基本内容,构成了编制旅游发展战略规划时从上到下、从虚到实的五个层面实体。

旅游空间结构是旅游系统中各个要素之间的空间组织关系,包括诸要素在空间中的相互位置、相互关联、相互作用,以及诸要素如何在空间中生成、运动和发展。区域旅游功能分区是旅游规划与开发的重要内容,进行旅游功能分区应遵循突出主题形象、集中功能单元、协调功能分区、合理规划交通线路和注重环境保护等基本原则。区域旅游空间常见的布局模式有社区—旅游吸引物综合体布局、三区结构布局、双核布局、环自然风景区或娱乐中心布局、环旅馆布局、野营地式布局、组团式布局和多组团式布局等模式。

重点概念

指导思想 总体定位 发展战略 空间布局 功能分区

案例分析

蚌埠市全域旅游发展战略和空间布局

第一部分 发展战略

一、指导思想

以习近平新时代中国特色社会主义思想为总体指导思想,统筹推进"五位一体"总体布局和协调推进"四个全面"战略布局,牢固树立和贯彻落实新发展理念,加快旅游供给侧结构性改革,着力推动旅游业从门票经济向产业经济转变,从粗放低效方式向精细高效方式转变,从封闭的旅游自循环向开放的"旅游+"转变,从企业单打独享向社会共建共享转变,从景区内部管理向全面依法治理转变,从部门行为向政府统筹推进转变,从单一景点景区建设向综合目的地服务转变。在《安徽省"十三五"旅游业发展规划》的总体部署下,借助旅游产业向大众旅游纵深化发展的时代特征,面向本地居民和外来游客双重需求,在做大做强旅游产业的同时,按照立意新、起点高、定位准确、目标宏伟、任务具体、措施可行的基本要求,全面统筹旅游产业发展与蚌埠社会经济发展、大产业融合、人文生态环境保护与居民素质提高之间的关系,探索适应蚌埠发展实际的旅游产业发展模式,全面推动旅游业可持续和跨越式发展。

二、发展定位和目标

国家级区域文化旅游中心城市

(一)总体定位

总体定位可诠释为"国家级名城""区域中心""文化旅游"三个内涵。

(1)国家级名城——蚌埠旅游发展的国际化

蚌埠旅游的国际化，既包括业已具备的双墩遗址、垓下古战场、大禹治水等有影响力的国际资源，也包括旅游产品的国际化，开发具有国际吸引力和竞争力的旅游产品。要求进一步提升蚌埠旅游产品的多样性、空间组织的有机性和产业系统的完整性。“国际化”定位突出蚌埠旅游资源的独特品位，结合其特性开发旅游项目；开展蚌埠旅游营销，组织国际化推广活动，打造广阔的海外客源市场。

(2)区域中心——蚌埠旅游发展的品牌化

蚌埠位于皖北、苏西、鲁南、豫东，是交通要冲，可统筹集散周边区域，具备整合旅游资源、发展区域品牌，形成皖苏鲁豫文旅中心城市的先天条件。一方面突出蚌埠位于安徽省北部的旅游中心地位，对于周边省份的辐射作用，成为区域旅游集散中心；另一方面，蚌埠是京沪铁路和淮南铁路交会点，同时也是京沪高铁和京福高铁的交会点，而且地处淮河中下游，水路运输优势明显，是安徽省重点建设的水路枢纽。便利的交通点为蚌埠的旅游业发展奠定了基础，立足水路交通优势，大力发展区域旅游集散中心。

(3)文化旅游——蚌埠旅游发展的特色化

选择文旅休养的发展定位，既是蚌埠顺应旅游产业发展的必然选择，也是蚌埠旅游资源与综合区位决定的现实选择。一是蚌埠地区文化资源开发的创新开发，主要是建设与安徽周边地区与众不同的文化旅游项目，坚持夜间时尚、休闲度假、主客共享等发展理念，从而构成皖北地区独具一格的文化旅游产品体系。二是蚌埠文化旅游资源丰富，立足皖北地区旅游发展，培育有影响力的旅游产品，重组旅游产业发展模式。通过大理念、大项目、大格局的理念建设蚌埠文化旅游产业，实现蚌埠文化与旅游产业的融合，增强蚌埠的文化旅游层次感，建立蚌埠立体化文化旅游产业体系。三是借助夜间旅游规划，增加蚌埠文化旅游内涵，延长旅游休闲时间，增加蚌埠文化旅游的内涵与品位。现有景区提档升级，丰富内涵，拓展项目，提高参与性体验性，最大限度拓展发展空间，形成景区带动区域。建成安徽北部地区的“慢生活”中心，整体提升蚌埠当前旅游档次，形成皖北文化旅游高地。

(二)产业定位

(1)社会经济发展的支柱产业

做强旅游产业、做深旅游融合工程、做实居民在旅游发展中的参与度，真正将旅游产业发展成为蚌埠社会经济发展的支柱产业和满足人民美好生活的重要支柱产业。

(2)促进文旅融合的先导产业

促进文化与旅游产业融合发展，实施“旅游+”战略，推动旅游与农业、工业、林业、交通、商贸、城镇化的相关产业的融合发展。

(3)产业结构优化的引擎产业

打造蚌埠旅游产业链，注重多种产业联动与融合。工业、农业等传统文化产业、互联网、智能产业等新兴产业与旅游产业联动发展，有目标、有阶段地建设蚌埠旅游产业与其他产业的融合。

(4)提升区域品牌的形象产业

传统品牌得到转型升级，新兴品牌影响力持续扩大，大力促进蚌埠旅游品牌营销力。促进蚌埠区域品牌的打造，使得传统文化与时尚文化注入当前蚌埠全域旅游品牌的打造之中，从而形成产业品牌提升。

(5)统筹城乡规划发展的富民产业

城乡规划发展离不开旅游的带动与发展，蚌埠的文化底蕴丰厚，需要借助旅游业的发展。提升当地人城市的生活休闲水平，以及乡村居民休闲生活水平，使得蚌埠城市建设与乡村生活深层次融合。

(三)形象定位

水韵珠城·品质蚌埠

遵循“风景之上是生活”“从美丽风景到美好生活”的旅游发展整体判断，依据“共享为理念、全域为视野、优质为抓手”的全域旅游发展总方针，将蚌埠的旅游、文化资源充分整合，营造出适宜主客共享的美好生活空间，在游客市场中形成简洁有力的形象认知：来蚌埠，享生活。

第二部分 空间布局

一、空间总体布局

(一)空间意向

淮河穿城而过，使蚌埠拥有了丰富的水体资源，西部涡河、茨淮新河、四方湖、芡河湖蜿蜒入淮，中部的龙子湖，东部怀洪新河、沱湖、天井湖串联曲流宛若两条巨龙腾飞(图4-8)。蚌埠产河蚌且空间上形似蚌，市中心位于蚌埠中南，犹如河蚌孕育的珍珠。依据蚌埠的地理区位和旅游资源分布特征，结合蚌埠历史文脉及未来全域旅游发展意愿，经过抽象凝练，提出“双龙吐珠、珠光三色”的空间意向。

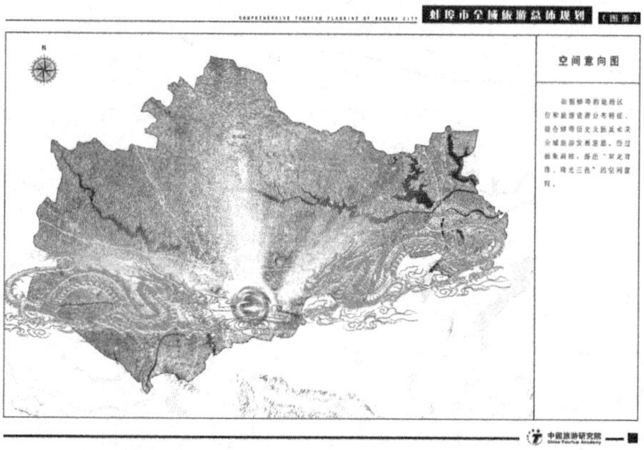

图4-8 蚌埠全域旅游空间意向图

(二)空间结构

根据蚌埠市旅游资源分布格局和旅游开发条件，结合蚌埠市旅游的整体定位和开发方向，规划形成“一心引领、两带贯通、三区联动、全域共创”的“123”旅游发展空间布局(图4-9)。

▷一心：蚌埠城市旅游核心区；

▷两带：水韵情淮休闲带，遗产文化体验带；

▷三区:怀远农业生态旅游区、固镇文化体验旅游区、五河水韵康养旅游区。

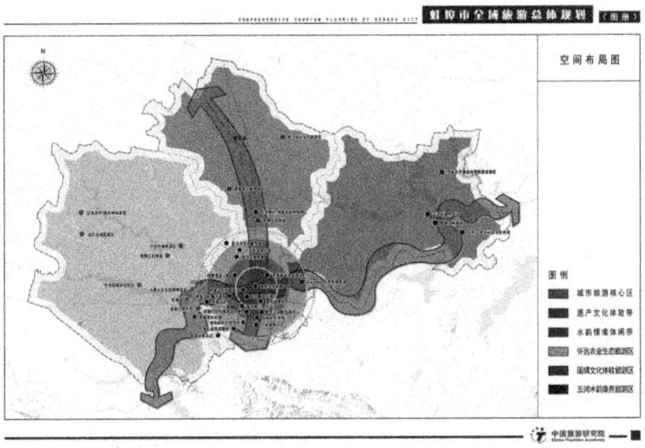

图 4-9　蚌埠全域旅游空间布局图

二、空间发展方向

(一)一心引领

区域范围:蚌埠市蚌山区、龙子湖区、禹会区和淮上区。

发展定位:全域旅游发展引擎;品质蚌埠体验载体;区域旅游集散中心。

发展思路:秉承"万丈红尘最温暖、寻常生活客自来"的休闲城市发展理念,以"景城+生活"共享空间、共享生活的旅游发展模式,推动蚌埠全域旅游发展:整合湖上升明月、大明文化产业园、三汊河湿地公园等核心资源;以蚌埠中心城区为载体,以淮河、龙子湖、天河水系为纽带,串联活化大禹、双墩、淮河、花鼓灯文化;构建淮畔生活画廊、天龙水景、蚌埠记忆、蚌埠夜游、蚌埠休闲、蚌埠烟火、乐享蚌埠等项目系列;辅以淮畔生活画廊之淮河文化艺术节、蚌埠文化之夜/白夜节、中国(蚌埠)双墩—大禹考古文化节、中国(蚌埠)三汊河湿地文化艺术节、中国(蚌埠)花鼓灯艺术周、"湖上升明月"之中国古民居国际文化艺术节、中国孝慈文化节—大明文化节、中国玉雕园林文化艺术节、蚌埠回忆"80""90"、蚌埠国际美食节、淮河文创艺术节、中国(蚌埠)淮畔灯会、龙子湖电子音乐节、龙子湖环湖自行车赛、蚌埠动漫节等节事活动;打造城市旅游、夜间休闲、康体度假、文化体验、休闲度假和美食体验等重点旅游产品;并通过旅游集散中心升级、城市配套设施的完善、旅游服务系统的提升、市容市貌的美化、旅游环境的改善和旅游接待能力的增强,实现水韵蚌埠、品质蚌埠、文化蚌埠、创意蚌埠和宜居蚌埠的未来景象,真正实现蚌埠旅游的见人见物见生活。

(二)两带贯通

(1)水韵情淮休闲带

区域范围:以淮河为主轴以及与之关联的湖泊、滨水。

发展定位:水韵珠城的核心载体;贯通东西的风景廊道。

发展思路:沿淮河蚌埠市中心河段两岸,在空间上采取"南延北拓"的战略,南部呈现城市休闲生活、北部再现蚌埠风情文化,即向南部要休闲,向北部要情怀。扩大城市旅游和滨河旅游发展用地空间，进一步整合其他旅游发展区域，吸引旅游项目落地建设。以时间为轴线形成夜间为主、日间为辅的互补发展模式，以淮河两岸为载体、淮河邮轮为纽带，整合蚌埠闸黑牛嘴水公园、义乌商贸城、张公山公园等资源，以淮畔剧院、蚌埠记忆、粉色蚌埠、蚌埠夜游、一河两岸、天空之眼等创意项目的打造，形成淮河北岸由西向东依次为湿地生态观光体验、蚌埠文化生活体验，淮河南岸由东向西依次形成滨河都市休闲体验、蚌埠夜游体验、淮河水利科技体验等五大主题板块的淮河旅游体验区，呈现多维度、立体化、全感官的旅游产品。依托水域承载、邮轮贯通、淮畔自驾等手段实现蚌埠市淮河西段与怀远农业生态旅游区的连接，淮河东段与五河水韵康养旅游区的连接，呈现向西结乡村、向东连水域的格局，形成贯通东西的水域风景廊道。

(2)遗产文化体验带

空间范围：以省道101(S101，下同) 为主轴辐射的淮上区、固镇县、龙子湖区。

发展定位：全域旅游发展的综合辐射带、古韵珠城展示带。

发展方向：以 S101 为旅游发展轴，北部战略整合三汊河湿地公园、香雪园艺庄园旅游度假区、垓下国家考古遗址公园等核心资源；以湿地文化、楚汉风情为底蕴，结合现代公路建设，提升道路等级、完善沿线景观、打造服务节点，打造 S101 古道自驾国家风景道；通过淮河文创艺术街、正街复建、楚汉文化体验园、虞美人花卉园、楚河汉界之象棋主题乐园、中国字典文化体验、水上乡村、食物工坊等核心项目的开发，形成三个主题体验之湿地之城体验、怀洪新河——水域农业体验园、楚汉文化生态旅游区体验；打造中国蚌埠三汊河湿地文化艺术节、中国玉雕园林文化艺术节、中国垓下楚汉文化节、虞美人文化节、楚汉象棋大赛等品牌节事活化遗址区、引爆 S101 旅游发展轴；通过遗产文化体验带的营造，综合辐射固镇 S101 沿线东西两侧美丽乡村旅游发展，借助区域合作、联合开发的战略实现遗产文化体验带的“东联西引”的大发展，成为皖苏鲁豫最具文化艺术品质的生态休闲旅游带，实现全域旅游发展的文旅融合、农旅融合、产业链深化。秉承蚌凤同城的上位发展战略，南部以大明文化为核心，串联大明文化产业园、万绿生态园、凤阳县明皇陵、韭山洞等明文化重要资源形成明文化旅游发展带，辐射蚌埠东南、凤阳西北，组团实现全域旅游共创。

三、三区联动

综合考虑市场对全域旅游产品的需求，根据蚌埠现有的旅游资源情况，分别打造三大旅游区：

(1)怀远农业生态旅游区

空间范围：主要包括怀远县城及下辖的 13 个镇、5 个乡。

发展定位：现代农业旅游示范地；生态蚌埠的集中展示地。

发展思路：依托怀远的旅游资源禀赋，建设以怀远城区为核心的游客集散服务中心，以国道 206，省道 307 两条风景道，以其为轴线，增设淮畔石榴城、食物工坊等打造大四方湖旅游区、茨河湖旅游度假区、大荆山文化旅游体验区、红色涡河——骑兵体验基地、大龙亢旅游区等重要节点。以乡村振兴为引领，以北部田园风光和南部自然山水为依托，多元多维展现石榴文化、花鼓灯文化、红色文化等优质文化资源，品牌化、产业化农业产品，有效整合怀远县域各类要素，打造康体养生、生态旅游、乡村旅游、研学旅游产品，建设北部乡村体验圈、中部湿地山水度假圈、南部文化生态圈形成差异竞争力，集中展示蚌埠的现代农业旅游和生态旅游资源。

(2) 固镇文化体验旅游区

空间范围：主要包括固镇县开发区及下辖的11个乡镇。

发展定位：文化蚌埠的集中展示地；皖苏鲁豫生态农业旅游示范区。

发展思路：以S101为轴，怀洪新河一带为线，固镇文化为核，组团联动，文旅互动、农旅融合，打造楚汉文化生态旅游区，形成一心一带一区辐射全县，带动固镇全域旅游发展。其中沿S101以生态旅游、农业旅游为主，实现沿线景观改造、旅游服务设施完善，升级香雪度假村、园艺二场；怀洪新河旅游发展带以滨水休闲、田园漂流为核心吸引力，重点打造张家湖湿地生态休闲区、胡洼闸休闲农庄旅游区，怀洪新河漂流区形成集植物养生、湿地水岸、田园漂流、水上乡村为一体的旅游走廊；楚汉文化生态旅游区以打造"中国最美古战场"为核心，整合升级垓下遗址公园东区、濠城文化小镇、谷阳城遗址、许慎文化园等主要旅游资源。

(3) 河水韵康养旅游区

空间范围：主要包括五河县县城及下辖的12个镇和两个乡。

发展定位：康养蚌埠的核心载体；度假蚌埠的集中展示区。

发展思路：依托五河的旅游资源禀赋，建设以五河县城区为核心的游客集散服务中心，国道104风景道为轴线，形成田园林业组团和滨河湿地组团的区域联动发展模式。田园林业组团组合大巩山森林公园、樵子涧水库、现代牧业观光园、化明塘严氏墓等自然与历史文化资源，充分发挥"乡村滨水与森林景观环境"价值，建设皖北一流的乡村运动休闲与度假集聚区，打造成淮畔旅游康养度假区。形成集森林体验、山地游览、休闲运动、滨水度假、文化体验、养生养老等功能为一体的综合性旅游度假区，打造国家级旅游度假区。滨河湿地组团以淮河风情旅游体验区为定位，组合沱湖景区和天井湖景区，依托国道104的区位交通条件，利用当地丰富的渔家民俗文化资源，紧密结合"游五河水乡、品沱湖螃蟹、赏五河民歌"的品牌建设方向，辅以河鲜美食节、五河民歌赛、素食节、禅修体验活动，打造集滨河旅游、水乡体验、湿地旅游、淮河风情文化体验、宗教旅游、禅修体验等功能为一体的综合性旅游体验区。

（注：本案例由中国旅游研究院提供，有删减，仅供学习参考。）

课后思考

1. 试列举旅游规划依据的主要法律法规。
2. 旅游规划指导思想的主要内容有哪些？
3. 旅游空间布局的基本内涵是什么？
4. 旅游功能分区需要遵循哪些原则？
5. 简要分析旅游规划与开发的几种主要空间布局模式。

参考书目

1. 马勇. 旅游规划与开发[M]. 武汉：华中科技大学出版社，2018.

2. 吴必虎. 区域旅游规划原理[M]. 北京:中国旅游出版社,2010.
3. 石培华. 全域旅游规划理论与典型案例[M]. 北京:中国旅游出版社,2020.
4. 克莱尔. 旅游规划:理论与案例[M]. 大连:东北财经大学出版社,2005.
5. 保继刚. 旅游规划原理、方法与实践[M]. 北京:科学出版社,2003.
6. 郑耀星,储德平. 区域旅游规划、开发与管理[M]. 北京:高等教育出版社,2004.
7. 龚绍方. 旅游规划与开发[M]. 郑州:郑州大学出版社,2007.

5 旅游产品开发规划

学习目标

通过本章的学习，能够理解旅游产品、旅游项目和旅游线路等基本概念的含义，掌握这些概念之间的关系和区别，熟悉旅游产品开发、旅游项目创意设计、旅游线路组合设计的原则及其基本内容。

学习难点

旅游产品　旅游产品开发　旅游项目创意设计　旅游线路组合设计

旅游资源是旅游开发的对象，也是旅游业赖以发展的基本原料或素材，在充分考虑与旅游市场对接的情况下，旅游资源经过规划设计和开发建设，最终转化为旅游业发展的重要基础和支撑——旅游产品，而旅游项目创意设计是旅游产品实现的重要载体，没有项目就没有旅游产品。此外，传统意义上的旅游产品主要是指旅行社依托各类供应商资源策划包装的、在市场上可供销售的旅游线路或包价产品，但实际上，包括旅游区内部游览线路在内的设计都属于广义旅游产品的重要组成部分。

5.1 旅游产品体系及其开发

5.1.1 旅游产品的定义

产品是旅游业发展的核心，不管是项目创意设计还是线路规划设计都必须围绕产品这个中心展开。一个旅游区可以存在很多项目，也可以规划多条旅游线路，但最终都要以产品的形式实现销售，尤其是当团队观光旅游向自助休闲度假旅游转向的过程中，以旅游目的地为核心的产品开发成为旅游规划的重要内容。从理论研究来看，学术界有以下几种定义：

(1)旅游产品是旅游者的经历　持这种观点的人在20世纪六七十年代居多，如劳森说："旅游产品是旅游者从居住地出发到旅游目的地，然后再返回原居住地的全部经历。"彼得说："经历的质量就是旅游产品本身。"我国学者林南枝也认为，从旅游者的角度出发，旅游产品就是指旅游者花费了一定的时间、费用和精力所换取的一项旅游经历。

(2)旅游产品是旅游吸引物及旅游类型　旅游吸引物是旅游经营者用来吸引旅游者

的事物或现象，如景区、景点、节事活动等。旅游类型是旅游者凭借不同的旅游吸引物，从事具体旅游活动所表现出来的不同形式，如生态旅游产品、休闲度假产品、游览观光产品等。

（3）旅游产品是旅游目的地各种旅游要素的集合体　这种集合体包括旅游资源、旅游设施、旅游服务、旅游购物品、交通条件等。目前这种观点的影响越来越广泛，如周振东指出："旅游产品在整体上看，是一种组合型产品，它由旅游资源、旅游设施、旅游服务和旅游购物品等多种要素构成。"马勇等指出："旅游产品指提供给旅游者的一切吸引物及其他必需品，前者如娱乐活动、博物馆、风景点和节庆活动等，后者如食物、住宿、交通、导游服务等，它是旅游经营者所生产的、准备销售给旅游者消费的物质产品和服务产品的总和。"

本书认为，作为旅游产品的规划和设计者，应该在全域旅游的视角下从供给端出发来理解旅游产品，把旅游产品作为旅游目的地的集合体来看待，同时把旅游项目、旅游线路作为旅游产品的重要组成部分来分析。

5.1.2　旅游产品的类型

旅游产品是一个复杂的概念，不同的学科和不同的学者均存在着不同的认识。同时，旅游产品也是一个动态的概念，随着社会发展和旅游者需求的不断变化，旅游产品的形式也在发生改变。因此，提出一个统一的分类标准较为困难。目前来看，主要存在以下几种分类方法：

5.1.2.1　根据旅游产品的类型分类

根据依托旅游资源类型的不同，《旅游规划通则》（GB/T18971—2003）将旅游产品分为自然、人文和综合三大类。

5.1.2.2　根据旅游产品的发展程度分类

根据旅游产品发展程度的不同，可以将旅游产品分为传统旅游产品和新兴旅游产品。传统旅游产品主要包括观光旅游、文化旅游、商务旅游、度假旅游。新兴旅游产品主要包括满足旅游者健康需求的旅游产品，如体育旅游和康养旅游；满足旅游者发展需求的研修旅游产品，如研学旅游、红色旅游、工业旅游、农业旅游和学艺旅游等；满足旅游者享受需求的旅游产品，如豪华列车旅游、豪华邮轮旅游和美食旅游等；满足旅游者猎奇猎新的刺激性旅游产品，如冰雪旅游、探险旅游和沙漠旅游等；满足旅游者其他旅游需求的休闲性旅游产品，如夜间旅游、沉浸式旅游等；在"后疫情"时代，旅游随着信息化和智慧化发展，云旅游也成为一种满足旅游者虚拟体验的重要旅游产品。

5.1.2.3　根据旅游产品的功能层次分类

根据旅游产品的功能层次的不同，可以将旅游产品分为基础型旅游产品、提高型旅游产品和发展型旅游产品，这三个层次的旅游产品在游客参与程度、时间和费用花费上存在着递进关系：基础型旅游产品是最基本的旅游形式，游客参与程度低，客源市场面宽泛，时间和费用均花费较少，如观光旅游；提高型旅游产品，相对于基础型旅游产品，参与程度提高，时间和费用增加，如演艺旅游、休闲旅游和度假旅游；发展型旅游产品，游客参与程度最高，时间和费用又增加，如沉浸式旅游、研学旅游和文化体验旅游等。

5.1.2.4 根据旅游产品的需求分类

按照游客需求分类，可以将旅游产品分为生理及心理需求类旅游产品、精神需求类旅游产品、体验需求类旅游产品和拓展生活方式类旅游产品。生理及心理需求类旅游产品主要满足游客生理调节、心理放松和猎奇心理，如疗养旅游和探险旅游；精神需求类旅游产品主要满足游客研学、审美、交流和长见识等需求的旅游产品，如研学旅游、会展旅游和宗教旅游；体验需求类旅游产品主要满足游客突破、探险和刺激等需求，在精神上追求一种生活新体验，如探险旅游和野外生存体验旅游；拓展生活方式类旅游产品主要满足游客把旅游作为一种生活方式，满足自我实现，如度假旅游等。

5.1.2.5 根据旅游产品的属性分类

根据旅游产品的内在属性和参与人数，旅游产品可分为观光益智旅游产品、休闲娱乐度假旅游产品、商务会展节事旅游产品、专项旅游产品和特殊兴趣旅游产品五大类。其中，每个大类可以分为多个亚类，每个亚类又可分为多种具体旅游产品（表 5-1）。

表 5-1 旅游产品的分类

大类	亚类	具体旅游产品
观光益智旅游产品	自然观光益智旅游产品	地质地貌观光、森林观光、草原观光、湿地观光等
	人文观光益智旅游产品	遗产观光、文物古迹观光、城市观光、宗教旅游等
休闲娱乐度假旅游产品	休闲类旅游产品	赛事体育旅游、自驾车旅游、高尔夫旅游和野营旅游等
	度假类旅游产品	海滨度假、温泉和医疗保健旅游、山地度假和滑雪旅游、乡村度假
	娱乐类旅游产品	主题公园、旅游演出和非主流娱乐产品
商务会展节事旅游产品	商务旅行与旅游	商务旅游、政务旅行
	会展奖励旅游	会展旅游、奖励旅游
	节事旅游	文化庆典、体育赛事、艺术节等
专项旅游产品	教育旅游	一般教育旅游、成人学艺旅游、中小学教育旅游、大学生旅游
	工业旅游	工业观光旅游、工业遗产旅游
	美食旅游	烹饪旅游、美食节、葡萄酒旅游以及其他与事物相关的节事
特殊兴趣旅游产品	生态旅游	观鸟、观赏植物、观水、远足等
	科考旅游	地质旅游、森林旅游
	探险旅游	沙漠探险、洞穴探险、雪山探险等
	摄影旅游	自然风光、风俗文化、特色建筑等

（资料来源：吴必虎. 旅游规划原理[M]. 北京：中国旅游出版社，2010.）

本书主要是从旅游者的动机出发来对旅游产品开发的类型进行划分,市场上主要存在以下几种产品类型:观光旅游产品、度假旅游产品、文化旅游产品、商务旅游产品、生态旅游产品、康体旅游产品、研修旅游产品和探险旅游产品。

(1)观光旅游产品　观光旅游产品是指以观赏和游览自然风光、名胜古迹、城市风光等为目的的最基本的、最普及的初级旅游产品,它构成了旅游产品的基本部分。通过观光旅游可获得美的享受,愉悦身心,调节体力。观光旅游产品又可分为传统观光旅游产品和新兴(或升级)观光旅游产品。前者主要有自然风光观光、城市风光观光、名胜古迹观光等,后者主要包括国家公园、主题公园、野生动物园、海洋公园等。

(2)度假旅游产品　度假旅游是指旅游者利用假期在某一相对较少流动地进行休养、消遣和娱乐的旅游方式。度假旅游具有如下特点:目的地相对固定;更加强调休息、休闲和消遣;在一地停留的时间相对较长,回游率较高,无须导游陪同;对自然环境、娱乐设施等要求较高,通常要求度假旅游地自然景色优美,气候温和宜人,住宿设施舒适,文体娱乐、餐饮设施齐全完备,交通、通信条件便捷等。度假旅游一般又可分为海滨度假、温泉度假、乡村度假、山地度假、森林度假等。

(3)文化旅游产品　文化旅游产品指旅游者以了解异国他乡文化为目的的旅游产品,通常蕴含着较为深刻而丰富的文化内涵,旅游者一般具有较高的文化素养和特殊兴趣。文化旅游可使旅游者对异国他乡的文化艺术、风土人情、生活方式进行比较全面的了解,以扩大视野、丰富知识。此类产品种类繁多,主要有文化遗产旅游、博物馆旅游、民俗风情旅游、艺术欣赏旅游、怀旧寻古旅游、寻根祭祖旅游以及宗教旅游等。

(4)商务旅游产品　商务旅游也称公务旅游,指为了与其他人洽谈生意、会晤、交流而形成的出游行为。包括商务旅游、政务旅游、会议旅游、会展旅游、奖励旅游、大型活动与节事旅游、购物旅游等多种类型。商务旅游具有以下特点:目的地的选择由工作需要或由他人决定;很大程度上限于城镇;旅行成本由公司而非旅游者本人支付;旅程时间较短但频次较多;商务旅游者往往是专业人士,活动计划性强;强调旅游设施和服务的舒适、方便和档次,因而商务旅游者消费水平、散客比例远高于观光市场。

(5)生态旅游产品　生态旅游是以自然生态和社会生态为主要旅游吸引物,以观赏和感受生态环境、普及生态意识和知识、维护生态平衡为目的的一种新型旅游产品。生态旅游可进一步分为狭义和广义两大类:狭义的生态旅游是指具有较高文化素养、对生态学知识有强烈的兴趣或较多的了解,为考察、探索生态环境保护而进行的一种专项旅游,是非大众化的旅游形式;广义的生态旅游,是指在良好的生态环境中游览、观赏、休闲、度假,在此过程中愉悦身心、益智健脑、增加生态及相关知识的旅游类型,是一种舒适型的旅游,属于大众化的旅游形式。

(6)康体旅游产品　康体旅游产品指可以使旅游者身体素质和体能得到不同程度改善的旅游活动。其显著特点是康体效果比其他旅游产品更明显,主要包括体育旅游、医疗旅游等类型。体育旅游主要指旅游者通过参加某项体育活动而改善身体健康状况的康体旅游形式,如高尔夫旅游、冰雪运动旅游、山地户外旅游、水上运动旅游、汽车摩托车旅游、航空运动旅游、健身养生旅游等类型。健康旅游指旅游者以治疗疾病、恢复或增强身体素质等为主要目的的康体旅游类型,有医疗旅游、疗养旅游、中医药旅游等类型。

(7)研修旅游产品　研修旅游产品主要是指以满足旅游者学习和探求专业知识与技能、提高自身业务水平等发展需求为主要目的的旅游产品，主要包括研学旅游、科考旅游、工业旅游、农业旅游等类型。这些旅游产品都是满足旅游者某一方面业务的特殊需要，其内容专业性很强。研修旅游产品因功能突出、内容深刻丰富而深受旅游者的青睐。

(8)探险旅游产品　探险旅游产品主要是指通过制造适当的旅游冒险经历使旅游者体验到胆战心惊的场面或某种感官刺激的旅游产品，主要有冒险旅游、秘境旅游、沙漠旅游、观看古怪比赛旅游、狩猎旅游、海底旅游、火山旅游、惊险游艺旅游、斗兽旅游等类型。探险旅游产品能充分满足旅游者的好奇心，令其处于高度紧张和兴奋状态，从而给旅游者留下难忘的记忆。

按照旅游方式，还可以把旅游产品分为背包游、自驾游、邮轮旅游、房车露营旅游、徒步旅游和低空旅游等，也就是说，不同的划分标准，可以得出不同的旅游产品类型。

分类的目的是更好地认识事物，从不同角度出发会产生不同的分类标准，继而产生不同的类型。具体到中国国情，20 世纪 90 年代以前，我国旅游产品主要表现为观光型旅游产品，20 世纪 90 年代中后期以后，呈现出观光型旅游产品、休闲型旅游产品、度假型旅游产品和专项旅游产品四大产品体系共存的局面。需要说明的是，在具体的旅游产业发展实践中，基本上不存在绝对单一的旅游产品，多数是各种类型旅游产品共存的情景，复合型旅游产品是未来的发展趋势。

5.1.3　旅游产品开发的途径

5.1.3.1　综合导向

我国在旅游产品开发模式方面，主要有传统的资源导向，即拥有什么样的资源，就开发相应的产品；市场导向，即旅游市场需要什么，就开发什么产品；资源—市场双导向，即拥有什么资源，市场需要什么产品，就开发那些既有资源又有市场的产品；形象导向，即为了树立塑造旅游目的地的整体形象，就重点开发那些彰显目的地形象的旅游产品或项目。现在，随着旅游市场规模化、大众化和细分化、差异化的发展态势，更多的旅游目的地开始趋向于“资源—市场—形象”综合导向型的产品开发模式，即旅游产品开发既要考虑旅游资源的情况，又要考虑市场需求的特点，还要从塑造旅游目的地形象出发，综合考虑旅游目的地产品开发理念、产品开发定位、品牌形象打造及其开发的可行性等内容，最终确定开发哪些系列的旅游产品，重点开发哪些景区(点)、线路和项目，重点策划哪些活动，重点打造哪些产品品牌等。

5.1.3.2　三维导向

旅游产品体系的开发可以按照空间、时间和类型三个维度进行。

第一维度是时间维，即按照不同的时间进行产品开发或组合，分别开发春夏秋冬四季不同、旺季淡季不同、节假日工作日不同、一日游和多日游不同的旅游产品。尤其淡旺季比较明显的产品，应通过互补性旅游产品的开发来维持正常运营。

第二维度是空间维，即按不同的空间尺度进行开发，包括区域内部的产品开发或组合、跨区域线路产品的开发组合，以及根据近、中、远程市场或其他空间市场的不同需求进行的旅游产品开发或组合。

第三维度是类型维，即按不同的旅游资源类型、不同的旅游产品类型（不同的主题特色或不同的功能等）、不同类型的目标市场等进行不同的产品开发或组合。

5.1.3.3 跟踪趋势

旅游产品的发展趋势代表了旅游产品开发的方向，因此，要成功开发旅游产品必须随时关注世界旅游产品的发展趋势。目前，世界旅游业的发展已逐渐由表及里向挖掘文化内涵的方向转化，旅游经营方式和旅游产品形式也正在发生结构性和阶段性的转变，以适应现代旅游消费的需求。概括而言，现代旅游产品的发展趋势主要有：传统观光型向休闲度假型转变；静态陈列式向参与体验式转变；团队出游到自助出游转变，等等。同时，随着抖音、短视频等自媒体的普及，"小""精""特"网红旅游产品具有创意程度高、投资小、引爆市场速度快等特点。例如，大唐不夜城的"不倒翁小姐姐"、河南春晚《唐宫夜宴》、河南端午奇妙夜——洛神水舞《祈》等引爆全网，让西安、河南文旅迅速出圈。

5.1.3.4 讲究策略

旅游产品的开发是一项非常重要的工作，为了最有效地利用资源，最大限度地满足旅游者的旅游需求，在旅游产品开发原则和规划指导下，还必须采取科学有效的旅游产品开发策略。

第一，市场型组合策略，即针对某一特定的旅游市场而提供其所需要的旅游产品，如专门以青年市场为目标，开发探险、新婚、研学等适合青年特点的旅游产品。市场型组合策略有利于开发针对性强的旅游产品。但是，这类产品由于目标旅游市场单一，市场规划有限，其销售会受到一定的限制。

第二，产品型组合策略，即指以某一种类型的旅游产品来满足多个目标旅游市场的同一类需求，主要指旅行社开发的旅游产品。

5.1.3.5 体系化导向

从当前的旅游市场来看，旅游需求的多元化需要复合型的旅游产品，而体系化导向正是形成体系完整、结构合理和动态调整的复合型产品的重要途径。从常规体系化思维来看，旅游产品分为观光旅游、休闲度假、文化旅游、乡村休闲、商务旅游和特种旅游。观光旅游出人气，休闲度假出财气，文化旅游出名气，乡村休闲跟进，商务休闲主导，特种旅游补充。不同类型产品之间并不是非此即彼、非黑即白的关系，更多的是你中有我，我中有你的关系。从旅游感受体系化思维划分，旅游产品可以划分为文雅型、体验型、享受型、撒欢型和家常型。文化旅游为文雅型，观光景区是体验型，休闲度假基本上为享受型，主题公园是撒欢型，乡村旅游和民宿是家常型。从产品成熟度的体系化思维来看，不同的旅游产品都应包括高端、中端和大众，产品本身无高下，但是市场层次有不同。

5.1.3.6 旅游 IP 意识

旅游 IP，是指拥有知识产权、高附加值，且受到旅游者广泛好评的旅游产品或服务。好的 IP 内容是把旅游资源生成一个文化系统，这个文化系统能够衍生出许多旅游文化项目，形成生态盈利模式，实现低附加值向高附加值跃升，最终提升品牌和形象。目前，旅游 IP 多是以旅游为题材的影视剧、网络剧和综艺节目。为了获得更多的流量，出现了旅游与影视、旅游与体育合作的形式。围绕着旅游目的地IP,可以开发文创产品、旅游特产、民宿客栈、卡通动漫和影视游戏。

5.2 旅游项目创意设计

5.2.1 旅游项目的基本概念

5.2.1.1 旅游项目的内涵

旅游项目是一个不易界定清楚的常用概念。国内学者肖星等认为:旅游项目是指旅游地开发商或经营者为实现特定的旅游发展目标,整合旅游资源和环境条件开发出的具有一定旅游功能和经济、社会、环境效益,能吸引旅游者并促进当地旅游业发展的项目或项目综合体的总称。既包括单一项目,也包括由众多单一项目组合而成的整体旅游项目,主要涉及旅游开发建设类和旅游经营类两种。可见,旅游项目是一个内涵和外延都十分广泛的概念。

5.2.1.2 旅游项目与相关概念的关系

(1)旅游项目与旅游资源　旅游资源是旅游项目开发的重要基础,是旅游业生产所必需的原材料;而旅游项目是由各种现实和潜在的旅游资源转化而来的能够直接创造价值和财富的旅游吸引物,它源于旅游资源,又高于旅游资源。旅游项目就是旅游业生产过程中的初级产品,是旅游业发展的重要支撑,旅游资源吸引力的实现必须借助于旅游项目。因此,旅游资源与旅游项目有着相互依存的密切联系,两者都是旅游业发展过程中不可缺少的组成部分。但同时,两者又有着明显的不同。从经济性来说,旅游项目比旅游资源具有更强的现实性;从空间特征来看,旅游资源具有地域性、不可替代性、综合性、组合性等特点,而旅游项目在地域空间上是可以移植重建、相互替代的;从文化特征来看,由于旅游项目是人为设计和建造的,在其设计过程中体现了设计者的某种理念,所以折射出了较强的创意特征。

(2)旅游项目与旅游产品　旅游产品与旅游项目是两个十分接近、密切联系而又存在一定差异的概念。二者的主要区别在于:一是旅游产品的内容比较广泛,而旅游项目的内涵则稍窄一些。广义的旅游产品不仅包含旅游吸引物、各类旅游设施、旅游服务及其组合,还包括价格、质量、品牌、促销手段、特色、通达性、方便性、安全及距离等外在表现形式;而旅游项目所包含的内容要少一些,一般包括旅游景区景点、旅游节庆活动以及某些服务在内的各种旅游吸引物。二是旅游项目比旅游产品更加具体,稳定性相对较大,受外界的干扰较少;而旅游产品既有具体的旅游吸引物和配套设施内容,也有抽象的劳务、服务和感受、经历,因而其生产容易受客观条件限制和人为因素影响而产生较强的不稳定性。总之,旅游项目和旅游产品大致相当于点和线、点和面的关系,后者包括前者,前者是构成后者的基本要素。

5.2.2 旅游项目的分类

基于不同的研究目的和观察角度,旅游项目可以分为多种类型,但是在旅游规划与开发中较为常见的是主体分类法和环境分类法。

5.2.2.1 主体分类法

所谓主体分类法是以旅游者的个人特征作为分类标准对旅游项目进行类型划分的方法。一般而言,作为分类标准的旅游者特征有旅游者的出游目的、职业、年龄、组织方式、消费方式、旅游时间、旅游距离等。

例如,按照旅游者的出游目的,可以将旅游项目分为观光型旅游项目、度假型旅游项目以及生态型旅游项目等;按照旅游者的旅游组织形式,可以分成单人旅游项目、情侣旅游项目、亲子旅游项目和家庭旅游项目等;按照旅游者的消费方式,可分为高消费旅游项目和中低旅游消费项目等。

5.2.2.2 环境分类法

环境分类法是以旅游项目所依托的环境作为标准而对项目进行分类的方法。

例如,按照旅游项目所处的自然环境,可以分为海岸旅游项目、山岳旅游项目、湖泊旅游项目等;按照人居环境,可以将旅游项目分为乡村旅游项目、都市旅游项目等。

5.2.2.3 其他分类法

此外,旅游项目还有各种分类方法,如按旅游活动发生的空间,可将旅游项目分成室内旅游项目、露天旅游项目、水上旅游项目、空中旅游项目等。按照旅游活动的主题和内容,可分为生态旅游项目、文化旅游项目、科技旅游项目等。按照组织目的,可分为科教旅游项目、商务旅游项目、禅修旅游项目、体育旅游项目、宗教旅游项目等。从旅游六要素来看,可以划分为餐饮类旅游项目、住宿类旅游项目、交通类旅游项目、观光游览类旅游项目、购物类旅游项目以及娱乐旅游项目。

5.2.3 旅游项目创意设计的原则

旅游项目创意设计就其名称而言,重点在于"创意"二字,即在新的旅游资源条件下,在新的旅游市场形势下,如何通过表现形式或内容、功能更新来使其不断适应旅游市场的发展。

5.2.3.1 总体原则

在旅游项目创意设计时,必须遵循的一个总体原则是:"人无我有,人有我优,人优我新"。

(1)人无我有　所谓"人无我有",即从旅游项目的外观、内涵、功能等方面来看,旅游项目都属于全新的类型,其他旅游地从来没有出现过。这种旅游项目创意设计属于纯粹意义上的创新,也是创新的最高层次。

在实践中,这种创新性项目设计越来越少,其原因有以下三点:

第一,旅游开发已经成为世界范围内的普遍现象。随着国际旅游的深入发展,旅游开发已经逐步由区域走向了国际化和全球化。在全球化视野下,旅游项目的类型已经相当丰富,试图完全脱离已有的项目类型重新设计难度较大。

第二,旅游项目设计必须以旅游资源为基础,而旅游资源在具有差异化的同时,更多的还是旅游资源间的普遍性和共通性。

第三，即使能够进行完全的项目创新，由于旅游项目可以相互学习和模仿，也会导致这种创新在其他旅游地的快速模仿中逐步成为大众化、同质化的产品。

虽然旅游项目纯粹的创意设计存在一定的困难，但是，“人无我有”原则却永远是指导旅游项目创意设计的重要原则。

（2）人有我优　“人有我优”的原则是指“在其他旅游地项目创意设计的基础上前进一步”，这一步就成为该项目创意设计的创新之处。“人有我优”的主要设计手法就是在现有的旅游项目的基础上做一些针对本地资源特色和目标市场的优化调整，如对旅游项目形式的创新、对旅游项目功能的拓展等。

较为典型的例子如过山车项目。过山车是较为典型的动感游乐项目，无论采取何种形式，其基本原理都大同小异，但是，在过山车的形式设计上却可以推陈出新，如位于美国新泽西州首府杰克逊的六旗游乐园的“金达卡”过山车，其高度达到 139 米，速度最快可高达 205 千米/时，成为世界上最高和最快的过山车。同时，有些主题公园主打木质过山车，从而能够给游客带来更刺激的娱乐体验。

总之，“人有我优”的创意设计原则表明对旅游项目较小的改进也是创新的有效途径之一。

（3）人优我新　“人优我新”是指当一个旅游项目在别的旅游地已经发展较为成熟，且在目前条件下，无法通过创新措施使本地在该类型旅游项目上获得竞争优势时，旅游项目创意设计者应主动放弃该类型项目，转而寻找其他的新市场空间。这里的“新”既包括了新的市场空间，又指新的项目类型。

“人优我新”原则真正落到实处需要项目创意设计人员具备较高的市场分析和预测能力，更需要一定的勇气和魄力。旅游市场的竞争是激烈的，退出市场与进入市场面临同样的挑战，因此，项目创意设计人员应努力挖掘旅游资源的内在潜力，力求所设计的旅游项目能在其他项目的基础上有一定创新。当这种项目设计模式无法获得成效时，应及时转换思路寻找其他的方向和市场。

“人无我有、人有我优、人优我新”，这是旅游项目创意设计必须坚持的总体原则。这三句话构成了统一的整体，强调了旅游项目的创意设计要以创新性为标准，而创新的角度则可以是多元的，作为旅游项目设计者，应具备从多种角度进行项目创新设计的能力。

5.2.3.2　基本原则

旅游项目创意设计的过程除了要遵循以上的总体原则之外，还要以下列基本原则为指导：

（1）因地制宜原则　旅游项目的创意设计需要以本地的旅游资源和社会经济文化环境为基础，因此，项目的设计要与本地的资源和环境特色相吻合，避免项目过于突兀而与本地旅游环境格格不入。

（2）市场导向原则　以市场为导向就是以旅游者为中心，以市场需求作为出发点来对旅游项目进行创意设计。对旅游者的兴趣、偏好、价值取向和支付能力等一系列影响市场需求的因素进行深入细致的分析，据此策划设计出受旅游者喜爱的旅游项目和旅游产品。

（3）现实性原则　旅游项目设计方案必须付诸实施才能产生相应的效益和影响力，因此，旅游项目创意设计必须要建立在经济、文化、环境和技术切实可行的基础上，即旅游项目的设计要具备较强的可操作性和经济上的可行性。

(4)一致性原则　旅游项目是区域旅游功能的主要载体，是吸引旅游者到访的重要因素，因此，旅游项目的创意设计一方面要与区域旅游的功能定位一致，推进区域旅游形象的提升；另一方面要与目标客源市场的需求特征一致，有助于吸引更多的旅游者。

(5)可持续性原则　旅游项目的创意设计在考虑经济利益的同时，不能忽视旅游项目可能给旅游地带来的社会和生态影响，因此，旅游项目的创意设计必须保证经济、社会和生态环境三者效益的统一，实现旅游业的可持续发展。

5.2.4　旅游项目创意设计的方法

5.2.4.1　头脑风暴法

头脑风暴法是指采用会议的形式，由一名主持人向各位专家集中征询他们对某问题的看法，并对该问题的分析和意见有条理地集合起来，进行循环深化风暴，最终得到可行的最佳创意方案，并在此基础上进行项目策划。其优点在于能够获取广泛的信息、创意，互相启发、集思广益，在大脑中掀起思考的风暴，从而启发策划人的思维，获得优秀的策划方案。

5.2.4.2　德尔菲法

德尔菲法是指采用函询的方式或电话、网络的方式，反复地咨询专家们的建议，然后由策划人做出统计。当所获得的结果具有较大差异性时，由组织者将所获专家意见进行整理总结，再将总结后的观点针对上述专家进行第二轮征询，直至得出比较统一的结论。这种创意设计方法的优点是：专家们互不见面，因而不会产生权威压力。因此，该方法可以自由充分地发表自己的意见，从而得出比较客观的策划方案。

5.2.4.3　逆向思维法

逆向思维法是指突破传统思维框架束缚，从事物的另一面去观察分析，找到全新的解决问题的方案，如成都是一个闲适的城市，自古以来就有“少不入川”的说法。但是这种闲适通常带有消极的意味，被认为是不思进取、慵懒，甚至是颓废，消磨人的意志。但将这种闲适从积极的一面进行打造，把成都定位为“休闲之都”，则可以获得市场充分肯定。

5.2.4.4　移植法

移植法是以不同旅游产品之间的相同点、类似点或关联点为纽带，结合自己项目的主题和实际情况，将他人的项目构思创意移植到自己的项目中，进行新的构思创意。浙江莫干山洋家乐是我国民宿的标杆，洛阳市栾川县三川镇借鉴其成功经验，移植其成功做法，打造了中原地区高端民宿项目——隐心谷。

5.2.4.5　跳出区域看区域法

跳出区域看区域法是指突破现有的思维局限，将事物放在一个更大的宏观背景下进行考量。王志刚工作室在策划西安市曲江旅游发展的时候，采用的就是“跳出曲江看曲江”的思路，将曲江的旅游发展放在宏观的大背景下进行考虑，最终拿出了“腾笼换鸟双城记”的高招。

5.2.4.6 跳出旅游看旅游法

跳出旅游看旅游法是指突破旅游产业自身的限制，站在其他产业或业态的角度，看待旅游的发展。旅游房地产就是跳出旅游看旅游的典型例证。房地产介入旅游发展，把旅游项目的潜在效益深入挖掘出来，创造了新的商业模式，形成了房地产模式与传统旅游模式的结合，提升了观念，开阔了眼界，开创了格局。

5.2.5 旅游项目创意设计的内容

5.2.5.1 旅游项目的名称

项目名称是旅游者接触到关于该项目的第一信息，因此，项目名称的好坏直接关系到项目的成败，有创意的项目名称能够激发旅游者对于该项目的浓厚兴趣，如“中国死海”“拈花湾”“阿依河”等都能够引发旅游者的无限联想和向往。

5.2.5.2 旅游项目的风格

项目策划者要将项目的大致风格用文字或简要的图示描述出来，为下一步的创意设计工作提供依据和指导。具体而言，旅游项目策划者在风格限制方面，应明确提出：

第一，旅游项目中主要建筑物的规模、形状、外观、颜色和材料。

第二，旅游项目中建筑物的内部装修风格，如建筑物内部的功能分区和装饰材料。

第三，旅游项目相关的旅游辅助设施和旅游服务设施的外观、形状和风格，如旅游项目的标示、停车场、游客服务中心等。

5.2.5.3 旅游项目的选址

在地域空间上，规划中要明确每个旅游项目的占地面积及地理位置，项目的选址主要表现为以下三个方面：

第一，旅游项目的具体地理范围。

第二，旅游项目中建筑的整体布局，各个建筑物的位置以及建筑物之间的距离。

第三，旅游项目中所提供开放空间的大小和布局。

5.2.5.4 旅游项目的内涵

旅游项目的创意设计，最终要落实到具体的旅游产品上：首先，确定旅游项目的主题；其次，要明确该旅游项目的产品体系，如主导产品、支撑产品和辅助产品等；最后，确定旅游项目的产品类型。一般来说，主要从食、住、行、游、购、娱六要素对旅游项目进行设计（表5-2）。

5.2.5.5 旅游项目的管理

除了对项目的开发和建设提供指导外，优秀的旅游项目策划者还会对该项目的经营和管理提供相关的建议，因此，旅游项目的创意设计应针对该旅游项目的工程建设管理、日常经营管理、服务质量管理以及经营成本控制等问题提供解决方案。

表 5-2　旅游项目分类

项目主类	项目亚类	具体项目
餐饮项目	常规餐饮	高档餐厅、连锁餐厅、风味餐馆
	主题餐饮	宴席、绿色餐饮、农家餐饮
	其他餐饮	小吃、野餐
	酒吧茶肆	酒吧、咖啡馆、茶馆、饮品店
住宿项目	常规住宿	星级饭店、经济型酒店、商务型酒店、精品酒店、公寓式酒店、度假型酒店、会议型酒店
	可移动住宿	邮轮、豪华游船、房车
	特色住宿	民宿、客栈、树屋、太空舱、胶囊宾馆、汽车旅馆、青年旅馆、营地、蒙古包、集装箱住宿、帐篷
交通项目	人力工具	人力车、竹筏、划船、皮艇
	畜力工具	大象、骆驼、牛、马、驴、骡、兽力雪橇
	自然力	滑翔、跳伞、帆船、漂流、溜索、荡索
	机动工具	飞艇、热气球、飞机、游艇、邮轮、飞翔船、太阳能船、气垫船、潜水艇、水下观光船、汽车、电车、喷气汽车、太阳能车、摩托车、火车、轻轨、小火车、索道缆车、观光梯
游览项目	天象景观	风云雨雪、日月星辰、佛光、海市蜃楼、彩虹、极光、陨石等
	地象景观	山岳、典型地质构造、自然灾变遗迹、岩溶地貌、风蚀地貌和其他蚀余景观
	水象景观	江河、湖泊、海岸、瀑布、溪涧、冷泉、热泉、现代冰川、冰雪
	生物景观	野生动物栖息地、树木、古树名木、奇花奇草、草原、其他生物景观
	历史遗迹	社会经济文化遗址、军事遗迹、古城和古城遗迹、长城、宫廷建筑、宗教建筑、陵墓陵园、石窟、古代工程、牌坊山门、石刻碑记、乡土建筑、古街区
	人文活动	节庆、庙会、风俗礼仪、仪式
	文化场馆设施	科技馆、影视基地、研修实习基地
购物项目	旅游实用品	鞋帽手套雨具、服装、摄影录像器材、野营装备、垂钓及水上运动装备、其他旅游用品、食品、特产
	旅游纪念品	工艺品、艺术品

续表 5-2

项目主类	项目亚类	具体项目
娱乐项目	自然娱乐	冲浪、潜水、帆板、帆船、跳伞、激流、滑沙、滑草、滑雪、滑冰、风筝
	健身娱乐	武术、气功、体操、瑜伽、冥想、游泳
	动物娱乐	动物驯养喂养、驯兽表演、斗鸡斗牛、放生
	器械娱乐	汽车拖曳跳伞、快艇拖曳跳伞、汽车越野、赛车、摩托车、水上摩托艇、碰碰船、碰碰车、游艇、翻滚车、多人自行车、滑车、滑板、划船、水上自行车、脚踏轨道车、越野自行车
	理疗	推拿、针灸、药膳、沙浴、温泉浴、矿泉浴、负氧离子浴、森林浴、氧吧、桑拿浴、蒸气浴、冰水浴
	观赏娱乐	艺术馆、博物馆、展览馆、音乐厅、影剧院、球幕电影、礼仪庆典、宗教仪式、蜡像馆、雕塑园
	智力娱乐	迷宫、猜谜、棋牌、电子游戏
	生产娱乐	狩猎、捕捞、垂钓、放牧及饲养、农林种植收、采掘、食品加工、纺织、锤炼打制、手工制作
	竞技项目	网球、足球、篮球、排球、沙滩排球、乒乓球、羽毛球、高尔夫、手球、马球、门球、垒球、棒球、曲棍球、冰球、水球、桌球、保龄球、赛艇、赛马、射箭、相扑、击剑、彩弹实战、射击

资料来源：马耀峰. 旅游规划[M]. 北京，中国人民大学出版社，2011.

5.2.6　旅游项目创意设计的程序

在实际工作中，旅游项目创意设计一般可分为以下几个步骤：

5.2.6.1　分析旅游开发地的环境

旅游开发地环境分析是项目创意设计的一个首要步骤。环境分析实际上是收集旅游地的各种信息和资料的过程，具体而言，就是对旅游地的内部和外部环境进行调查和研究。内部环境的分析主要涉及旅游地所占有的资源；外部环境的分析则主要针对各类旅游项目的市场竞争环境和发展态势。

5.2.6.2　分析旅游开发地的资源特色

旅游项目的内涵和形式要以当地资源特色为基础，这就需要项目设计者在旅游资源调查过程中，对旅游开发地的旅游资源进行详细分析，并总结出不同旅游功能区的资源特色，以此作为各功能分区旅游项目设计的基调。

5.2.6.3　旅游项目的初步构思

在进行旅游项目的创意设计时，设计者要提出关于旅游项目设计的大致思路。旅游项目构思是指人们将某种潜在的需要和欲望用功能性的语句来加以刻画和描述。这种初步构思可以自创，也可以借用其他旅游地的旅游项目作为原型。但是，此时的构思只是项目策划的方向和概念，并未定型，也不一定具有可行性。

5.2.6.4 旅游项目构思的评价

在经过了一番分析和思考之后，设计者应拥有数个可供选择的项目构思。此时，就需要借助目标市场需求调查以及开发成本和收益的估算等方法对项目构思进行甄别，将那些成功概率较小的旅游项目淘汰，保留那些成功机会比较大的策划项目。

5.2.6.5 旅游项目的设计

旅游项目设计是对认定为可行的项目策划构思进行更加深入的全面设计。该阶段与前面的构思相比，在内容上更加丰富而且更具有可操作性，指导项目能落地、能运营。

5.3 旅游线路规划设计

5.3.1 旅游线路的概念与类型

5.3.1.1 旅游线路的概念

旅游线路是指为了使旅游者能够以最短的时间获得最大的旅游效果，由旅游经营部门利用交通线串联若干旅游点或旅游城市所形成的具有一定特色的游览走向。

旅游线路的形成受到旅游吸引物分布状况、交通条件、旅游市场、旅游时间等多种因素的制约，它既可在一个旅游区或行政区域内自成体系，又可进行旅游区域间的协作，形成跨区域线路。

旅游线路是发展和组织现代化旅游业的必要条件，是联系旅游者和旅游对象、客源地和目的地的重要环节。作为一种主要的旅游产品，有效的旅游线路对于提高旅游业的经营效益有着重大的拉动。

5.3.1.2 旅游线路的基本类型

根据不同的分类标准，可以将旅游线路划分为多种不同的类型。

(1)按旅游线路的距离，可分为短程旅游线路、中程旅游线路和远程旅游线路。短程旅游线路活动范围一般在一个市域范围内及其周边县区。中程旅游线路活动范围一般在省级区域内或跨省区周边区域。远程旅游线路活动范围则跨越省级以上范围，包括国内远程和海外旅游。

(2)按旅游线路的全程计算时间，可分为一日游旅游线路、二日游旅游线路和多日游旅游线路。随着休闲度假时代的到来，一日游观光产品将逐渐减少，周末和小长假的休闲度假产品越来越受到欢迎。

(3)按旅游线路的性质，可分为经典旅游线路和专项旅游线路。经典旅游线路是为一般无特殊目的的旅游者设计的，用于观光层次的旅游活动。譬如长期活跃在中国旅游市场上的华东旅游线(南京—扬州—镇江—无锡—苏州—上海)，不仅可以游览现代化都市风光，还可以欣赏美丽如画的江南水乡。专项旅游线路是专门为一些具有特殊旅游目的的游客组合设计的，线路中所连接的景点一般具有一定的主题内容。如西南少数民族风情游、丝绸之路旅游等。

(4)按旅游者的旅游目的，可分为观光旅游线路、度假旅游线路、探险考察线路、文化旅游线路等。

(5)按照线路吸引游客的范围大小,可分为国际旅游线路、国家旅游线路、省级旅游线路和地方旅游线路等。国际旅游线一般由国家层面的机构来设计推动,如国家"十四五"文化和旅游发展规划提出打造黄河文化旅游带、大运河文化带、京张体育文化旅游带、长江国际黄金旅游带等精品旅游带。

(6)按照旅游线路的空间布局形态,可分为两点往返式旅游线路、单通道式旅游线路、环通道式旅游线路、单点轴辐式旅游线路、多点轴辐式旅游线路和网络分布式旅游线路。

两点往返式旅游线在远距离旅游时主要表现为乘坐飞机往返于两个城市之间;单通道式旅游线在远距离旅游时以乘坐火车较为典型,在旅游城市中则表现为若干景点被一条旅游线路串联,使旅游者在一天中可以游览不同的旅游项目;环通道式旅游线是上述单通道式旅游线的变化形式,即起点与终点同地;单枢纽式旅游线是以一个旅游城市为中心或节点,其他四周旅游点都与之相连,形成发射系,从中心向四周多次往返性短途旅游;多枢纽式旅游线是以若干个重要的旅游城市为枢纽连接其他旅游项目地,几个枢纽旅游城市间有线路直接相连;网络分布式旅游线则是通过公路将区域内各景点覆盖其中,此种网络可供旅游者任意选择景点与道路,是比较理想的交通线路。

(7)按照旅游线路使用的交通工具,可分为徒步旅游线路、自行车旅游线路、自驾车旅游线路、邮轮旅游线路、航空旅游线路、铁路旅游线路或多种交通工具混合旅游线路。

(8)按照旅游线路使用对象不同,可分为团体旅游线路、散客旅游线路、自助旅游线路,等等。

5.3.2　旅游线路的组合设计

5.3.2.1　组合设计原则

旅游线路设计既要尽可能满足旅游者的需求,又要便于旅游活动的组织与管理,兼顾旅游企业发展。

(1)安全经济、效益最大化原则　外出旅游安全第一,没有安全,就没有旅游。为此,线路设计要注意交通安全,避免线路通过气象、地质以及人为灾害区;沿途要有各种安全保护措施,避免各种事故的发生。在做到安全、舒适的前提下,还要贯彻最大效益性原则。即旅游线路组合时要串联尽可能多的旅游点,形成丰富的旅游内容。

(2)顺序科学、节奏适当原则　在进行旅游线路的组合设计时,还应该科学安排旅游点的顺序,不同的游览群体节奏不同,譬如老年团和青少年团风格可能完全相反。

(3)主题鲜明、特色突出原则　旅游线路设计要强调特色和个性,只有特色鲜明的线路才具有较强的市场竞争力和生命力,譬如经久不衰的新马泰旅游。

(4)衔接顺畅、交通多样原则　旅游线路要特别注意交通工具的衔接和顺畅,长距离游客从飞机落地后,要有及时的地接车辆安排。在景区内游览时,要保证大型团队有序乘坐观光车和游船等交通工具。

(5)市场导向、创新多样原则　只有设计出产销对路的旅游线路,旅游业才能获得较高的经济效益。

5.3.2.2 组合设计步骤

旅游线路组合设计既是一门艺术，又是一门科学。在实际操作过程中，需要考察诸多方面的因素，如各旅游地的吸引物、吸引力，各景区景点的可达性（旅游交通），旅游专用设施（食宿），旅游成本（旅游费用、消耗时间、距离等）。具体而言，旅游线路的组合设计大致可分为以下几个步骤：

（1）明确旅游线路的消费对象，调查清楚旅游线路为谁而设计，确定目标市场的成本。

（2）根据不同类型旅游者的旅游期望和旅游偏好，来确定旅游线路中的基本内容，优化组合旅游资源，以提高线路市场占有率。

（3）用量化的指标将各旅游地的体验价值标示出来，并且计算每一个旅游地与周边旅游地之间的成本距离。

（4）结合各旅游地在整体布局中的可达性与不同类型游客所能接受的可重复率，组合设计出若干可以选择的线路方案。

（5）针对游客的不同类型和期望值选取最优的旅游线路。旅游线路是不是最优，要经得住市场的检验，其检验的依据就是旅游者的选择。

5.3.2.3 组合设计示例

为了重塑中国旅游业品牌力、号召力和竞争力，文化和旅游部开展“中国十大精品旅游线路评选”活动，京杭大运河精品旅游线路最终当选为中国十大精品旅游线路之一。

线路名称：京杭大运河精品旅游线路。

线路设计的意义：带你领略中国也是世界上最长的古代运河。北起北京，南至杭州，流经北京、天津、河北、山东、江苏和浙江四省两市，沟通海河、黄河、淮河、长江和钱塘江五大水系，京杭大运河对中国南北地区之间的经济、文化发展与交流，特别是对沿线地区工农业经济的发展和城镇的兴起均起到了推动作用。通过这条线路，你可以感受到古代中国人民的智慧与创造力。

线路范围：从北京出发，途经天津、沧州、德州、济宁、枣庄、淮安、无锡、苏州、嘉兴、杭州、绍兴、最后到达宁波。横跨北京、天津、河北、山东、江苏和浙江四省两市，线路中既有远近驰名的故宫博物院，也有极具艺术魅力的苏州园林，历史文化氛围浓厚。

线路串联的城市及主要景点间列如下：北京（AAAAA 故宫）—天津（AAAAA 盘山）—沧州—德州—济宁（AAAAA 孔府孔庙孔林）—枣庄（AAAAA 台儿庄古城）—淮安（AAAAA 周恩来故居）—无锡（AAAAA 灵山大佛）—苏州（AAAAA 周庄）—嘉兴（AAAAA 乌镇）—杭州（AAAAA 西湖）—绍兴—宁波（AAAAA 奉化溪口）。

5.3.3 游览线路的概念及其设计

旅游线路一般由交通线路和游览线路两部分组成。交通线路以公共交通工具的运输为主要形式，表现为客源地、过境地、目的地之间的连接，是铁路、航空和公路等交通工具之间的串联；游览线路则指旅游目的地的一日游或景区景点内的活动路径。

5.3.3.1 游览线路的概念及功能

一般来说，游览线路是指景区内专供游人游览、观赏景物和进行其他活动而设计组织的线路。它是景点与景点、景点与服务点之间相互连接的纽带，是旅游者的向导，因此也称为导游线和游线。

景区游线组织，实质上是景象空间展示、时间速度进程、景观类型转换的艺术综合。游线安排既能创造高于景象实体的诗画境界，也可以损伤景象实体所应有的风景效果。譬如玻璃栈道的出现增加了身临其境的体验，但索道的修建破坏了整体风貌。

游线组织的主要功能如下：

第一，将各景区、景点、景物等相互串联形成完整的风景游览体系。

第二，既限定游客与景物的距离，又可引导游人至最佳观赏点和观景面。

第三，组织游览程序，激发游客继续游览的兴趣。

第四，构成景象的时空艺术，规划中常要调动各种手段突出景象高潮和主题区段的感染力，通过景感上明暗色彩、比拟联想、掩藏显露、呼应衬托等，达到移步换景的境界。

5.3.3.2 游览线路的设计与组织

游线设计与组织的基本思路是：

第一，与交通建设相配套，“线随路走，路为景开”。所谓“线随路走”就是旅游线路尽量与现有的交通条件相一致，降低开发成本；“路为景开”就是对有些稀缺性、独特性明显的旅游资源，要规划索道和栈道等辅助交通设施提高可进入性。

第二，合理搭配游赏空间和过渡空间。过渡空间要适当，太短起不到良好的休息转换作用，太长则易引起疲劳、乏味。可以在景区内适当地方配置凉亭、绿地、观景台等，弥补游览线上的情景空缺。

第三，连接最具风景特征的空间形象。游览线路的组织就是要把景区内景色最优美、特征最明显、景观最奇特的景点连接起来，增加游客的观赏体验量，烘托旅游线路的总体特色。

第四，突出主题、展示个性。游线要安排多处主题鲜明的景物；对一些有个性的景点，即使离主题很远，也要有机结合，展示个性景物，体现游览线路的变化和层次。

第五，讲究韵律、动静相宜。游览线路的组织，既要避免平铺直叙，又要避开“精华”过于集中；要充分考虑游赏方式、游客结构、游客体力与游行规律等因素，做到有张有弛、动静相宜，讲究节奏和韵律，精心组织设计主要游线和多种专项游线。

拓展案例

信阳市浉河区全域旅游精品线路设计

信阳市浉河区位于河南南部、淮河上游、大别山北麓，地处秦岭—淮河地理分界线，素有“江南北国，北国江南”之美誉。浉河区历史源远流长，早在8000年前，勤劳智慧的先民们就在浉河这片沃土躬耕捕猎，孕育了灿烂文明。公元前827年，周宣王封此处申伯为侯，建立申国，距今已有2800多年的历史，因此，浉河区古称“申国”“申城”“申州”，后改为“义阳”，宋太宗时改“义阳”为“信阳”。浉河区国土面积1 783平方千米，总人口80万人。

浉河区区位优越，交通便捷，“立中原而通八方，居腹地而达九州”。地处中原城市群、武汉城市圈、皖江经济带的交汇点上，是淮河生态经济带上重要节点城市，京广、宁西铁路和国道107、国道312在区内交会，京珠、沪陕高速公路环区而过，城区东距高铁站不到10千米，北距明港机场40千米，是河南与中南、华东诸省经济交流的重要通道，已融入郑州、武汉一小时经济圈。目前，全区现有国家4A级旅游景区3家、3A级旅游景区4家，旅行社31家，农家乐1 000多家，宾馆近200家（其中星级宾馆12家）；旅游产业直接从业人员达一万多人，年接待海内外游客达到670万人次，实现旅游综合收入约10亿元，2020年成功入选国家全域旅游示范区（第二批）。

绿色生态之旅　浉河区是一座生态绿城，境内有高等植物180多科、2 000多种，森林覆盖率69.09%，高出全国平均水平近50个百分点，空气和水环境质量位居河南首位。区域内国家4A级景区鸡公山、南湾湖、灵龙湖，国家3A级景区五曲峡森林公园、信阳文新茶村、桃花寨和“五云两潭一寨”等自然景观风光秀丽。置身浉河，一湖碧水、十美乡村、百里茶廊、千峰竞秀、万顷茶海的独特山水景观，让人仿佛置身于画卷，如醉如痴。“国家卫生城市”“国家园林城市”“全国十佳宜居城市”“国家生态功能示范区”“全国生态文明先进区”“省级文明城市”等殊荣花落浉河。

魅力茶乡之旅　浉河区是中国十大名茶信阳毛尖的原产地和主产区，是全国纬度最北、面积最大的产茶县区。全区茶叶种植面积已经发展到60万亩。“信阳毛尖”因其条索细秀、圆直有峰尖、白毫满披而得名，以香高、味浓、汤色绿的独特品质饮誉中外，早在1915年巴拿马万国博览会上就喜获金奖。2010年，浉河区在河南省率先研制出世界上最高纬度的红茶，改写了中国长江以北不产红茶的历史，引领红茶发展新潮流。近年来，浉河区先后荣获“中国毛尖之都”“国家生态原产地保护产品”等荣誉称号。

浉河区大力挖掘茶文化内涵，以产茶乡镇和茶产业链为基础，规划建设了一批茶产业体验园、茶文化生态园、茶坊、茶文化馆和茶博物馆；发展茶艺表演、采茶歌舞类文娱项目，弘扬手工制茶的非物质文化遗产，体验采茶、炒茶趣味，领略茶乡风情。同时，浉河区还是闻名遐迩的美食之乡，品尝地道的豫南美食，鲜美的南湾鱼、肥而不腻的焖罐肉、香辣滑脆的大肠汤、清香滑嫩的毛尖虾仁、浓醇筋道的热干面、冰爽可口的石凉粉，实现茶文化、饮食文化与旅游的完美结合。

革命红城之旅　浉河区是革命老区，豫南革命的策源地。1925年，在这里成立了信阳第一个农民协会，开辟了以四望山为中心的红色根据地。革命战争年代，中共河南省委、豫南特委把浉河区作为开展武装斗争的主要基地，恽代英、贺龙、李先念、王震、陈少敏、杨靖宇等老一辈革命家和革命英烈，在此留下了光辉足迹。长期艰苦卓绝的革命斗争，为浉河区留下了李先念办公旧址、新五师师部旧址、中原突围纪念地等20多处红色历史遗迹，四望山革命纪念地被全国红办列为全国红色旅游精品线路之一。血与火的革命历史，更造就出浉河儿女坚韧不拔、勤劳善良的红色品格。

随着浉河旅游与农业、工业、科技、文化、林业、体育、养老、康养等领域融合发展的更加深入，奋发向上的浉河人民正在精心构筑着环湖茶文化生态旅游区、国道107豫风楚韵精品观光带、沿淮高效农业观光带、四望山红色旅游区和城市休闲游憩带五大功能板块。以五大板块为依托，浉河更新理念、大胆创新、科学规划，以全域景区化的新理念、建设景点化的新标准、美丽乡村全覆盖的新要求、村美民富的新目标，全力打造着开放式大景区,为美丽浉河建设注入新内涵。

文化体验之旅 浉河区现有156项经过政府批准公示的非物质文化遗产名录,其中信阳毛尖茶制作技艺为国家级非物质文化遗产代表性项目。信阳焖罐肉制作技艺、义阳吹打乐、谭家河蒿子馍制作技艺等15项为市级非物质文化遗产代表性项目。非物质文化遗产代表性传承人89人,其中国家级传承人1人,市级传承人17人。社会传承基地13个,其中信阳焖罐肉展示馆、浉河区无峰顶信阳毛尖茶厂、万建军木雕版画展示馆等6项为市级社会传承基地,信阳市浉河区茶博物馆为河南省非物质文化遗产展示传习示范馆。

浉河区内景点众多,按照游玩时长和主题可以将游览线路设计为全域度假游、生态休闲游、茶乡风情游和红色研学游。具体如下:

(1)全域度假游线路

鄂豫皖革命纪念馆—南湾湖风景区—睡仙桥茶文化街—楼畈乡村旅游特色村—郝家冲乡村旅游特色村—文新茶村—豫信旅游购物店—稳臻茶坊—肖家庙乡村旅游特色村—信阳书画院—灵龙湖生态文化旅游区—鸡公山风景区

(2)生态休闲游线路

城市休闲游憩带—南湾湖风景区—信阳书画院—灵龙湖生态文化旅游区—波尔登森林公园—鸡公山风景区—桃花寨

(3)茶乡风情游线路

睡仙桥茶文化街—楼畈乡村旅游特色村—多彩集云—郝家冲乡村旅游特色村—文新茶村—德茗茶文化园—谭家河景观湖堤—豫信茶坊

(4)红色研学游线路

鄂豫皖革命纪念馆—四望山新四军五师旧址群(先锋报社、枪械所、后勤医院、师部旧址、李先念办公旧址等)—柳林革命旧址群(柳林革命纪念馆、周性初烈士墓、中革军委地下交通站、中原突围战斗旧址等)

(注:本案例由信阳市浉河区文旅局提供)

本章小结

本章系统阐述了旅游产品、旅游项目、旅游线路等基本概念的含义、分类或特性,以及这些概念之间的区别和联系,尤其是重点讲解了旅游产品开发、旅游项目创意设计、旅游线路规划设计的原则、内容和方法。其中,旅游产品的外延最宽,而旅游项目创意设计和旅游线路规划设计是旅游产品的重要组成部分和表现形式。在旅游产品开发规划中,旅游项目创意设计是重中之重,其规划与策划水平往往代表了整个旅游规划的质量和水平。

重点概念

旅游产品 旅游项目 旅游线路 游览线路 旅游产品开发

案例分析

旅游项目创意设计之“只有河南·戏剧幻城”

“只有河南·戏剧幻城”是由建业集团携手王潮歌导演共同打造的一座有21个剧场的全景式全沉浸戏剧主题公园,也是中国最大的戏剧聚落群。这是王潮歌导演继“印象”“又见”之后打造的全新文化作品——“只有系列”的扛鼎之作,项目位于郑州市中牟县平安大道与广信街交叉口,占地622亩,总投资金额60亿。“只有河南”以沉浸式戏剧艺术为手法,以独特的“幻城”建筑为载体,用全新的观演模式,通过讲述关于“土地、粮食、传承”的故事,致力于让更多人感受戏剧文化的魅力,让世界重新感知河南。

剧场游览:室内室外都有,其中14个室内剧场(3大主剧+11个小剧场),7个室外剧场,室外剧场均为夜间演出。3大主题剧场,分别是李家村剧场、幻城剧场、火车站剧场,以及散布在周边的18个小剧场。

“只有河南·戏剧幻城”通过3大主题剧场、56个不重样的戏剧情景空间、几十幕微戏剧、450分钟不重复的演出以及900多名专业演员的表演,带领游客进入一个被戏剧包裹的时空之城。正如王潮歌导演所说,“只有河南”可能是一个名词,可能是一个动词,可能是一个形容词,但它将会是从这个剧场里走出来的每一个人从内心发出的感叹词,叫——“只有河南”!

只有文化的,才是经典的。作为一部具有中原风格、中国气派、世界影响的殿堂级文化工程,“只有河南”正是河南省为“讲好黄河故事、延续历史文脉、坚定文化自信”所做出的真真切切的实际行动。

(注:本案例来源于“只有河南”官方小程序)

案例思考

“只有河南·戏剧幻城”设计体现了旅游项目创意的哪些原则?

课后思考

1. 什么是旅游产品?它是如何进行分类的?
2. 旅游产品开发的内容有哪些?
3. 简述旅游项目创意设计的概念和内涵。
4. 试比较旅游项目与旅游产品、旅游资源的异同点。
5. 简要说明旅游项目创意设计的程序及其方法。
6. 简述游览线路的概念及设计思路。

参考书目

1. 马勇. 旅游规划与开发[M]. 武汉:华中科技大学出版社,2018.
2. 吴必虎. 区域旅游规划原理[M]. 北京:中国旅游出版社,2010.

3. 马耀峰. 旅游规划[M]. 北京:中国人民大学出版社,2011.
4. 何雨. 旅游规划与开发[M]. 北京:高等教育出版社,2004.
5. 李瑞,王义民. 旅游资源规划与开发[M]. 郑州:郑州大学出版社,2004.
6. 龚绍方. 旅游规划与开发[M]. 郑州:郑州大学出版社,2007.

6 旅游形象设计与市场营销规划

学习目标

学生通过本章的学习，系统了解旅游形象的概念、特征、构成体系及其形成过程，掌握旅游形象定位和旅游形象设计的内容和方法，同时认识旅游市场细分和旅游目标市场选择在旅游营销规划中的重要性，在此基础上掌握相关的旅游市场营销策略。

学习难点

旅游形象定位与设计　旅游目标市场的选择　旅游营销策略

6.1 旅游形象定位与设计

6.1.1 旅游形象概述

6.1.1.1 旅游形象的概念

旅游形象是旅游地的生命，也是其形成竞争优势最有力的工具。个性鲜明、亲切感人的旅游形象可以帮助旅游地在旅游市场上较长时间地占据垄断地位。纵观世界旅游业发达的国家和地区，无不具有鲜明的旅游形象。如瑞士的旅游形象为“世界公园”和“永久的中立国”；西班牙为“3S 天堂”和“黄金海岸”；中国香港为“购物天堂”和“动感之都”；等等。因此，在旅游规划与开发中，形象塑造是竞争力的核心问题。

旅游形象是一个综合性的概念，是某一区域内外公众对旅游地总体的、抽象的、概括的认识和评价，更是旅游地的历史、现实与未来的一种理性再现。

这一概念包括以下几方面的含义：

旅游形象是社会公众的普遍看法或评价，而不是某个人或少数人的偏见或褒奖。

对旅游形象可以从两个角度来理解。从旅游地角度看，旅游形象是旅游地资源优势的集中体现和整合提炼；从旅游者角度来看，旅游形象是旅游者通过各种传播媒介或实地经历后，对旅游地的总体印象和期望。

旅游形象由形象主体、形象客体和形象本体三部分构成。其中，形象主体是现实的或潜在的旅游者；形象客体泛指旅游地，可分为人—地感知要素和人—人感知要素，前者泛指人们对旅游地地理景观的感知，后者指人与人之间的感知关系；形象本体是具体的评价和看法，如“椰风海韵、阳光沙滩”是海南旅游形象的本体。

6.1.1.2 旅游形象的特征

（1）综合性　旅游地形象是由多种因素构成的，其丰富的内涵表现为旅游地形象的综合性。

1）内容的多层次性。旅游地形象从内容上可分为物质表征和社会表征两个方面。物质表征包括旅游地的地理位置、外观设计、园林绿化、环境氛围、休闲娱乐项目及服务质量的高低等。其中，物质表征中最具实质的要素是以服务为主体的旅游产品的质量；社会表征主要包括旅游地的人才储备、技术力量、经济效益、工作效率、福利待遇、公众关系、管理水平、方针政策等。社会表征中，旅游地与公众的关系是最重要的因素之一，协调好旅游地和公众之间的关系是塑造良好形象的有效途径。

2）心理感受的多面性。旅游地形象是旅游地在旅游者心目中的感性反映，由于每个游客的观察角度不同，因人、因时、因地而异，即每位游客都是从自己的特殊位置来观察旅游地，因而决定了旅游者对旅游地的心理感受呈现出多面性，即旅游地在旅游者心目中的形象存在差异。

（2）稳定性　旅游地形象一旦形成，便会在旅游者心目中产生印象，一般来说这种印象所积累成的形象具有相对的稳定性。

旅游地形象是通过它的载体之一——旅游地“硬件”反映出来的。一是稳定性产生于旅游地所具有的客观物质基础，如旅游地的建筑物、地理位置、员工队伍等，不会在短期内有很大的改变；二是这种稳定性还反映在游客具有相同的心理机制，这种相同的心理机制表现为游客好恶美丑，从善弃恶的人之常情，他们对旅游地具有大体相同的审美观，这一点也决定了旅游地形象具有相对稳定性。

旅游地形象的相对稳定性可以给旅游地带来两种完全相反的效果：对于那些主题旅游形象良好的旅游地，相对稳定的良好形象所带来的积极效果对于旅游地的深入开发和管理十分有利，即使在服务和经营管理活动中出现一些小问题，也能得到游客的谅解；而对于那些主题旅游形象不够鲜明或没有个性特征的旅游地，产品和服务上的问题会导致较为明显的负面效应，且这类旅游地很难摆脱不良形象所造成的消极后果，唯有通过长期不懈的努力才能逐渐改变公众对该旅游地的负面看法。

（3）可塑性　旅游地形象的稳定性使得旅游地形象的改变是一个缓慢、渐进的过程，但它不是一成不变的。它的塑造主要受到可接触信息的影响，公众传媒、亲友口碑、学习教育等都会对旅游形象产生或强或弱，或好或坏的影响。通过各种信息的传递，旅游区有形的、无形的旅游形象特别是产品质量形象就会逐步在人们心目中形成，因此，旅游形象可以被人为地改善、强化，也可以被精心设计、重新改造。

6.1.1.3 旅游形象的构成

（1）要素指标体系角度的旅游形象构成　旅游地是一个多因素、多层次的系统，它可划分为总指标层、次指标层、子指标层、组类指标层、基础指标层和原始指标层六个层次。图 6-1 表示了从总指标层到基础指标层共五层的指标体系。基础指标层下还包括原始指标层。

总指标层＼次指标层＼子指标层＼组类指标层＼基础指标层

- 旅游主题形象
  - 历史形象
    - 待发掘
      - 政治：历史人物、历史事件
      - 经济：历史上的成就与地位
      - 文化：历史人物、文化古迹
    - 已发掘
      - 政治：历史人物、历史事件
      - 经济：历史上的重要地位
      - 文化：历史人物、文化古迹
  - 现实形象
    - 内在实力
      - 资源基础：自然与人文资源
      - 环　　境：经济实力、投资环境
      - 经济环境：综合发展、工业、农业、流通
      - 文化底蕴：文化传统、人文底蕴
      - 技术环境：人力资源、科技投入
    - 外显活力
      - 区位条件：地理位置、旅游市场区位
      - 管理水平：政府管理素质与制度
      - 传媒形象：对外交往、对外信息沟通
      - 地区文化：文化宣传、文体事业建设
  - 发展形象
    - 发展战略
      - 战略思想：依据、口号
      - 战略目标：经济目标、社会目标
      - 战略重点：旅游相关产业的位次
      - 战略步骤：阶段划分、阶段目标
      - 战略布局：旅游产业地带、服务体系
    - 发展潜力
      - 基础设施：旅游相关产业基础设施
      - 教育科技：科技潜力、人才储备
      - 政治社会：民主与法制
      - 资源环境：自然资源、环境保护

图 6-1　旅游形象的要素指标体系构成

(2)形成过程角度的旅游形象构成　从时间序列上看,旅游形象的形成可分为三个阶段,即原生形象、次生形象和复合形象。

1)原生形象阶段。原生形象阶段指游客在未决定旅游之前,头脑中已经存在一系列旅游区域作为可选方案,并在心目中由经历或教育形成对各个旅游地的形象认识,即原生形象。

2)次生形象阶段。次生形象阶段指游客有了旅游动机并决定要去旅游时,他就会有意识地搜集有关备选旅游目的地的信息,并对这些信息进行加工和比较选择。其方式主要是参阅有关旅游资讯的刊物、报纸、电视节目及旅游企业和旅游管理机构的宣传,从中提炼出有用的信息,并在心中加工形成次生形象。

3)复合形象阶段。复合形象阶段是旅游者对各备选旅游目的地的旅行成本和预期收益进行比较做出选择决策。等到达旅游目的地实地旅游之后,再通过自己的旅游经历并结合以往的旅游知识形成一个综合性更强的旅游地复合形象。日后人们便可依据形成的复合形象对各备选旅游目的地进行比较选择,以决定是故地重游还是另择他地(图 6-2)。

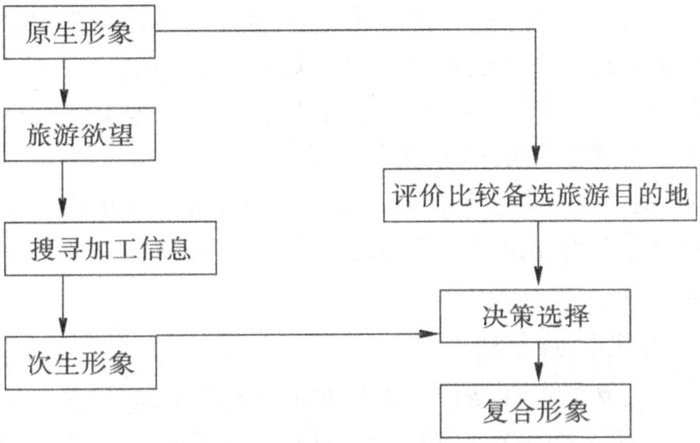

图 6-2 旅游形象的形成过程

(3)规划体系角度的旅游形象构成　从旅游规划的实际运作来看,旅游形象可由主导形象、支撑形象和辅助形象三个层面构成。

1)主导形象是旅游地对外推介时的总体形象,是对旅游资源、服务、项目等形象构成要素最为精炼准确的概括。

2)支撑形象是旅游地中最具代表性的几个形象特征,通常通过具有较高知名度的项目或对其抽象的概括来获得。

3)辅助形象是从更微观的角度对旅游形象进行剖析,针对其多样化的形象特征提炼出对应的局部形象。

6.1.2 旅游形象定位

6.1.2.1 旅游形象定位的概念

美国著名营销家菲利普·科勒特(Philip Koetler)对定位理论进行了系统化、规范化的描述。他指出:定位就是树立组织形象,设计有价值的产品和行为,以便使细分市场的顾客了解和理解本企业组织与竞争者的差异。旅游形象定位就是旅游地根据旅游资源优势,针对目标市场,通过旅游产品、服务实效和宣传控制,在旅游者及公众心目中树立起旅游地的独特风格和吸引特质。从旅游规划实际应用而言,旅游形象定位包括两个层次的含义:一是在未开发产品前,通过了解旅游者对旅游地预期的形象进行产品开发,并向旅游者传达主要形象信息;二是对已有产品,通过将旅游者对旅游地预期形象与旅游地提供的产品和服务所能形成的旅游者印象进行比较,确定一个适当的形象定位,将它传达给旅游者。这一信息传达的主要目的是塑造具有鲜明特色的旅游地形象,并能从众多竞争对手中脱颖而出。这不仅能强化旅游地在旅游者心目中的地位,拓展客源市场,而且还有助于激发员工和当地居民的自豪感,增强向心力和凝聚力。

6.1.2.2 旅游形象定位三要素

旅游形象定位的差异主要由以下三个要素决定:

(1)主体个性　主体个性是指旅游地主体的品质个性和价值内涵的独特风格。形象定位必须以主体的存在为基础，充分挖掘本地区的自然旅游资源特性和人文底蕴（文脉），并提炼加工成为本地域独特的销售点或形象推广立足点。

（2）传达方式　传达方式是指把主体个性有效准确地传递到目标受众的渠道和措施。传达方式主要有营销推广方式、广告与公关策划等。

（3）受众认知　受众认知是指旅游地形象被目标受众（旅游者）所认识知晓和感受的程度。在完成主体个性识别并使用有效地传达方式之后，真正达到形象定位完成的衡量标志则是受众认知。

6.1.2.3 旅游形象定位的原则

（1）既尊重历史，又体现时代特色　现代和未来是历史的延续，旅游形象定位不尊重并体现历史，旅游就会失去赖以存在和发展的根基；不体现时代特色，则缺乏时代气息，同样无法获得准确的旅游形象定位。

（2）既立足当地，又放眼世界　无论是当地的历史文化还是民俗风情，它们的形成都需要一个历史过程，且具有稳定性、延续性和持久性。立足当地深入挖掘其潜力，才能体现特色和区域的个性魅力。同时应站在发展的高度认清旅游大环境，提炼出适合自己发展的主题形象。

（3）既标新立异，又合情合理　旅游在本质上是一种求新求异的活动，新奇的经历和感受是每一位旅游者内心的追求与梦想，所以标新立异应该贯穿于旅游形象定位的全过程，但不能异想天开，脱离实际。因此要注意遵循合情合理的原则，使潜在旅游者在心理上能接受的同时，又有一定的心理遐想空间。

6.1.2.4 旅游形象定位的策略

旅游形象具有一个形象阶梯，据此旅游形象定位大致可采取以下几种策略：

（1）领先定位　领先定位即努力争取使本地在旅游者心目中占据同类旅游地形象阶梯的第一位置。如广西桂林的“桂林山水甲天下”，稻城、亚丁的“最后的香格里拉”，九寨沟的“九寨归来不看水，黄山归来不看岳”等都是通过唯我独有、中外闻名的旅游吸引物进行领先定位。该方法适用于独一无二或无法替代的旅游资源。

（2）比附定位　比附定位并不去占据原有形象阶梯的最高阶，而是情愿甘居其次的定位方法，其实质是一种借势定位或反应式定位，借品牌之势，衬托自己的品牌形象。在比附定位中，参照对象的选择是一个重要问题，一般来说，只与知名度高、美誉度高的品牌作比较，才能借势抬高自己的身价。例如，“加勒比海中的夏威夷”（牙买加）、“东方威尼斯”（苏州）、“塞上江南”（银川）等都获得了成功。

在进行比附定位时，与被比附旅游地之间应具有不同的客源市场，否则会产生负面影响。

（3）逆向定位　逆向定位强调并宣传定位对象是旅游者心中第一位形象的对立面和相反面，同时开辟了一个新的易于接受的心理形象阶梯。如“野生动物园”的定位即是站在普通“笼”式动物园反向形象阶梯上的定位。这种定位策略谋求的是挑战竞争对手、否定竞争对手，以此凸显自身的竞争性定位。

（4）空隙定位　比附定位和逆向定位都要与游客心中原有的旅游形象阶梯相关联，而空隙定位全然开辟一个新的形象阶梯，即选择旅游市场上的空缺，树立自己的特色优势，做到人无我有。与有形商品定位比较，旅游地的形象定位更适于采用空隙定位。例如，中国第一小人国“锦绣中华”的建立，在国内旅游者心中牢固形成小人国旅游景观的概念；四川安县地震灾区定位为“安逸安县，安县安逸”，展示大爱关怀下的幸福乡村。

(5)重新定位　重新定位也叫再定位，是原有旅游地应当采取的再定位策略，面对处于衰落中的景区(点)的整治，通常采取重新定位的策略促使新形象替换旧形象，从而占据一个有利的心灵位置。例如，成都原来定位“休闲之都”“东方伊甸园”，现重新定位为“田园城市，熊猫故乡”；湖北从“一江两山，神奇浪漫”重新定位为“亚洲湖泊之乡”，突出湖北鱼米之乡、武昌鱼的产地和洪湖赤卫队的家乡特点。

6.1.2.5　旅游口号设计

旅游形象定位的最终表述，往往以一句旅游主题口号加以概括。旅游口号的作用可以归纳为两个方面：一是对地方政府而言，旅游口号可以提炼旅游目的地的整体形象，提高旅游宣传的针对性，扩大旅游地的知名度和影响力；二是对旅游消费者而言，旅游口号通过引起其心理反应，可以激发旅游消费者的购买欲望，并最终促成旅游购买行为的实现。要通过各种手段广泛征求大众尤其是旅游者的意见，并发动大众参与设计，这不仅使旅游形象标识得到最优的设计效果，而且能扩大其影响力。旅游口号的设计应结合以下几个原则：

(1)突出地方特征　旅游口号的实质内容来源于旅游地所在的地理文脉，唯有充分挖掘和深刻分析旅游地的地域背景，发现和提取地方性的元素充实到主题口号中，才能避免过于空泛。

(2)突出行业特征　旅游口号要力求体现旅游行业的特征，其表达针对游客，因此口号的制定必须充分了解游客的心理需求和偏好，一般强调和平、友谊、交流、欢乐，等等。

(3)突出时代特征　旅游形象的主题口号在表达方面还要反映时代特征，要有时代气息，要反映旅游需求的热点、主流和趋势。

(4)要具有广告效应　旅游形象口号要具备广告效应，要用浓缩的语言、精辟的文字、绝妙的组合来构造一个有吸引力的旅游地形象，从而激发旅游者旅游欲望，留下深刻永久的记忆并能迅速地传播。

世界上许多国家和地区都十分重视其旅游形象的定位并已在广大目标市场树立了牢固的形象。例如美国夏威夷的宣传主题口号是“夏威夷群岛：世界向往的地方”；北京市的宣传口号是“东方古都·长城故乡”；杭州提出了“东方休闲之都、生活品质之城”的旅游形象，云南确定了“彩云之南，万绿之宗”的旅游形象等。这些口号都已经被人们广泛认同并取得了良好的宣传效果。

6.1.3　旅游形象设计

所谓旅游地形象设计就是通过对旅游地本身以及社会公众心理需要的了解，开发、设计出旅游地的旅游产品，并将这些产品赋予鲜明的地方特色，向社会公众展示，宣传旅游地形象。

旅游地形象设计是一个系统工程，更是一个管理工程，贯穿于旅游地软、硬件建设和开发的全过程。概括各家观点，旅游地形象设计包括旅游地理念设计、旅游地视觉形象设计、旅游地行为形象设计。

6.1.3.1 旅游地理念设计

旅游地理念是指旅游地各方面对待旅游业及旅游者的态度和精神风貌等个性化的思想或观念，它决定了旅游地独具特色的经营理念，是旅游形象策划的核心、基础和灵魂。旅游地理念一旦被大众所接受，既能对内部公众产生巨大的凝聚力，又能对外部公众产生巨大的吸引力，从而集聚区内外的各种力量，保持旅游地良好形象的可持续发展。例如海南博鳌将环境建设作为博鳌开发的前提，强调人与自然的亲和关系，更多地关注现代人的精神生活和健康疗养，崇尚人与自然的高度和谐，倡导环保的旅游方式。

6.1.3.2 旅游地视觉形象设计

旅游地视觉形象是以旅游视觉识别符号为载体，反映旅游地独特的自然景观和文化。它是人—地感知形象的核心组成部分，是整个旅游地形象识别系统中最直观、最具冲击力的部分。

旅游地形象的视觉系统是一个不断发展和生长的系统，目前，主要包括 12 种基本要素（表 6-1）和 5 大空间结构（表 6-2），基本要素中以旅游地名称、旅游地标徽、旅游地标准字、旅游地象征吉祥物、旅游纪念品最为重要。

表 6-1 旅游视觉识别系统基本要素

要素	含义及要求
旅游地标志	旅游地标志的形状、体量、颜色等均要以当地文脉为依托；城市雕塑、园林小品等都要体现整体文化内涵
旅游地名称	要好认、好读、好记、好看，做到“音”“意”“形”的完美统一
旅游地标徽	紧扣文化内涵，与特有事物相联系，与旅游地的标志大同小异
旅游地标准字	用中英文对照，即可专门设计，又可请名人题写，注意符合国家关于语言文字的规范标准
旅游地标准色	颜色的设计要与地方文化和环境相协调，并要体现组织的理念
旅游地象征性吉祥物	要人格化并且生动有趣
旅游地纪念品	首先要体现地方特色和旅游景区、旅游企业的特色，其次要注意迎合旅游者的购物心理
办公及相关用品	包括行政部门（如旅游、外事接待部门）、旅游企事业单位（旅行社、宾馆、饭店、景区）以及相关部门使用的信封、信笺、传真纸、礼品袋及礼仪待客用品、工作人员名片、政府领导班子成员名片等；设计应尽量做到各部门间统一协调，并使用标徽、标准字和标准色，以形成系列式配套
指示类应用设计	包括路牌、方向牌、标志牌。景点指向导游牌及导游图等。城市内的指示类应用设计应符合国家公用信息图形标准，景点内的指示类应用符号要符合公用旅游信息标准。信息的载体可以多种形式，但须与景点内容相协调，并形成与自然环境和文化环境的和谐

续表 6-1

要素	含义及要求
广告设计	包括电视、广播、报纸、杂志、互联网广告及旗帜横幅、灯柱模型、大型气球等户外广告，一般由专业广告公司制作完成
展示应用设计	为开展招商及展览活动、旅游节庆活动而进行的设计，包括会场、展出展板等
光环效应识别符号	通过有关组织的认证或授予的标志，这些标志能提升旅游地形象，如世界遗产地、中国优秀旅游城市、国家级重点风景名胜区、A 级景区、国家旅游度假区、国家地质公园、国家森林公园等

表 6-2　旅游视觉识别系统的空间结构

形象构成	主要说明
第一印象区	游客最先进入旅游目的地的视域空间，主要是指机场、火车站、汽车站、旅游区（点）入口。第一印象区由首因效应形成，会使游客产生先入为主的印象。这些地段的景观处理要求与目的地的整体地方风格协调一致，并充分体现理念系统的意境
最后印象区	游客最后离开旅游目的地的地段或边界区，如城市出入口、旅游区（点）出口。最后印象区由形象认知的后因效应形成，对重游者意义重大，应重视最后印象区的旅游景观建设、氛围营造与服务质量管理
光环效应区	旅游地形象中具有决定性意义的地方，包括城市中心区、重点旅游区、旅游区（点）标志性地段。受认知的光环效应影响，旅游者会产生“爱屋及乌”的印象效果。光环效应区所有景观地段都必须杜绝“视觉污染”，如垃圾成堆、厕所卫生差、乱扔废弃物、随地吐痰等
地标区	能够作为整个旅游区的形象代表的地段或景点，如旅游区的游客中心、标志性景区。地标区在城市中是指能够作为一座城市的形象代表的地段
典型镜头区	适用于拍摄成标准图片对外进行旅游营销的视域空间，是旅游区的形象或标志性的旅游景区（点）。这些镜头区具有独特性，广泛应用于视觉广告、宣传画及招贴、旅游手册、网络主页、旅游景区介绍出版物、明信片的制作

6.1.3.3　旅游地行为形象设计

旅游地行为识别是由旅游地及其成员在内部和对外的经营管理活动所表现出来的员工素质、旅游地制度、行为规范等因素构成的旅游地形象子系统。旅游地行为形象是旅游地形象策划的动态识别形式，有别于旅游地名称、标志等静态识别形式。

（1）服务行为形象　旅游业是典型的服务性行业，服务人员的行为表现既是提高游客满意度的重要途径，也是组成旅游形象的重要部分。作为塑造旅游地形象的重要措施，服务识别除达到旅游行业的基本要求外，还必须注重个性化服务。因此为树立良好的服务形象，就要培养和提高旅游地员工的服务意识、道德素养、营销意识、礼节仪表、文化修养及业务水平等，使所有从业人员能够自觉树立和维护旅游地的良好形象，为旅游者提供最优质的服务。

(2)当地居民形象　居民是旅游地中人数最多的一类人,长期生活在此地,他们的生活方式、语言、服饰、活动行为等都成为被旅游者所感知和观察的对象,当地居民的热情友好和良好的精神风貌是总体形象的重要组成部分,是旅游者在旅游过程中获得高满意度的重要基础。因此应注重塑造朴实、文明、热情、好客的居民形象,以有利于提升旅游吸引力和旅游形象。

(3)管理手册　包括旅游目的地形象管理组织机构设计,在于建立旅游从业人员的良好的服务形象。

6.2 旅游市场细分与目标市场选择

6.2.1 旅游市场细分

6.2.1.1 旅游市场细分的概念及意义

旅游市场细分是目标市场定位的前提,也是旅游地和旅游企业选择旅游目标市场和正确制定旅游营销策略的重要依据。市场细分思想是 20 世纪 50 年代由美国学者温德尔·史密斯(Wendell · Smith)提出。其基本观点是:把消费者划分为若干组,每一组内部相对具有类似的消费行为,即同质市场。

市场细分本质上并非是对整体市场的地域范围或数量规模进行划分,而是一种对不同顾客按需求特征的差异性和相似性进行非常接近客观事实的分类。在细分后的整体市场中,不同细分市场之间顾客的需求欲望具有明显差异;而同一细分市场内部,顾客的需求特征又相对比较一致。因此,市场细分的客观基础是旅游市场需求的差异性和相似性。

由于旅游是一种综合性很强的高层次消费活动,具有非常鲜明且仍在发展的异质性特征,同时其异质特征又表现出明显的集群偏好,因此,旅游市场具有细分、明确的客观基础。

综上所述,旅游市场细分是按旅游市场的同质性和异质性市场需求,将旅游市场划分为若干分市场的过程。通过市场细分有利于企业及时发现和挖掘新的市场机会;有利于提高旅游企业竞争力,取得良好的经济效益;有利于旅游企业自身的应变和调整营销策略,从而影响旅游规划。

6.2.1.2 旅游市场细分的原则

一般而言,成功、有效的市场细分应遵循以下原则:

(1)可衡量性　可衡量性是指旅游市场经过细分后具有明显的差异性,每一个细分旅游子市场的规模和购买力大小等能被具体测度。如果旅游市场的细分变量很难衡量,旅游企业不能获取明确表现旅游消费者不同特征的确切资料的话,就无法界定市场,该细分市场也就毫无意义。

(2)可进入性　可进入性即旅游产品能够进入各细分市场,并占有一定的市场份额。可进入性有两层含义:一方面,旅游企业能与客源市场进行有效的信息沟通,并具有通畅可达的销售渠道;另一方面,旅游企业要有吸引和服务于相关细分市场的实际操作能力,否则,细分市场也就失去了意义。

(3)可营利性 可营利性是指细分后的子市场容量能够保证旅游企业获得良好的经济效益,即细分市场的规模大小必须适中。细分市场使整体大市场趋向小型化,但过细就会失去规模经济效益,过粗则达不到细分市场的目的,这就要求细分市场后应当使消费者具有或保持一定的购买力使旅游企业足以达到盈利的水平,具有长期的开发价值。

(4)稳定性 细分后的市场应具有相对稳定性,不能变化太快、太大,这样才能在较长时期内集中营销资源,制定有效的营销策略,开展具体的市场营销活动。

(5)合法性 合法性是指旅游企业对旅游市场细分进行旅游经营,必须遵守一国的法律和道德规范,一些旅游活动,如赌博,在某些国家是合法的,但在另外的国家就是非法的。

6.2.1.3 旅游市场细分的类别

根据不同的细分标准,旅游市场可划分为不同的类别。综合国内外有关研究和经营实践,目前,常用的细分标准有:地理变量、人口统计变量、心理变量和消费行为变量。

(1)地理变量 地理变量细分是依据旅游消费者所在的地理位置(如国外、国内、省内等)作为细分市场的基础,然后选择其中一个或几个市场部分作为目标市场。地理变量作为细分市场的变量,具体也有不同的细分方法,如可按照距离的远近、所处国家或省份、地理环境差异的大小等进行。

(2)人口统计变量 人口统计变量是根据人口的统计学特征来细分市场。细分因子有性别、年龄、家庭、收入、职业、受教育程度等。

(3)心理变量 心理变量是按照旅游者的心理特征细分市场。主要的细分因子有旅游者的生活方式、气质性格等。

(4)消费行为变量 消费行为变量是按照旅游者的消费行为细分市场。主要的细分因子有出游目的、出游时间、逗留时间、旅行方式、消费水平等。

具体分类见表6-3。

表6-3 旅游市场细分标准、细分因子和细分类别

细分标准	细分因子	细分类型
地理变量	综合地理区域	洲别、国别、省份、地区(如华东市场)、城市等
	旅行距离(千米)	近程、中程、远程
	气候资源优势	避暑市场、避寒市场、冬季(如滑雪)市场
	人口密度	高人口密度市场、中等人口密度市场等

续表 6-3

细分标准	细分因子	细分类型
人口特征变量	性别	男性、女性
	年龄	青少年、中年人、老年人等
	受教育程度	初中以下、高中（中专）、大学（大专）、研究生及以上
	收入	个人年收入（或月收入）、家庭平均月收入
	职业或身份	农民、公务员、科技人员/教师、商业服务业者、企业公司员工、个体经营者、学生等
	家庭结构	独身（或一个人生活）、夫妻二人家庭（情侣市场）、子女为学龄前儿童者、子女不在身边者（老年夫妇市场）、子女为中小学生者
心理变量	气质性格	中间型、多中心型、近中心型、自我中心型、近自我中心型
	生活方式	墨守成规者、追求潮流者、标新立异者等
消费行为变量	出游目的	观光、休闲度假、疗养康体、会议商务、修学教育、购物、综合目的等
	出游时间	季节、周末、节假日、工作日
	逗留时间	一日内休闲、一日游、二日游、三日游等
	旅行方式	火车、汽车、飞机、轮船、单位交通工具、步行、综合等
	组织方式	散客市场、团体市场
	消费水平	豪华型、标准型、节俭型等
	消费频率	潜在市场、初次市场、经常性市场
	广告敏感度	积极反应型、中间型、惰性型

资料来源：禹贡，胡丽芳. 旅游景区景点营销[M]. 北京：旅游教育出版社，2005.

从上述分类可以看出，旅游市场可以有多种分类方法，理论分类和实用目的分类的差别很大，各种分类之间又存在交叉重叠，在旅游规划中很容易出现问题。

第一个易出现的问题是市场细分常处于两个极端之间，一端是轻视旅游者之间的差异，或屈从于工作条件，将市场细分过分简单化；另一极端是，片面强调旅游者特性差异而放弃寻找他们的共性。两者的共同后果是，放弃市场细分及其相应的市场调查，代之以东抓西捡的所谓“市场类型”进行经验分析，使市场分析带有强烈的主观臆断性。

第二个易发生的问题是市场划分所选择的标准，在理论上合理明了，但在实践上无法衡量，表现为：游客对问卷无以选择、表达，或统计结果无法用范围、容量、潜力来加以衡量，或得出的结论与本地自身条件无关。

因此，要强调充分研究选择影响市场细分的因子，同时市场细分的方法必须与市场调查、分析挂钩。

6.2.1.4 旅游市场细分的程序

（1）选定旅游产品市场范围　细分旅游市场，必须根据旅游市场的需求状况，同时结合本企业的任务与企业目标、资源条件，从旅游整体市场中划分出的局部市场上进行细分，一旦需求发生了变化，整个细分市场也要做出相应调整。

(2)列举游客及潜在游客的愿望和需求　针对选定的市场范围，列举该市场范围内旅游者现实和潜在的旅游需求状况，这是进行市场细分的原始依据。可以通过抽样调查，了解游客的不同需求，分辨基本需求，确定最重要的基本需求，剔除共同需求。

(3)选定恰当的细分标准来确定细分市场　以上述分析为基础，在造成游客消费特性差异的各因素中，选出具有现实性且能反映市场特点的因素，作为市场细分的主要标准，然后根据这些标准对市场进行细分。

(4)进一步认识各细分市场的特点　在确定细分标准并对市场进行初步细分的基础上，按照细分变量的特征，仔细深入地分析具有这种细分变量特征的旅游者的消费特征和消费习惯，将其与旅游产品进行对照，对旅游产品能否满足这些旅游者的需求形成一定的判断，并对细分市场进行重新筛选。

(5)分析各细分市场的规模和潜力　即分析细分市场上旅游者潜在购买力的大小及需求发展程度，结合本企业选择目标市场。

6.2.2 旅游目标市场选择

6.2.2.1 旅游目标市场及目标市场选择的概念

目标市场是指旅游地或企业在对市场进行细分后，经过选择决定进入并为之服务的市场。在旅游规划中，常根据客源地与目的地之间的交通状况(交通距离、交通时间、交通方式和交通费用)，客源地与目的地之间历史的和现实的政治、经济、文化、民族、宗教等联系情况，客源地的社会经济发展水平、人口特征和政治制度，以及目的地的旅游吸引力大小等，将目标市场做如下划分：

按照目标市场的重要程度不同，可将目标市场划分为一级目标市场、二级目标市场和三级目标市场。

按照目标市场的稳定程度不同，可将目标市场划分为稳定市场和机会市场。

按照目标市场所处地位不同，可将目标市场划分为核心市场、发展市场和边缘市场。

旅游目标市场选择就是指旅游地和旅游企业在营销调研和市场细分的基础上，通过对各细分市场的规模、销售潜力和需求特点以及对旅游企业的生产和经营能力进行评价，根据自身的资源和力量，结合营销目标，选择其中一个或数个细分市场作为目标市场的决策过程。旅游目标市场选择是旅游市场细分的目的和归宿。

6.2.2.2 旅游目标市场选择

(1)评估各细分市场　市场细分揭示了旅游地所面临的各种市场机会，接下来规划者要对这些市场进行评估，确定要进入的目标市场。一般的市场营销规划中，进行细分市场评估时必须分析以下三个因素：细分市场的规模和增长潜力、细分市场的结构吸引力以及旅游企业或旅游地的经营目标和经营资源。

1) 细分市场的规模和增长潜力。细分市场的规模也就是该细分市场的潜在需求，它直接决定了旅游企业或旅游地生产或营销的规模大小及其规模经济效益的高低。如果细分市场规模狭小或者处于萎缩状态，企业进入后难以获得发展，不宜轻易进入。规模如果过大,则需要投入的资源过多,企业不易消化。只有规模适度的细分市场,才有利于旅游企业营销活动的顺利开展和旅游企业本身的发展。另外,仅有适度的规模而没有较高的增长潜力,旅游企业或旅游地同样不能获得较高的投资回报。

2)细分市场的结构吸引力。旅游市场的吸引力分析就是对威胁旅游企业或旅游地长期赢利的主要因素做出评估。根据迈克尔·波特在《竞争优势》中五力模型的阐述,可以将这些因素划分为如下内容:细分市场内同行业之间是否存在激烈的竞争;细分市场是否会吸引新的竞争者;细分市场上是否存在替代产品;顾客讨价还价的能力是否增强;供应商的讨价还价能力是否增强。上述五种因素任何一种因素变化都会导致旅游细分市场结构吸引力的变化。

3)旅游企业或旅游地的经营目标和经营资源。能够选为目标市场的细分市场,除了满足前述两个条件外,还必须与旅游企业或旅游地的经营目标和资源能力相符合。如果某些细分市场虽然有较大的吸引力,但不符合企业经营的长远目标,就会分散企业的注意力和精力,只能选择放弃。另外,旅游企业的资源条件是否适合在某一细分市场经营也是应考虑的重要因素。对于旅游地和旅游企业来说,应选择有条件进入、能充分发挥其资源优势的细分市场作为目标市场。

(2)目标市场选择策略　通过对细分市场的评估,旅游企业或旅游地就应考虑选取其中的一个或几个作为目标市场,这就是目标市场的确定问题。

选取目标市场时一般有五种可供考虑的市场覆盖模式,即产品—市场集中化、选择性专业化、产品专业化、市场专业化、市场全面覆盖,而以上选择目标市场的五种模式,按其覆盖面大小,又可分为三种策略,即无差异市场营销策略、集中性市场营销策略和差异性市场营销策略。

1)无差异市场营销策略。无差异市场营销策略是指旅游地和旅游企业不考虑市场内游客的需求差异,求同存异,将整个市场作为其目标市场,并且只推出一种旅游产品,运用单一的营销组合,力求适合尽可能多的游客的需求(图6-3)。该策略的优点在于不必细分市场,能有效地节约经营成本和营销费用,规模效应显著,容易形成品牌。其不足之处在于不能满足旅游者的需求差异,不能适应旅游市场发展的需要。因为随着旅游业的发展,旅游消费的需求差异会越来越明显。所以,这一策略只能适用于旅游者需求差异较小或者是垄断性强、质量好的旅游产品,如长城、长江三峡等。

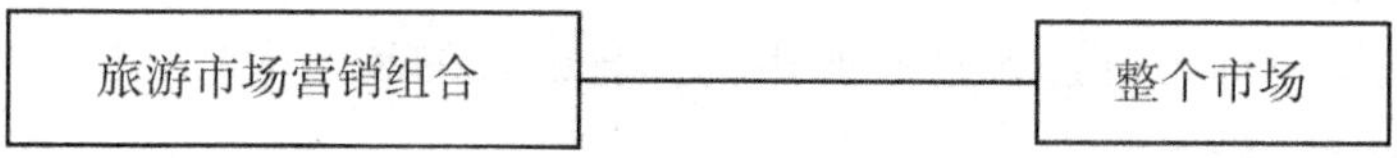

图6-3　无差异性市场营销策略

2)集中性市场营销策略。集中性市场营销策略是指旅游企业或旅游地在细分市场的基础上,只选择一个和少数几个性质相似的细分市场作为自己的目标市场,集中其全部力量,采用一种市场营销组合来充分满足游客的消费需求(图6-4)。该策略的优点在于其占用资金相对较少,资金周转相对较快,有利于提高景区的投资收益率和利润率;可以更好、更有针对性地满足旅游市场的需求;可以形成比较强的竞争力和市场占有率。

缺点在于由于过分依赖少数几个细分市场,风险较大。这一策略适用于中小型旅游企业以及旅游资源独具特色,能吸引一定类别旅游者前往的旅游地。

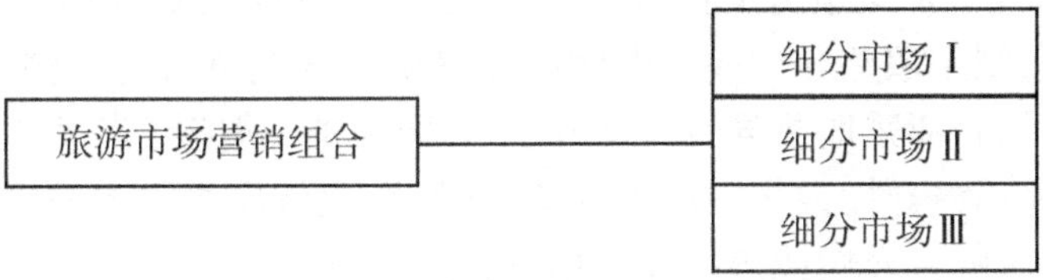

图 6-4　集中性市场营销策略

3)差异性市场营销策略。差异性市场营销策略是指旅游地和旅游企业根据旅游者的需求差异,对整个旅游市场进行细分,并针对每个细分市场,分别设计和提供不同的旅游产品,采取不同的市场营销组合,以满足每个细分市场的具体需求(图 6-5)。该策略突出优点是旅游企业能满足不同旅游者的需求,有利于扩大总销售量,增强市场竞争能力,分散经营风险。缺点是由于企业资源分散经营,不能产生理想的规模效应,同时也会相应增加旅游地和旅游企业的生产成本、营销费用和经营费用。这一策略适用于具有一定规模和实力的旅游地或企业以及旅游市场的需求差异较大,而各自的细分市场的吸引力均衡的情况。

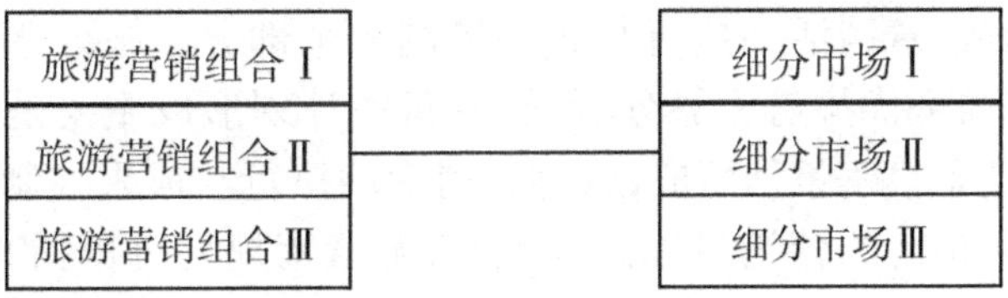

图 6-5　差异性市场营销策略

6.2.2.3　影响目标市场选择的因素

上述三种旅游目标市场营销策略各有其优缺点,因而各有适用的范围和条件。在具体进行市场营销策略选择时,需要考虑的因素有:旅游市场的营销资源、旅游产品特色、旅游市场特征、产品生命周期、竞争者状况、旅游营销环境等。

(1)旅游市场的营销资源　若旅游地或旅游企业有充足的资源,在人、财、物等方面基础雄厚,则可选择差异性和无差异性市场营销。而集中性营销则适合实力较薄弱的旅游地或旅游企业。

(2)旅游产品特色　一般而言,同质产品宜采用无差异性市场营销,如观光旅游产品。而异质产品则适合采用差异性市场营销或集中性市场营销,如特色旅游产品。

(3)旅游市场特征　若旅游者的需求相近、购买动机和行为无明显差异或对市场营销活动反应相同,则采用无差异性市场营销,如一些世界级的旅游资源,几乎所有旅游者都会产生强烈的兴趣。反之,则采用差异性市场营销或集中性市场营销。

(4)产品生命周期　处于投放期和成长期的旅游产品,宜采用无差异性市场营销,以尽快进入市场;当旅游产品处于成熟期时,则改用差异性市场营销更为有效;一旦旅游产品进入衰退期时，则宜采用集中性市场营销，以便能集中力量经营少数有利可图的细分市场。

（5）竞争者状况　从竞争者的数量考虑，如果竞争者少或弱，则采取无差异性市场营销；竞争者多或强，则采取差异性或集中性市场营销。从竞争者的营销策略看，当竞争者采用无差异营销时，企业采取差异性或集中性市场营销，就能在竞争中处于比较有利的地位。当竞争者采用差异性或集中性市场营销时，企业就应当在更有效的市场细分基础上，实行更深一层次的差异性或集中性市场营销。

（6）旅游市场营销环境　一般来说，在供小于求的卖方市场上，可采用无差异性市场营销，而在供大于求的买方市场上，宜采用差异性或集中性市场营销策略。

6.3 旅游市场营销规划

6.3.1 旅游市场营销规划概述

6.3.1.1 旅游营销规划内涵

旅游营销规划是将营销活动的每个环节事先做一整体规划，以之作为执行准绳，以及追踪、纠正、评定绩效等行动的依据。缜密的旅游营销规划过程至少包括旅游营销环境分析、营销计划形成、营销活动执行与成果控制三个部分。旅游营销环境分析包括外部机遇与挑战分析、内部优势与劣势分析；旅游营销计划形成主要是用营销环境分析收集的信息和分析的结果缜密策划而成；旅游营销活动执行与成果控制主要是执行营销计划并通过控制以达到预定的营销目标。因此，旅游营销规划可概括为，为实现旅游组织目标，通过对旅游营销环境的调查、分析和论证，创造性地设计制订旅游营销计划，并付诸实施，以求得最优经济效益和社会效益的过程。

6.3.1.2 旅游营销规划的特点

（1）目的性　旅游营销规划是一种理性的思维活动，它是为了制定旅游营销战略，或者进行旅游产品开发、客源市场开发，或者以解决旅游营销过程中的某一特殊问题而进行的谋划，因而，针对性强，目标明确。

（2）超前性　旅游营销规划是对旅游营销环境的判断和对未来营销行动的计划安排，是一种超前性的谋划行为。

（3）复杂性　旅游营销规划涉及旅游学、营销学、资源学、地理学、信息学、心理学、传播学、社会学等许多学科的知识和理论，需要引入大量的间接经验和直接经验，需要对庞大的信息进行处理，需要高智慧的脑力操作，因而它是一项非常复杂的智力操作工程。

（4）系统性　旅游营销规划是一项系统工程，它不仅表现在时间的前后呼应上，还表现在空间的立体组合上，同时为了保证旅游营销规划方案的合理性和成功率，它一般按照规划的程序来进行，这种程序性将各方面的活动有机结合起来，使各个子系统之间相互协调，最终形成一个合理的、系统的整体性规划。

（5）可选择性　在旅游营销规划过程中，针对同一目标能够做出多个不同的规划方案，这就需要从多个方案中进行比较，从中选出最佳方案，并用于旅游营销实践。

6.3.1.3 旅游营销规划的作用

（1）加强营销工作的针对性　旅游营销规划的一个基本任务就是找到市场空当，为旅游地或旅游企业进行市场定位，塑造与众不同、个性鲜明的旅游形象，并把这种形象生动地传达给旅游者，从而使旅游地或旅游企业在市场中确定适当的位置，一旦位置确立，旅游地或旅游企业就可围绕其开展定向营销。

（2）提高旅游营销活动的计划性　旅游营销规划就是要确立未来营销的行动方案，方案已经确立，就成了未来营销的行动纲领，从而使旅游地或旅游企业的营销工作有章可循，有条不紊。

（3）降低旅游营销活动的费用　经过精心策划的旅游营销活动可以用较少的费用支出取得较好的效果。旅游营销规划要对未来的营销活动进行周密的费用预算，并对费用支出进行最优组合安排，这样能避免在营销活动中由于盲目行动所造成的浪费。

6.3.1.4 旅游营销规划的原则

（1）战略性原则　旅游营销规划实质是旅游营销中的一种战略安排。首先，规划一旦完成，就成为旅游地或旅游企业在相当长一段时间内的工作方针和行动指南；其次，一个系统完整的营销方案应保持其相对稳定性，不能随意变动；最后，一个成功的旅游营销规划是站在战略的高度为旅游地或旅游企业做的谋划，它是旅游地或旅游企业进行营销决策的依据。

（2）“三本主义”原则　首先是“以人为本”原则，能否充分体现公众利益，是营销规划成功的关键，因此，旅游营销规划必须以满足公众需求为中心进行营销决策，制定旅游营销方案。其次是“以生态为本”的原则。旅游营销的一个重要特点就是要保持人与自然的和谐，将生态本身作为一种旅游资源，通过保护性开发来为人类服务。最后是“以社会为本”的原则，旅游经营者总是在一定的社会环境中生存和发展的，它们所赖以运作的资源、要素及客源等都来源于一定的社区，来源于社会，因此旅游经营者必须回报社会，承担相应的社会责任。

（3）可操作性原则　要使旅游营销规划能够实施，易于实施，就要求营销规划不仅要有新颖奇特的构想和具体的目标，而且还要有很强的可操作性，使旅游营销目标在现有的人、财、物、信息、品牌等条件下能够实现的同时又不与外部环境冲突。

6.3.2 旅游市场营销策略

旅游市场营销策略是指在旅游市场营销战略的指导下，对旅游地旅游产品、产品定价、分销、促销、节事安排、网络营销、数据库营销等方面的具体设计与规划。

6.3.2.1 旅游产品策略

旅游地和旅游企业之所以能够生存和发展，主要是由于它们能够提供适销对路的旅游产品。旅游产品策略主要包括旅游产品生命周期、旅游产品组合、旅游新产品开发和品牌策略等。

（1）旅游产品生命周期策略　旅游产品的生命周期是指旅游产品从正式投放市场开

始，直到最后被市场淘汰、退出市场为止的全部过程。一般来说旅游产品的生命周期包括投入期、成长期、成熟期和衰退期四个阶段(图6-6)。

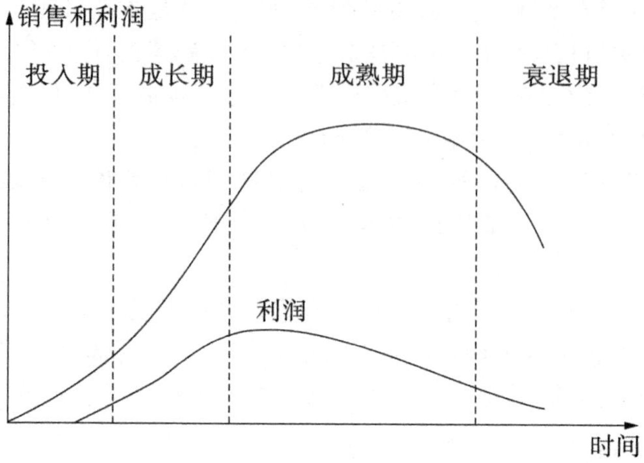

图6-6　旅游产品的生命周期

旅游产品生命周期的各个阶段各有特点，旅游经营应针对性地采取营销策略(表6-4)。

表6-4　旅游产品生命周期各阶段特点及其营销策略

生命周期阶段	产品营销特点	营销策略
投入期	旅游者对产品缺乏了解；产品投资额大，销售额低，利润小；市场竞争者少	1. 进行产品的宣传 2. 制定一个合理价格
成长期	产品日趋成熟，且基本上被市场所接受；生产成本和销售费用下降，利润增加	1. 根据产品反馈信息，进一步完善和改进产品 2. 加强产品促销
成熟期	产品广为旅游者接受；需求量趋于饱和，销售增长缓慢	1. 寻求旅游者新的旅游需求，增设尽可能多的旅游服务项目 2. 寻找新的市场机会 3. 对原产品进行重组
衰退期	销售量急剧下降，利润迅速减少	1. 对于变动成本无法补偿的产品，立刻放弃 2. 对疲软产品进行处理 3. 对于滞销产品，分析滞销原因，使其销售量回升

资料来源：舒伯阳. 实用旅游营销学教程[M]. 武汉：华中科技大学出版社，2008.

(2)旅游产品组合策略　产品组合是指旅游地向市场提供的全部旅游产品线和产品项目或搭配，它表明旅游地的经营范围和结构，是决定旅游地旅游产品的宽度、深度和关联度的策略。旅游地进行产品组合，通常要拓宽产品的宽度，加深产品深度，加强产品之间的关联度。拓宽旅游产品的宽度，有利于充分挖掘和利用旅游地资源，打开更多的市场空间，分散经营风险；加深旅游产品的深度，可以更多占领同类旅游产品的细分市场，满足更多层次旅游者的不同需要；加强旅游产品系列的关联度，有利于增强旅游地资源的利用率。

一般情况下，可供旅游地选择的旅游产品组合策略有：

1)全线全面型策略。采用此策略的旅游企业同时经营多条旅游产品线，其宽度较大，目的是要充分利用旅游地资源，让其产品尽可能地覆盖整个市场。这种策略有利于旅游企业满足不同市场需求，同时也分散了经营风险，但经营成本较高，难以实现规模经营。

2)产品专业化策略。产品专业化策略是指旅游企业专门经营某一类型的产品以满足不同目标市场的同一类型的需求。这种经营方式产品单一，开发成本相对较小，企业可集中精力对产品进行专门化开发，但也具有较大风险。

3)市场专业化策略。市场专业化策略是指旅游企业面向同一目标市场提供不同类型的产品，以满足市场不断变化的多样化需求。这种策略有利于企业集中精力充分了解其目标市场的需求，开发出的产品更容易为消费者所接受，但市场面太过单一，市场规模有限，销售量会受到限制。

(3)旅游新产品开发策略　旅游新产品的开发是旅游业存在发展的必要条件，是旅游地保持活力和竞争优势的重要途径。旅游地通常采用以下几种策略实行新产品的开发。

1)资源重组策略。

①以旅游者的需求为基础组合旅游资源。在了解市场需求的基础上，对旅游地旅游资源进行重组，重新创造旅游需求。

②以文化为纽带组合旅游资源。通过充分挖掘旅游地文化来组合旅游资源和开发新产品，有利于创造出旅游产品的新卖点。

③从经济效益的角度组合旅游资源。开发旅游资源最主要的目的是获得一定的经济收益。对旅游资源实行组合，不仅要有利于资源价值增值，更要提高产业贡献率。

2)层次组合策略。层次组合策略是指同时推出多种不同档次的旅游新产品。此方法推出新产品时应注意高、中、低档次序列的结合，从而有利于旅游企业经营的覆盖面。

3)超前开发策略。旅游地要想获得长远发展，必须有一个长期、中期和短期的发展策略，这样才能获得长期、持续、稳定的发展。一般来说，企业除了具有已经开发成功的产品外，还要紧跟市场步伐，研究设计和构思创意新产品。

(4)旅游产品品牌化策略　品牌对于旅游地而言是一笔不可估量的无形资产，品牌经营的成功与否直接关系到旅游地的命运。品牌策略包括：

1)多品牌策略。是指旅游地同时拥有两种或两种以上互相竞争的品牌，其目的在于获得更大的市场占有空间。多品牌策略的成功不仅靠的是品牌的创建，更重要的是品牌的保持，使产品在旅游者心目中具有明确的差异性，这就要为产品提供独一无二的特征。

2)统一品牌策略。是指旅游地的每种产品都使用同一品牌。这种策略可以使推广新产品的成本降低，节省大量的广告费用。

3）延伸品牌策略。是指旅游地利用市场上已经有一定声誉的品牌，推出改进型产品或新产品。采用这种策略，既能节省推广费用，又能迅速打开产品销路。但这种策略使用的前提是，扩展的品牌在市场上已有较高的声誉，扩展的产品必须是与之相应的优良产品，否则，会影响产品的销售或降低已有品牌的声誉。

6.3.2.2 旅游产品定价策略

旅游产品的价格是旅游地可以控制的一个重要因素。一种旅游产品价格是否合理直接关系到该旅游产品在目标市场中的竞争地位和占有率。因此，旅游地在制定营销规划时必须考虑价格这个因素，做出适当的旅游定价决策。

（1）旅游产品定价方法

1）成本导向定价法。指旅游地以旅游产品的总成本（变动成本加固定成本）为依据的定价法。它主要包括成本加成定价法和盈亏平衡定价法。

①加成定价法是在单位成本的基础上加上市场平均利润率进行定价。

②盈亏平衡定价法是以保本点的总成本为依据来确定旅游产品的定价。

2）需求导向定价法。指旅游地根据旅游者对旅游产品价值的认可程度来定价的方法。旅游企业通常采取的做法有两种：理解价值定价法和区分需求定价法。

3）竞争导向定价法。指旅游地以旅游市场竞争对手的价格为依据的定价方法。这种定价方法基本上不考虑旅游产品的成本和需求，主要考虑竞争对手的价格。旅游地经常使用的有率先定价法和随行就市定价法两种。

（2）旅游产品定价策略

1）新产品定价策略。这是旅游产品定价策略中的一个非常重要的问题，它关系旅游新产品能否顺利地进入旅游目标市场，并为以后占领目标市场打下基础。新产品投入市场，通常采用撇脂定价策略和渗透定价策略。

2）折扣定价策略。指旅游地在保持旅游产品基本定价不变的基础上，采用折扣价或让价的方式鼓励旅游中间商或旅游者积极购买，以达到争取客源、扩大销售的目的。其主要表现形式有现金折扣、数量折扣、季节折扣、同业折扣等。

3）心理定价策略。这是旅游企业利用旅游者的购买心理进行定价的策略，主要有整数定价、尾数定价、声望定价等。

4）促销定价策略。旅游地有时为旅游产品制定价格时会考虑到企业促销活动的需要，从而使价格的制定与促销活动相协调。常用的促销定价策略有个别产品低价和特殊事件定价。

6.3.2.3 旅游产品销售渠道策略

旅游销售渠道又称为分销渠道，是指旅游产品从旅游企业向旅游者转移过程中所经过的各个环节连接起来形成的通道或途径。旅游产品销售渠道的类型很多，例如，根据是否经过旅游中间商，可分为直接销售渠道与间接销售渠道；根据旅游中间商的多少，可分为长渠道和短渠道；按采用销售渠道种类的多少又可分为宽渠道和窄渠道等。

旅游产品渠道策略是旅游市场营销规划中的重要组成部分，制定正确合理的旅游营销渠道,对于旅游地实现经营目标起着关键作用。

(1)旅游产品销售渠道选择的影响因素

1)旅游产品因素。包括产品的性质、类型、档次、知名度、美誉度、专业性、对服务质量水平的要求等。一般而言,大众化的、低档次的、销售面广、专业性不强、标准化程度不高的产品主要选择长而宽的渠道;反之,则选择短而窄的渠道,例如,探险旅游、环球旅游等。

2)旅游市场因素。包括市场范围的大小、目标市场和目标顾客的分散程度、市场竞争和市场的主要购买方式等等。一般而言,市场范围和市场规模越大,目标市场和目标顾客比较分散时,应选长而宽的渠道;反之则选择短而窄的渠道,以凸显自己的特色。市场上消费者习惯于何种购买方式对渠道的结构也有着十分重要的影响。

3)旅游地、旅游企业自身因素。包括企业经营规模、市场形象、资源、竞争能力和营销目标等。大型旅游企业规模较大,市场状况相对复杂,其分销渠道的设计可灵活多样,相反,小型旅游企业规模较小,市场状况相对简单,可选择较短的分销渠道,必要的情况下也可选择直接分销渠道进行销售。另外,旅游生产企业的知名度越高,市场形象越鲜明独特,就越有条件自主选择各种分销或直接渠道,建立自己的销售网络体系,反之,一些知名度较低且缺乏独特市场形象的中小企业,则必须借助各类中间商的力量开展分销工作。

4)旅游中间商因素。旅游中间商的经营素质和业务领域也是旅游企业在权衡选择分销渠道时必须考虑的重要因素。在分销专业性强的旅游产品时,旅游企业必须选择有相关领域产品经营背景、业务能人较强的中间商。而对于大众化的旅游产品,则宜选择覆盖面广、销售系统发达的批发商和零售商进行销售。

5)环境因素。包括政治、经济、法律、科技、文化等因素,如网络化的飞速发展,使越来越多的顾客选择网络与企业直接异地交易,迫使企业发展网络营销。当经济不景气时,旅游企业为减少成本往往减少渠道环节,有些国家不允许外国企业介入本国旅游业,所以只能选择间接营销渠道。

(2)旅游产品销售渠道策略　在具体分析上述影响旅游分销渠道选择因素的基础上,旅游企业要结合自己的营销目标进行分销渠道选择决策。

1)营销渠道的长度策略。分销渠道长度选择分为两个层次,一是决定采用直接分销渠道还是间接分销渠道进行销售;二是决定间接分销渠道中间环节或层次的多少。一般来说,在实际的营销活动中,旅游企业大多同时采用两种分销模式。对于近距离或小规模目标市场,企业凭借自身营销能力就可达到销售目标,则企业宜采用直接分销渠道。而当企业自身营销能力很难建立足够的销售网点时,或企业进入新地区开辟新市场时,可以借助各类中间商,以求达到营销目标。

2)营销渠道的宽度策略。当企业决定采用间接营销渠道时,还应对每个环节中间商的数量进行选择。一般而言有以下三种策略。

①密集型营销渠道策略。指旅游企业在客源市场范围内,选取尽可能多的中间商销售其产品。这种策略优点在于市场覆盖面广,灵活性强,方便旅游者购买,而且一般不会受到某一个旅游中间商经营失利的严重影响,因此,密集型分销比较适合大众化的旅游

产品。但其不足之处在于渠道费用高,控制难度大,为争夺客源容易引发渠道冲突。

②选择性营销渠道策略。选择型营销是指旅游企业在客源市场范围内,选择若干素质高、分销能力强、信誉好的中间商销售其产品。这种策略的优点在于旅游企业与中间商建立了广泛的联系,有利于旅游产品的扩大销售,有利于企业树立鲜明的旅游形象,提高其知名度和美誉度。该策略适用于档次高、专业性强的旅游产品。但因旅游企业和中间商之间相互满意选择的难度较大,因此完全实施这种策略并不容易。

③独家分销渠道策略。独家分销指旅游企业在一定时间、一定市场范围内只选择一家中间商来销售其产品。这种策略的优点在于双方利益关系比较紧密,利于互相沟通协调,调动中间商的积极性,成本也低,比较适合客源量少的特殊旅游产品。它的缺点是,由于只用了一家中间商,增加了经营风险。

6.3.2.4 旅游产品促销策略

旅游促销是指旅游地或旅游企业将旅游产品与服务的相关信息,通过各种宣传、吸引和说服的方式,传递给目标旅游者及其可能的影响群体,从而达到扩大销售的目的。常见的促销方式有旅游广告、公共关系、人员推销、营业推广四种传统促销方式,以及旅游网络促销宣传、旅游节庆活动等现代促销方式。旅游营销者在进行具体旅游促销活动时,通常会将各种传统促销方式和新型促销方式加以综合运用,并形成整体化、系列化的促销策略。

(1)旅游广告策略　旅游广告指由旅游地、旅游组织或旅游企业以付费的方式将旅游产品方面的有关信息通过非人员媒介传播给目标市场的过程。广告宣传可借助多种媒介,如报纸杂志、电视广播、传单展板、宣传册、光盘、互联网等。

按照广告目标的不同,可将旅游广告分为三种类型:

1)通知广告,主要用于旅游产品市场开拓阶段。

2)说服广告,主要用于与同类旅游产品展开竞争的阶段。

3)提醒广告,主要用于旅游产品的成熟阶段。

旅游广告策略的优点:

1)广告由于借助大众媒体,其成本按实际听众的人均花费计算比较低。

2)一旦广告制作完成,可以被反复使用或复制信息。

3)广告可以向目标市场传送情感信息,图片和语言的合理运用可以对游客产生强大的冲击力。

旅游广告策略的缺点:

1)进行广告宣传时,只能进行消极的单向沟通。

2)广告制作费用较高。

3)广告效果难以把握。

4)旅游者每天面对海量的广告信息,结果很可能没有注意到其存在。

(2)旅游公共关系策略　旅游公共关系是指旅游地和旅游企业为了获得旅游者和社会公众的信任和好感,以信息沟通为主要手段,树立和改善旅游形象,维护和发展与旅游者和社会公众之间的良好关系,营造有利的经营环境所进行的一系列宣传活动和措施。

旅游地和旅游企业在对目标市场进行公共关系促销时,常采用的公关营销方法(表

6-5)有:自制宣传品、举行新闻发布会、举办节日庆典活动、举行专题活动、举办展览会和博览会、赞助社会公益活动、编写艺术作品、邀请旅游尝试等,其效果远胜于广告宣传。

表 6-5 旅游公共关系的形式

形式	描述
自制宣传品	为媒体撰写关于旅游地特色的文章而准备的各种背景材料
新闻发布会	对媒体发布事先准备好的演说
公众照片	拍摄专门用于媒体宣传的照片
公众演说	向居民宣传旅游地
赞助项目	建立积极的旅游地形象

(3)人员推销策略　旅游人员推销就是旅游地和旅游企业的相关销售人员通过与旅游者进行接触和洽谈,向旅游者宣传和介绍旅游地、旅游景区及其旅游产品,从而有效地促进旅游产品销售的活动。与其他旅游促销方式相比,旅游人员推销具有针对性、推销过程灵活、双向沟通、反馈及时等特点。

旅游地人员推销的具体措施有:

1)建立旅游服务中心。在旅游地的入口处、交通港站等地方设立一个专门为旅游者服务的服务中心。当旅游者进入本地区境内时,该中心向他们传播本地区经济、文化、社会、历史等各方面的信息,尤其是当地接待行业、旅游吸引物、特殊事件的内容和举办时间、公共设施、地方风俗、食品、气候等信息,鼓励旅游者延长停留时间,多购买旅游地的旅游产品,提高他们对旅游经历的满意度。

2)与重点客源市场的代表性单位、团体、企业、家庭建立长期的联系。促销人员对邻近周边城市的专业团体(如记者协会、教育工会等),大型公司及大型企业经常登门拜访,使对方及时了解产品信息,增加信任感,同时也可以根据信息来源逐一给要召开会议、奖励旅游、组织游览的单位打电话,介绍产品信息,激发他们的购买欲望。

此外,旅游地可采用的人员推销方式还有:旅游地有关部门组织人员到目标客源市场进行整体旅游产品及形象的宣传;举办旅游博览会,直接销售产品;分发各种旅游宣传品;大量接触客户,开展推销业务;以电话联系洽谈业务等。

(4)营业推广策略　营业推广是指旅游地通过提供降低产品价格或增加产品价值等短期诱因来激励旅游者和旅游中间商购买、经销或代理旅游地产品或服务的促销活动。它具有针对性强、短期促销效果明显、非连续性和灵活多样的特点。营业推广在短期内对于开拓旅游市场、争取旅游者和进行市场竞争有很大的促进作用。但是,它通常不能建立旅游者对于旅游产品的信任和忠诚,对于旅游地品牌推广和旅游地形象推广的功效极为有限。而且营业推广作为一种补充式、辅助式促销手段,在进行促销宣传时,往往需要通过与其他促销方式的巧妙配合使用,才能达到促销的最佳效果。

旅游地常用的营业推广方式有:免费参观旅游地、旅游者竞赛奖励、免费赠送礼品或打折、激励旅游中间商、奖励提成,等等。

6.3.2.5 旅游地节事营销策略

节事旅游活动是指旅游地举办的一系列有主题的活动或非日常发生的事件，包括节日、庆典、地方特色产品展览会、交易会、博览会、会议以及各种文化、体育等具有特色的活动或非日常发生的特殊事件。而节事旅游是以节事活动作为特殊的旅游吸引物而开展的旅游活动，是旅游地主题性强的旅游产品。它具有参与性强、活动内容丰富等特点。节事作为一种重要的旅游活动形式，在我国旅游业发展中扮演着越来越重要的角色，例如中国国际少林武术节、洛阳牡丹花会、黄帝拜祖大典、上海国际时装节，等等。节事活动的开发，有利于旅游地传播地方特色文化，塑造和提升旅游地形象；完善旅游地产品结构；拓宽旅游市场，增加客流流量；完善基础设施，优化旅游环境；带动相关产业发展等，因此，旅游地往往也把它作为一种营销策略来运用。

(1)丰富旅游节事的文化内涵　节事旅游活动只有根植于地方文化，突出旅游地的主题文化，表现出在长期文化积累中形成的鲜明特色，才能蕴含旺盛的生命力。同时，为了提升节事活动的文化品位，还要恰到好处地借鉴外来文化。但要注意外来文化与本地文化的联系，并突出本地的旅游形象，以创造出和谐、新奇的效果。这样经过衍生、移植和发展，才能使节事活动越来越精彩，才能使许多地方节事发展成为世界性的节事。

(2)加强宣传力度，提高旅游节事的知名度　品牌在现代经济竞争中已经成为重要的武器，旅游地要发展，必须创建和发展自己的品牌。因此，发展节事旅游，就要让外人了解、认知所举办节事的宗旨、特色，要做到这一点，必须靠宣传促销。除利用影视、歌曲、宣传册、网络等多种方式宣传外，关键是要在新闻媒体发布信息，提高宣传促销的影响力、覆盖面和科技含量，增强宣传实效。

(3)旅游节事要体现创新　创新是旅游地保持永久生命力的源泉。节事活动要吸引世人的眼光，赢得更多的游客，取得良好的效益，就必须树立创新意识，在保持节事主题的前提下，在项目、内容、形式上不断推陈出新，切忌千篇一律、盲目跟风。同时要加强节事发展的宏观管理，加强旅游形象的研究定位和策划，使各个旅游节事活动紧紧围绕旅游形象来举办，既切合实际，又体现新意。

6.3.2.6 旅游网络营销策略

(1)网络营销的内涵　旅游网络营销是近年来随着网络信息技术的迅速发展而产生的。顾名思义，旅游网络营销就是指旅游地或旅游企业借助互联网等多媒体技术，向广大旅游者推广和宣传旅游服务产品，以吸引旅游者的注意力，使其实现旅游计划，最终达到旅游地或旅游企业营销目的的一种现代营销手段。

(2)网络营销的职能

1)品牌推广。互联网最大的特点就是信息量大、传播速度快、受众面广，借助互联网的特性，网络营销最基本最重要的职能就是在互联网上建立并推广旅游企业品牌，使企业的线下品牌得以在线上延伸和拓展。

2)维系客户。互联网不仅仅是单纯传递信息的平台，更是一个社交平台，旅游企业可以充分利用网络社交平台的优势，在网络营销过程中加强与客户之间互动和联系，开发新客户，维系老客户。

3）促进销售。网络营销与传统媒介营销相比，具有成本低廉、不受时空限制、受众广、信息传播的交互性和高效性等优点，能够精确迅速地向游客传递旅游产品信息，促进销售。

（3）网络营销的形式　网络营销有多种形式，比如建立网站、网页、搜索引擎、电子邮件、博客营销、微信营销、微博营销、BBS 营销、视频营销、O2O 立体营销、新媒体营销，等等。

对于某个具体旅游地而言，利用互联网营销的形式大致有：请专家完善当地旅游网页建设，建立涵盖旅游地精华的旅游信息系统及旅游网站；旅游地各主要景点及各大旅行社要建立自己的主页；以上网页力争进入各主要网站搜索引擎和一些热门站点及中国各大旅游网站的友情链接，增加网站被访问的机会；利用旅游网站、博客、论坛、QQ、微博、微信公众号等新媒体平台发布和传播广告信息；建立网上预订系统，包括机票、车票、房间、景点门票等预定；通过网站对旅游者关注的热点问题进行网上调查；对访问本网站的网民设立有奖旅游等。

旅游地或旅游企业开展网络营销必须实现两大转变：一是在经营理念上，要由原有的二维结构（产量和质量）向四维结构（产量、质量、个性、时间）转变，其中，个性指旅游产品特色和顾客的独特利益，时间指旅游区应通过互联网及时向潜在顾客提供最新产品或服务信息；二是在销售方式上，由面对面的销售向网上交谈式的销售转变。

6.3.2.7　旅游数据库营销策略

目前，随着 IT、Internet 与 Database 等技术的逐渐成熟，传统的线下营销已经远远不够，线上线下合作是当今旅游企业营销工作的趋势，如何有效利用游客信息数据，提高营销效率已成为所有旅游企业关注的内容。因此，数据库营销不仅是一种营销方法、工具、技术和平台，更是一种企业经营理念，它不仅改变了企业的市场营销模式与服务方式，更是改变了企业营销的基本价值观。

（1）旅游数据库营销内涵　旅游数据库营销最重要的是营销数据库建立。营销数据库建立之初是为实施直复营销而收集的现有游客和潜在游客的基本信息，后来发展成为旅游市场研究的工具，配合适当的数据分析软件，对数据进行分析处理。基于游客信息数据库的数据库营销能够帮助旅游企业更好地实现游客精准化，以有效维护游客，提高营销效率。

（2）旅游数据库营销的特点

1）针对性。旅游数据库营销的基础是大量的游客信息，旅游企业通过对游客信息的收集、积累、筛选与挖掘，能够利用有效的游客信息进行有针对性的营销服务，可以做到定位精准营销和深度营销。

2）互动性。传统的营销策略只是单向被动地适应消费者，而旅游数据库营销可以和游客建立相互信任的、稳定的双向沟通互动关系，利用有效的游客信息数据库可以实现与游客之间的一对一互动活动，从而有效维护游客与旅游企业的关系，提高游客对企业的信任度和忠诚度。

3）长期性。据营销专家分析，维持一个老客户需要的成本是寻求一个新客户成本的 0.5 倍，而要使一个失去的老顾客重新成为新顾客所花费的成本则是寻求一个新顾客的

10倍，由此可见，维护老顾客并使之成为忠实顾客是所有企业营销工作的重点。而旅游企业进行数据库营销最主要的目的就是通过有效游客关系维护来保持老顾客队伍的稳定性，从而稳定甚至降低旅游企业营销成本，提高营销效率。

4）科学性。数据库营销与其他传统的营销方式相比还有一个明显的优势就是其科学性。随着科技的发展，一方面人们收集信息的手段与途径越来越丰富，另一方面人们处理信息的技术与工具越来越先进，这些都是数据库营销科学性的具体体现。

（3）旅游数据库营销的步骤

1）数据采集。实施数据库营销，第一步也是最重要的一步就是采集数据。旅游企业要采集数据，首先必须明确自己需要什么样的顾客信息数据，同时还要明白获取顾客信息的途径有哪些？一般来说，获取顾客信息的主要渠道有专业的数据公司、专业的营销公司、相关政府机构以及零售终端等，每个渠道的数据量大小及获取信息的成本都不尽相同，旅游企业应根据自己的实力与需要加以选择。

2）数据存储。将收集的数据，以游客为基本单元，逐一录入存储到游客数据库里，建立起游客数据库。

3）数据处理与挖掘。根据旅游营销需求，对数据进行处理的方法有很多，常见的有游客分群分析、留存分析、回访分析等。数据挖掘是指从大量的数据中搜索隐藏于其中信息的过程，近年来，数据挖掘引起了信息产业界的极大关注，常见的数据挖掘分析方法有分类、估计、预测、相关分析、聚类分析等。

4）数据使用与完善。有了旅游数据处理和数据挖掘的结果，旅游企业就可以充分利用这些数据分析结果为旅游营销服务了，但任何事物都是动态变化的，游客信息同样也处于动态变化之中，因此，需要对游客信息进行及时的调整和完善。数据的完善，除了需要对过时滞后的信息数据进行更新外，也需要企业营销工作内容的拓展，补充增加一些游客信息内容。因此，不断补充完善数据是非常重要的，它不仅是满足信息完整需要，而且还能促进旅游业相关项目的开发。

本章小结

本章阐述了旅游形象的概念和特征、旅游形象定位和旅游形象设计的内容、方法，系统分析了旅游市场细分的概念、类别、程序、方法以及旅游目标市场选择的策略和影响因素，并在此基础上，对旅游市场营销规划及市场营销策略进行了介绍。

重点概念

旅游形象　旅游形象定位　旅游形象设计　旅游市场细分　旅游目标市场　旅游营销策略

案例分析

案例一　贡嘎山旅游形象定位与口号设计

贡嘎山地脉、文脉与原生态高品质旅游资源的内涵集中起来可以提炼以下几组关键元素:青藏高原东缘之巅,蜀山之王贡嘎山,现代冰川,高山原始森林,雪域高原,康巴风情,浪漫康定城等。贡嘎山旅游形象既要突出"贡嘎山原生态自然奇观",又要突出"多彩康巴民俗风情",因此贡嘎山旅游主题形象定位为:"圣洁贡嘎,情歌故乡"。其下5个景区的形象定位如下:东坡——绿海冰川;西坡——王者贡嘎,中国最美的极高山群;西南坡——康藏圣域;东南坡——西部植物王国。在统一的主题形象下,各个景区差异化,互补发展。

对于具有"冒险型"特征的欧美海外客源市场,主题促销口号为"重走洛克路,探秘贡嘎山";对于具有"保守型"特征的日、韩、俄罗斯等海外市场,主题促销口号应该强化安全营销理念,为"圣洁贡嘎,富氧藏区"。贡嘎山地区虽然海拔高,但是由于森林覆盖面积大,相比其他藏区(如拉萨)含氧量高,游客舒适度高,是名副其实的"富氧藏区"。对于西部客源市场,主题促销口号为"蜀山之王——离你最近的极高山";对于沿海发达地区客源市场,对高山、极高山资源的罕见,主题促销口号为"王者贡嘎——中国最美的极高山"。

(资料来源:李晓琴,朱创业.旅游规划与开发[M].北京:高等教育出版社,2021.)

案例思考

1. 贡嘎山是如何进行旅游主题形象定位的?试说明主题形象定位的基本流程和原则。

2. 根据贡嘎山的旅游口号设计,讨论口号设计应遵循的基本原则。

案例二　重庆洪崖洞的新媒体营销

洪崖洞的前身是秦代重要的军事要塞,明初戴鼎筑重庆城,建有十七门,九开八闭,洪崖门为闭门,在洪崖门下有一洞,洪崖洞因此得名。20世纪40年代,洪崖洞因水路贸易盛极一时,重庆人在此修筑了大量吊脚楼。新中国成立后至2005年,洪崖洞日渐衰落,成为危房,面临拆迁。如今的"洪崖洞民俗风貌区"建成于2006年,位于解放碑沧白路,是由重庆小天鹅集团设计的集"地产项目 + 文化记忆 + 商业注入"为一体的项目。其主体是一座11层高临江而建、错落有致的吊脚楼群,宛如城市阳台。看台上的群雕是吊脚楼的缩影,里面的四大风情街各有特色,旁边横跨嘉陵江的千厮门大桥与洪崖洞形成90°的视角,洪崖洞一层和十一层同时连通马路,完美的高差为整个建筑群营造出如行走于空中楼阁的感觉。华灯初上时,整个吊脚楼群在灯光点缀下如梦如幻,被称为现实版的"汤城"。

洪崖洞的设计特色鲜明,但其发展并没有想象中顺利,开街初期几乎每个月都要亏损百万,这样不温不火的状况持续到2016年9月,抖音正式上线,随着抖音、微信等自媒体对洪崖洞的持续追捧,洪崖洞的旅游才逐渐有了起色。

2018年五一假期,重庆洪崖洞景区在网络上爆红,接待游客量破8万,成为仅次于故宫的第二大旅游热门景点,年轻人争先恐后来到这个网红景点,在社交平台上晒出精心拍摄的图片或视频。

随着抖音App在网络上风行,再加上"90后""00后"的传播使得洪崖洞夜景与顶级

IP《千与千寻》产生联系，并在以新的 IP 形象“千与千寻”奇幻之镇出现，就成了网上热炒的东西。“洪崖洞”的巴渝特色传统建筑群被这阵风吹到了“国内最热门景点”的浪尖，打开抖音 App，展示洪崖洞美丽夜景的内容不绝如缕，璀璨的灯光，独特的造型，似乎不太需要高超的拍摄技巧，就能抖出一段打败全国大多数用户的完美视频，这个网红“洪崖洞”似乎理所当然。

洪崖洞完美利用了新媒体实时分享互动这一优势，当游客在洪崖洞拍摄完好看的照片、视频，立即就能在 App 平台分享，并且凭借像风一样的传播速度，迅速裂变，极速传播。

不只是重庆洪崖洞，越来越多依托短视频平台进阶的网红景点风头背后，正是短视频营销大爆发的新风口。短视频之所以能够让国内很多城市和目的地景区在平台上一呼万应，关键还在于视频内容对用户强大的集聚力。无论是用户基数还是用户黏性，短视频平台都具有很大的流量优势。此外，短视频如此受用户欢迎，还与深度挖掘用户关系、精准的平台定位、紧跟流行文化趋势等因素密切相关。

{资料来源：根据许曦. 短视频营销与网红景点的打造——以洪崖洞景区为例[J]. 中外企业家，2019，(33)：238－239. 和 https://wenku. baidu. com/view/a1230730ef630b1c59eef 8c75fbfc77da26997b4. html 编写}

案例思考

1. 结合案例，讨论新媒体营销的优势和特点。
2. 试分析新兴技术对旅游市场营销的影响。

课后思考

1. 什么是旅游形象，其基本特征有哪些？
2. 什么是旅游形象定位，其三要素指的是什么？
3. 结合实例说明旅游形象定位的策略有哪些？
4. 旅游口号设计应遵循哪些原则？
5. 简述旅游地视觉识别系统的基本要素和空间结构，并举例说明。
6. 结合实例说明如何进行旅游市场细分。
7. 对一个旅游地而言，如何选择其目标市场营销策略？
8. 举例说明旅游节事营销的作用。
9. 试分析疫情之后旅游市场及发展趋势。

参考书目

1. 马勇，李玺. 旅游规划与开发[M]. 4 版. 北京：高等教育出版社，2018.
2. 李晓琴，朱创业. 旅游规划与开发[M]. 2 版. 北京：高等教育出版社，2021.
3. 徐军委. 市场营销学[M]. 北京：企业管理出版社，2019.
4. 许韶立. 旅游规划与开发[M]. 北京：机械工业出版社，2012.

5. 马耀峰. 旅游规划[M]. 北京:中国人民大学出版社,2011.
6. 舒伯阳. 实用旅游营销学教程[M]. 武汉:华中科技大学出版社,2008.
7. 徐惠群. 旅游营销[M]. 北京:中国人民大学出版社,2009.
8. 陈扬乐. 旅游策划:原理、方法与实践[M]. 武汉:华中科技大学出版社,2009.
9. 白翠玲,秦安臣. 旅游规划与开发[M]. 杭州:浙江大学出版社,2013.
10. 龚绍方. 旅游规划与开发[M]. 郑州:郑州大学出版社,2007.

7 旅游服务设施规划

学习目标

通过本章学习，认识旅游服务设施的内涵及构成体系，了解旅游住宿、餐饮、购物、娱乐、解说设施的类型及特点，掌握旅游住宿、餐饮、购物、娱乐、解说系统的规划要点和规划方法。

学习难点

旅游住宿设施规划　旅游购物设施规划　旅游娱乐设施规划　旅游解说系统规划

旅游服务设施是指为旅游者的游憩、观光、度假等旅游活动提供服务的设施条件，是旅游活动要素的重要组成部分。良好的旅游服务设施是旅游地发展的基础，合理的旅游服务设施规划有利于优化旅游产品、保护生态环境、促进旅游区发展。目前，在学术界和旅游规划实践中，一般将旅游服务设施体系分为住宿、餐饮、文化娱乐、购物服务设施四个方面。本书将旅游服务设施体系划分为游客服务中心、旅游住宿设施、旅游餐饮设施、旅游购物设施及旅游商品开发、旅游娱乐设施、旅游解说系统等六个部分。

7.1 游客服务中心规划

游客服务中心是旅游区（点）设立的为游客提供信息、咨询、游程安排、讲解、教育、休息等旅游设施和服务功能的专门场所。游客服务中心具有集散、中介、交通和综合等多种服务功能，旅游者在此可以获得咨询、购物、住宿、餐饮、解说、医疗、管理等综合服务。游客服务中心为旅游活动提供全面系统的服务支撑。根据旅游区的发展规模和空间布局，有些较大的旅游区设置游客服务中心、游客服务次中心和游客服务点三个级别的旅游服务中心体系，以提供及时、便捷、完善的服务。游客服务中心一般与停车场相连，负责内外交通的转换，即承接游客的安置、疏散、景区内外的交通衔接，确保旅游区交通畅通。

游客服务中心规划主要包括区位选址、外观设计、服务设施、服务质量等内容。

7.1.1 区位选址

游客服务中心选址合理与否,直接影响到它所承载的众多功能能否得到充分发挥。游客服务中心选址既要符合景区规划的要求,也要视旅游景区规模和游客量而定。

游客服务中心一般应该设置于旅游者易于到达、便于集散的区域。如设置在旅游景区前端有较大的活动空间地带,便于游客集散、购票、咨询和换乘车辆等。如,黄帝陵景区的游客服务中心设置于景区的主出入口处,紧邻210国道,有专用停车场,游客的进入十分方便;华清池景区的游客服务中心设置于景区的西门(望京门)内东20米处的沉香殿,是游客进入景区的必经之地;秦始皇兵马俑博物馆的游客服务中心设置于检票入口的东南侧。

根据景区规模大小及旅游资源分布情况,游客服务中心可以单独设置,也可分级布设,如四川省九寨沟景区除在主入口设置游客服务中心外,还设置了次级游客服务中心——诺日朗游客服务中心。

游客服务中心的选址还应考虑水、电、能源、环保、抗灾等基础工程条件,以及位置的自然环境、交通情况及地势等。

7.1.2 外观设计

游客服务中心建筑外观除须具备醒目标识外,还应与周围环境相协调。边际建筑理论认为,游客服务中心具有典型的边际特征,其建筑色彩、体量、风格等应巧妙地融入自然环境中,保持与自然景观的协调一致性。同时,建筑形式要充分体现本土人文特色,与地域文化氛围相融合,而新兴或科技型旅游景区在游客服务中心设计时,外观上可以表现出强烈的时代气息,运用现代化的设计手法,如玉龙雪山景区游客服务中心采用了当地文化图腾的外观风格;秦始皇兵马俑博物馆游客服务中心采用与展厅建筑风格相一致的设计;大理南诏风情岛上的游客服务中心也从建筑外观和选材方面与周围环境协调,着重突出了游客服务中心与景区整体景观和形象的和谐性。

7.1.3 服务设施

游客服务中心是景区形象展示和对外管理的主要窗口,具有引导、服务、解说、集散及游憩五大传统功能。游客服务中心的功能设施可分为服务设施、管理设施、交通设施及基础设施四大类,其中服务设施最为重要,包括接待、信息、餐饮、住宿、购物、娱乐、医疗卫生和其他辅助设施。当然,根据不同景区的实际情况,服务设施可以有所取舍,如餐饮、住宿设施等应根据景区实际情况来设置。

按照《旅游景区质量等级的划分与评定》(2016修订版)标准对游客服务中心的要求,游客服务中心的服务设施应满足以下需求:

(1)功能完善　一般应提供交通集散、宣教、信息咨询、景区宣传、景区导游、商品购物、游憩休闲、住宿餐饮、商务等服务类型,并且在空间上的功能分区和动线组织较为合理。

(2)设备先进　游客服务中心的设施应完善而且较为先进,特别是在信息服务方面,因特网宽带接入、电子导游等设施应齐备。

(3)宣传资料齐备,有特色　游客服务中心作为景区信息中心和营销中心,公众信息资料(如研究论著、科普读物、综合画册、多媒体宣教、音像制品、导游图和导游材料等)应特色突出、品种齐全、内容丰富、文字优美、制作精美、适时更新,游客能免费获取景区介绍与导览资料。如沙家浜景区游客服务中心,占地约 1 500 平方米,分为票务中心和游客服务中心。票务中心设有票务服务窗口、旅游服务窗口、贵宾接待窗口、行李寄存窗口和投诉窗口等多样性服务窗口。票务中心大厅内放置了触摸屏电脑,方便游客自主查阅景区资料,资料架上还有免费的景区导览宣传资料供游客选择。游客服务中心的外墙是一幅景区导游全景图,标识了主要景点及旅游服务设施的位置。游客服务中心一楼主要设有医疗点、咨询处、影视厅、购物中心、游客休息区等,南面大厅设有 ATM 自动柜员机和多功能服务机。二楼配套茶饮区、商务中心、阅览室、哺乳室、会议室等,可全面满足游客休闲、娱乐、商务等多方面的需求。

7.1.4　服务质量

按照《旅游景区质量等级的划分与评定》(2016 年修订版)标准的要求,游客服务中心除了有完善的设施、舒适的环境、特色的饮食外,还需要有良好的服务态度和热情、规范的服务。游客服务中心服务人员按照相关规范的要求配备齐全,做到业务熟练,服务热情,讲普通话。

游客服务中心还要按照相关要求提供智慧旅游设施,如电子触摸屏信息查询、影像解说设施,并保证能够正常使用且持续更新、内容丰富。除此之外,景区还应在游客服务中心处免费提供各种语言版本的景区对外宣传材料,方便旅游者取阅。根据游客服务中心的游憩休闲功能,还应该提供诸如视听中心、互联网浏览区、游客休息区等。当有儿童或残疾人等特殊旅游者时,游客服务中心还应该能够为其提供童车、轮椅和拐杖等服务。同时,还可以为旅游者提供系列便民服务,如医务中心、手机加油站、公用电话以及邮政服务等。

7.2　旅游住宿设施规划

7.2.1　旅游住宿设施分类

住宿业是旅游产业的基础。霍洛韦(J. C. Holloway,1983)将住宿业结构划分为商业部类和准(非)商业部类两种。其中,商业部类和准(非)商业部类之下又分为提供服务类和自备餐饮类两种(图 7-1)。根据住宿设施提供服务的水平与提供设施和服务的广度,还可以将其区分为综合性旅游住宿设施、专业性旅游住宿设施和自助性旅游住宿设施三种类型(表 7-1),其中每一种类型包含的具体住宿设施所提供的服务水平也有差异。随着国内旅游业的持续快速发展,我国旅游住宿业也获得了快速发展,不仅住宿业单位数量不断增加,而且住宿设施类型也越来越多样化,不断满足不同类型、不同层次旅游者的需求。

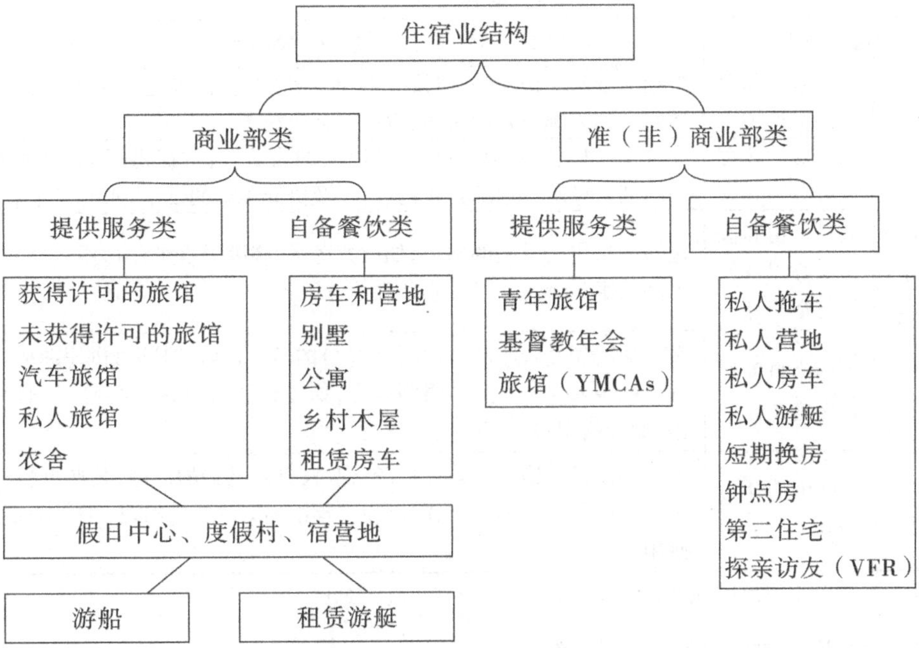

图 7-1　住宿接待业结构

资料来源：吴必虎. 旅游规划原理[M]. 北京：中国旅游出版社，2010.

表 7-1　旅游住宿设施分类

住宿设施类型		特征描述
综合性旅游住宿设施	豪华型饭店	以先进的设施提供高度个性化的服务，宽阔的足以满足住客需要的空间（如卧室和套房）和公共区域（餐厅、酒吧），以及装饰华丽、高档和开阔的空间环境等。其设计是为了迎合个性化需求
	中等规模饭店	提供高标准的私人住宿和餐饮消费等公共设施，也为商务和休闲旅游者提供一系列服务和设施。其设计结合实用功能和个性元素，虽没有豪华饭店宽敞，但也注意提供高标准的私人空间，以满足专业旅游者的需求
	经济型饭店	比中等规模饭店档次略低，私人空间更小，公共区域投资水平更低，可能少到只有一块早餐空间和一个酒吧。虽有独立的卧室、公用卫生间和盥洗区域，但少有甚至没有餐饮设施
	BB 家庭式旅馆	由家庭经营，使用家庭房间，以满足游客住宿要求；服务上高度自助；设施投资水平很低。旅游服务提供有限
专业性旅游住宿设施	度假饭店	瞄准休闲市场，着重于单一活动或一系列休闲设施和服务，提供各式各样的运动和娱乐服务，如温泉饭店提供水疗和相关理疗、高尔夫饭店提供培训课程和练习设施等
	会议饭店	拥有会议设施，有较大的公共空间和会议室，有宽阔的餐饮空间和设施，以及顾客自助服务的加工区域等（如厨房）

续表 7-1

住宿设施类型		特征描述
自助性旅游住宿设施	有限服务和短暂停留设施	包括睡眠和工作空间，以及一些烹饪设施，旨在满足在某地居留数夜的住宿。如果其位置在城市，也可以替代饭店
	假日自助住宿设施	多位于乡村、度假地，适合更长时间的居留，通常提供睡眠、自助餐饮和一些消遣设施。包括乡村别墅，以及更低预算的设施，如固定房车等
	假日营房和假日中心以及旅行与宿营点	包括出租住宿设施的站点，如旅游房车、旅游者自带住宿用具，涵盖不同水平的服务，包括零售、娱乐和消遣服务
	大学生自助住宿设施	学习期间满足长时间停留者（学生）的需要，其余时间可供短期居留的团队或散客人住。特点是限制服务，如餐食通常只提供早餐，除非另有安排，如会议用餐
	分时度假住宿设施	为购买住宿设施的经营和财产所有权提供机会的设施，其典型特征是为多个拥有所有权的个人，限制在一年中的某一特定时段（如几个星期）所使用

资料来源：周作明，赵现红. 旅游规划[M]. 郑州：郑州大学出版社，2012.

7.2.2 旅游住宿设施规模估算

旅游住宿设施规模的确定一般是根据旅游区发展规模，住宿设施总需求量主要受旅游地游客总量和停留时间影响，在具体确定住宿设施规模时要以旅游者对床位和客房的需求量为准。

旅游住宿床位规模计算的方法很多。中华人民共和国住房和城乡建设部发布的中华人民共和国国家标准《风景名胜区总体规划标准》（GB/T50298—2018）中的计算方法是：

$$\text{床位数} = \frac{\text{平均停留天数} \times \text{年住宿人数}}{\text{年旅游天数} \times \text{床位利用率}}$$

客房需求量的计算公式为：

$$\text{客房需求量} = \frac{\text{所需床位数量}}{\text{每间客房的平均床位数}}$$

根据以上公式可以看出，在确定住宿设施规模时，接待旅游人数是一个非常重要的依据。由于旅游接待人数是一个变数，因此还可以利用以下三个公式确定旅游住宿设施的设计规模。

$$C = \frac{R \cdot N}{T \cdot K}$$

公式中：C 为床位的需求数（床），R 为全年住宿总人数（人次），N 为旅游者平均住宿天数（日），T 为全年可游览天数（日），K 为床位的平均利用率（%）。这里主要是考虑床位使用率以及旅游地可游天数对床位需求量的影响。

$$D = \frac{T \cdot P \cdot L}{S \cdot N \cdot O}$$

公式中：D 是平均每夜客房需求数，T 为旅游者总数，P 为住宿人数与旅游者总数的百分比，L 为旅游者平均逗留天数，S 为每年旅游地营业天数，N 为每个客房的平均住宿人数,O 为客房的平均出租率。

由于旅游活动具有强烈的时间性和季节性,因此旅游者数量也会随季节的变动而变动,在住宿接待规模预测时应照顾到旅游地淡旺季形成的旅游者规模差异,因此可以使用季节性强度指数来调整住宿接待规模。

$$R = \sqrt{\frac{1}{n}\sum_{i=1}^{n}(x_i - x)^2}$$

公式中:R 为旅游需求的时间分布强度指数;x_i为第 i 个月游客量占全年的比重;x 为x_i的平均值。R 值越接近于零,旅游需求的时间分配越均匀,说明旅游地接待人数各月较为稳定;R 值越大,时间变动越大,旅游淡旺季差异越大。当指数数值较小时,住宿接待规模易于确定,可以按照旅游地预期接待人数来确定住宿设施的建设规模。而指数数值较大时,住宿设施在规划建设时就应采取相对灵活的弹性设计,避免因为接待设施规模过大而产生资源闲置和浪费。

就客房出租率而言,一般认为平均时段不低于 55%,旅游旺季时不超过 85% 是较为合理的范围,如能够将客房出租率控制在 75% ~80%,则对经营更有利。从客房内床位的设置来看,不同级别住宿设施的要求是不一样的,一般性饭店可以为 1.7,而对于商务性饭店,这个值一般为 1.2。

根据以上经验数据,结合旅游地接待旅游者总人次的预测数据,大体上可以估算出旅游地的床位数和客房数。由于计算公式是依据旅游地年平均接待水平来测算床位数与客房数的,到了旺季住宿设施可能会出现供给不足的情况,因此,在住宿设施规划时,可规划一些临时性住宿设施(如野营帐篷、竹楼、木楼、简易棚房等),或是辅助住宿设施(如农舍、别墅、寺观厢房等),以备旅游旺季时使用。

7.2.3 旅游住宿设施规划要点

住宿设施应充分考虑游客不同层次的消费需求,不同地区消费也存在差异,应经过充分调研、评价,规划出不同类型的住宿设施,同时住宿设施要突出特色,增加综合服务功能,以吸引众多的旅游者。

7.2.3.1 住宿设施类型确定

根据旅游地的功能特点,确定住宿设施的类型。如果为城市旅游地,一般建设普通型饭店;旅游地处于商务和贸易中心地带,可在邻近地段适当建造大型的豪华宾馆;海滨度假地与滑雪度假地,可在附近地带选择基地修建公寓和特色宾馆,或修建疗养院、度假村等,并可辅之以高尔夫球场、网球馆和马术场地及其他设施;山地型旅游地若离依托城市较远,则可以建造多功能宾馆,适当建设购物、娱乐和健身等设施以及设置形式灵活的民居旅馆、野营地等。旅游住宿设施一般属于综合类接待设施,因此在功能上除提供最基本的住宿外,还应提供餐饮、娱乐、购物、休闲、导游、票务等功能,以充分满足旅游者的需求。《"十三五"旅游业发展规划》提出要构建新型住宿业。在推进结构优化、品牌打造和服务提升,培育一批有竞争力的住宿品牌,推进住宿企业连锁化、网络化、集团化发展的同时,应该鼓励发展自驾车旅居车营地、帐篷酒店、民宿等新型住宿业态。

7.2.3.2 住宿设施布局谋划

旅游住宿设施布局方面的总体要求为：

第一，重点区域集中布局。在客流量大、过夜游客集中的地区多安排一些住宿设施，形成规模。

第二，稀少地区均衡布局。在现有住宿设施缺乏的地区，也要根据现在和将来客源的流量安排适量的住宿设施。

第三，需求导向，合理搭配。住宿的档次和类型要合理搭配，已能满足需求的不再新建，不能满足需求的要新建，档次不够的可新建或改造升级已有的住宿设施。

7.2.3.3 住宿设施的建筑风格设计

目前，国际上住宿设施规划设计的趋势是不但建造高层设施，而且越来越注重民族风格和特色风情，注重突出地方风俗传统。住宿设施的主题风格要与旅游地的自然环境和人文环境相融合，要在总体上对住宿设施的选址、建筑风格和材质提出设计的要求。

（1）选址应根据地形地物条件，充分考虑气候、坡向、坡位、空气流通性和采光度等。住宿设施一般应建在向阳坡一侧，通风条件好、采光好、昼夜温差变化相对小的地段。

（2）建筑风格与当地的自然环境和人文环境相得益彰，要在住宿设施的功能、规模、体量、高度、色彩、材质等方面体现出人与自然的和谐性。一要具有地方特色，与当地的传统建筑风格相协调；二要富有个性，成为当地独树一帜的建筑物；三要与周边的自然环境相融合，不破坏旅游地自然生态环境的和谐。

（3）材质选取要尽可能节省原材料和能源，特别是山地、草原地区的绿色度假住宿地，应尽量使用风能、太阳能，自然采光、自然通风，使用循环水等，既减少经营成本，又保护资源和环境，符合旅游可持续发展的原则。

拓展案例

泰山区旅游住宿设施规划案例

一、规模总量设计

旅游饭店的需求总量依据下列公式计算：

床位数=（全年游客总数×人均停留天数）÷（全年可游览天数×客房出租率）

依据市场预测，2015 年、2020 年、2025 年，泰山区游客分别为 350 万人次、400 万人次、450 万人次，人均停留时间分别为 1 天、1.5 天、2 天，饭店的平均出租率相应的按 60%、63%、65%计算，则相应的床位需求量为 15 982 张、26 093 张和 37 935 张。泰山区旅游饭店床位可与泰安市各县级市区通盘考虑，尽量避免季节性波动给饭店带来的影响，严格控制新增床位数量，可通过结构性调整和区域性调节来满足游客的住宿需要。泰山区规划期内，旅游饭店新增床位数主要应投放在东部高新区和欢乐度假组团，农家旅馆、农家宾舍作为重要的补充。

二、空间布局

泰山区住宿设施主要确定在以下区域布局：城区、欢乐度假组团。老城区饭店着重调整、提升品质，景区、景点着重建设主题酒店、农家宾舍。由于泰山区旅游存在淡旺季变化，每个景区住宿规模要严格控制，规划床位以 300 ~ 500 张为宜，农家宾舍每户以 10 ~ 30 张为宜。

三、档次结构

规划期内，建成 5 家五星级饭店；新建和改造一批具有一定基础的老饭店，申报 10 ~ 12家四星级饭店；建设一批特色鲜明的主题酒店、农家宾舍。依据国际惯例，并结合泰山区的经济发展水平，高档饭店（三、四、五星级）、中档饭店（一、二星级）、低档饭店（无星涉外宾馆、较好的社会旅馆）的比例确定为 20 : 50 : 30。

四、类型结构和功能多样化

泰山区饭店业类型的确定要与整个泰安市饭店业相结合，综合考虑各方面因素，泰山区饭店业类型以主要发展度假饭店、会议饭店、汽车饭店为宜。为了满足游客在各个景区的度假、休闲、考察、会议等方面的需求，以设计、建造富有特色、体现绿色和自然风格的度假、休闲中高档住宿设施为主，以若干农家特色的接待点或农家旅馆为补充。

旅游饭店建设应注意类型与功能多样，满足不同游客的需求，城区的商务或会议型饭店须配备大小会议厅、商务中心、展览厅及完善的通信设备和宴会厅，客房以中高档标准房为主。旅游区的休闲度假型客房须配备家庭出游时的儿童托管和加床、简易厨房、冰箱等，汽车旅馆要配备足够的停车场，住宿设备要简便、实用、卫生。青年旅馆是众多的背包旅游者乐于使用的住宿设施，设施、服务简单，价格低廉，夏令营、修学旅游者等均可入住该类宾馆。现有的大量社会旅馆经改造后可调整为经济型饭店，达到接待游客的基本要求。

五、主题酒店建设

旅游饭店建设应走主题酒店的路子，建设之前就应确定主题，围绕文化主题进行设计与建设，切忌千店一面。

六、管理规范化

饭店的管理与运作应严格按照国家法规及行业标准执行。加大力度规范社会旅馆，加快全区饭店的星评步伐。在突出地方特色的同时，可借鉴国内外知名饭店（如上海的锦江，广州的白天鹅，法国的喜来登，美国的希尔顿假日饭店）的经营管理经验，尽快与国际服务标准接轨。此外，泰山区旅游局要强化对旅游饭店行业的管理。

（资料来源：王雷亭. 泰山区旅游发展规划研究[M]. 济南：山东人民出版社，2014.）

7.3 旅游餐饮设施规划

7.3.1 旅游餐饮设施的类型及特征

旅游餐饮设施可分为两大类，一是独立型餐饮设施，即相对于附属饭店（宾馆）的餐饮设施而言的，其特点为建筑面积大，如属大型的餐饮设施往往建筑面积在 1 500 平方米以上，一般的也要占地几百平方米。除公共部分外，还有生产、储存、杂务、锅炉、烟囱等，常常不易与风景景观取得协调。二是附属型餐饮设施，即附设于饭店（宾馆）的一些餐饮设施。其特点为餐饮服务往往是饭店（宾馆）收入的重要来源，在国外，餐饮服务收入常占饭店（宾馆）收入的50%左右；形式多样，如餐厅（中餐厅、西餐厅、穆斯林餐厅、日本餐厅、辣味餐厅、野味餐厅、快餐厅、自助餐厅等）、酒吧、咖啡厅、音乐茶座等。

7.3.2 旅游餐饮设施需求量估算

餐饮设施的需求量估算，是旅游餐饮设施规划的重要内容，主要依据旅游地游客接待量及趋势进行预测。反映旅游地餐饮接待能力的指标主要有餐馆数、餐馆营业面积和餐位数。餐馆数是指具备接待旅游者就餐能力的、经有关部门批准的旅游定点餐馆的数量。餐馆营业面积是指某一旅游定点餐馆可供旅游者就餐的面积，该指标反映了餐馆的最大就餐容量，即最多可以同时接待多少旅游者就餐。餐位数是指某一旅游定点餐馆内所设置的就餐座位数。在实际的估算过程中，一般用餐位数来反映旅游餐饮设施的数量。旅游区餐位数的估算也可以分为两种情况：一是单独餐馆的餐座数估算；二是饭店餐厅的餐座数估算。前者主要依据对景区游客就餐的问卷调查；而后者则依据客房的接待能力及非住店游客的用餐人数调查。

$$MN = TN \times MR + NM$$

公式中，MN 表示餐座数量，TN 表示客房部每天住店人数；MR 表示用餐比例；NM 表示非住店客人用餐人数。由于旅游区有淡旺季的波动，因此，公式中的各参数一般按照游客量介于淡旺季之间的数字计算。

7.3.3 旅游餐饮设施布局

附属型餐饮设施常因宾馆饭店的选址和设计而定，而独立型餐饮设施的布局与规划有其自身的特点。旅游餐饮设施布局往往有三种情况：一是接待区（即在游览线路起始点布设）；二是游览区（即在游览目的地布设）；三是游览路线中间（即在途中布设）。依据国家《风景名胜区总体规划标准》（GB/T50298—2018），餐饮设施的选址有具体的要求（表7-2），总之，无论是布局在游览起始点，还是布局在游览线路中或游览目的地，都要遵循“既不破坏景观又方便游人”这一原则。

表7-2 旅游餐饮设施的等级选址

项目设施	服务部	旅游点	旅游村	旅游镇	旅游城	备注
饮食店	▲	▲	▲	▲	▲	冷热饮料、乳品、面包、糕点、小食品
饮食店	△	▲	▲	▲	▲	快餐、小吃、茶馆
一般餐厅	×	△	△	▲	▲	饭馆、餐馆、酒吧、咖啡厅
中级餐厅	×	×	△	△	▲	有停车车位
高级餐厅	×	×	△	△	▲	有停车车位

限定说明：禁止设置×；可以设置△；应该设置▲

7.3.4 旅游餐饮设施规划要点

(1)布局与服务功能要根据游程需要安排　餐厅提供的物品要符合旅游者的行为方式和需求类型,如在游线当中可以适当安排茶座、点心等小型游憩型餐饮,在游线中途安排主食对旅游者的精力予以适当的补充等。

(2)造型设计要新颖别致　造型设计能给人耳目一新的感觉,使其成为旅游地新增的一道景观和一处观景场所。

(3)容量设计要有一定的弹性,使用上应具有多功能性　在规划设计时要使室内、室外空间有机结合、相互渗透,既要做艺术性处理,还要有实用功能,如既有室内餐厅,又有半敞开的散座,分布在廊道、平台、花架庭园等地方,各得其所。

(4)整体设计应具有个性及突出地方特色　旅游者的一个主要目的是求新、求异,越是具有个性及地方特色的东西越受旅游者欢迎,因此,在旅游餐饮设施规划时,要追求包括建筑外观、菜谱设计、烹饪方式、就餐环境、上菜程序的个性和特色,最好能与旅游地文化、民俗、民风特点相结合,给人以新奇感。

拓展案例

伏牛山旅游餐饮设施规划

一、旅游餐饮供给现状

目前,伏牛山地区餐饮业没有充分利用地方资源,形成特色餐饮文化;整个旅游区的饮食业现状以野味、面食为主,种类较为单调,不能满足旅游者的多种需求;整体用餐环境不佳,卫生状况不理想。

二、旅游餐饮规划原则

(1)坚持生态化原则。以当地原生野生菌和中草药为主要产品,强调就地取材,突出无污染的绿色食品特色,重点打造伏牛山生态餐饮拳头产品,如伏牛山野生菌宴和伏牛山八珍药膳宴。同时生产经营伏牛山"绿色食品",营造"绿色用餐环境",引导游客树立"绿色消费"观念。

(2)坚持多样化原则。细分市场,针对省内、省外和不同档次的旅游者,提供多层次、多类型的饮食服务。结合各景区区位条件,除考虑开发伏牛山本地饮食之外,配套建立扬、川、鲁、粤等地风味饮食和经济型快餐店,高档星级酒店配套建立西餐厅。

三、旅游餐饮设施类型

(1)饮食街。在太平镇山地度假综合旅游服务中心、尧山—赵村温泉度假综合旅游服务中心、七里坪、车村以及八县县城,根据具体情况建设规模不同的特色饮食一条街。

(2)传统食品餐饮店。挖掘地方特色餐饮,在有一定文化底蕴的县城建设传统食品餐饮店。

(3)地方特色快餐服务点。在公共非个性化地带提供地方特色快餐服务。

(4)快餐连锁经营店。逐步引进国内外知名的快餐连锁经营店。

四、旅游餐饮设施布局

在保护本地自然生态环境的原则基础上，餐饮设施尽量布局在各级服务中心，不允许在景区内建设永久性餐饮设施，分别在各级服务中心建立酒店餐厅、美食街、农家乐等不同形式的高中低档餐厅。中高档酒店提供高档筵席、订餐、西餐等服务；家庭旅馆提供以农家乐为主的餐饮服务，提供以野生菌、野菜、面食为主的饮食，可统一配套陶制品餐具，营造农家用餐环境；在景区内设流动餐饮点，提供方便快捷的速食食品，食品包装要符合生态环保要求，使用可降解饭盒和塑料袋。

（资料来源：根据北京大学中国区域经济研究中心的《伏牛山旅游总体开发规划》整理，有改动，仅供学习）

7.4 旅游购物设施及旅游商品开发规划

7.4.1 旅游购物设施概述及类型

旅游购物设施是指为游客提供日常用品和旅游商品购买的商业网点，由基本购物设施和辅助购物设施组成(表 7-3)。它既包括景区内分散的购物网点，又包括购物设施较为集中、完善的商业服务中心。这些商业网点不仅能为旅游者提供一种典型的购物活动场所，而且可以为旅游者在购物中提供一种快乐和消遣，是一种休闲和消费的新空间。因此，一些现代意义上的购物商店或购物街已经不只是单纯的商品销售场所，而发展成集购物、休闲、餐饮、景观为一体的多功能复合体，使旅游者在购物中休闲、在休闲中购物，有些甚至成为当地新的旅游吸引物。越来越多的资料显示，大型购物中心作为能够吸引旅游者的目的地，已经发展为一种新的旅游形式。

表 7-3 旅游商品购物设施类型

类型		内容及特征
基本购物设施	传统购物街	旅游地自然形成的传统购物街，或为发展旅游而特别设置的购物场所，地方特色突出，文化氛围浓郁
	现代购物场所	旅游集散中心的现代化购物设施如百货商场、大型购物中心、连锁店等，一般规模大，商品选择性大，购物条件舒适
辅助购物设施	餐饮、娱乐设施	为营造购物场所休闲氛围而配备的餐饮、娱乐等辅助设施，如特色餐饮店、咖啡厅、图书馆、电影院、溜冰场、蹦极、攀岩等。对购物场所具有功能提升作用，使购物空间更有吸引力，成为当地居民和游客的集散地
	导购系统	为旅游者在异地购物提供商店、商品方面的有关信息。如一个有特色的导购图，在场所、形态、规模等方面实现标准化，并与周边环境相协调；展览厅，介绍商店的概况或集中推荐重点商品；信息中心或咨询室，可以为远程顾客提供服务
	便利系统	包括洗手间、休息室、停车场等一般便利设施和针对游客的特殊需要而设置的其他设施，如邮局、银行

7.4.2 旅游购物网点密度的测算

依据商业布局理论,反映商业网点与人口数量对比关系的商业网点密度是分析商业网布局是否合理的一个重要指标。旅游购物网点密度是指平均每个购物网点所服务的人口数,其计算公式为:

旅游购物网点密度=供应人口数/购物网点数

旅游商店的设置要与旅游者的人口数量和分布相适应,所以旅游商店的设置和分布要考虑该区域的旅游业发展规模。一方面考虑目前的合理布局,另一方面也要考虑旅游业的不断发展和商业现代化的要求,使商业网点的建设和旅游业的发展相协调。如果商业网点密度过小,不能适应旅游业发展和游客人数的要求,就会出现“购物难”“娱乐难”“吃饭难”等问题;相反,如果密度过大,则会造成供大于求、竞争激烈,甚至产生资源浪费等不良后果。

7.4.3 旅游购物设施的设置与布局

旅游商店的设置和布局要与游客的数量、分布和消费需求相适应,往往需要多种类型、多种形式的相互结合,形成旅游商业服务网。

一是在地区布局上,集中与分散相结合。在旅游区内,既要有集中的大型商业网点,又要有分散的小型商业网点,以满足游客多种多样的需求。大型商业网点一般布局在旅游中心区,这里既是游客集中分布的重点地段,同时也是交通要道集中通过地和商业利用率最高的地段;也可以沿街道两旁布局形成商业街,一些主要街道的十字路口更容易形成商业区。小型商业网点应该尽量接近游客,如分布在旅游区、景点、车站、码头和娱乐场所等。

二是在经营规模上,大、中、小型相结合。在旅游区内既要有经营高档商品的大型商店、综合性商场,又要有经营一般商品的中、小型商店。

三是在经营项目上,专业性与综合性相结合。在旅游区同时设置便于挑选的专业性商店和混合经营的综合性商店。一般对于挑选性强、花色品种规格多样的高档商品,如珠宝、首饰、古玩及高档旅游纪念品、工艺品等,可以设置专业性商店,且多布局在大型商业网点区,越是高级商业中心这类商店越多。一般旅游纪念品的销售可设在综合性商店内,尽量接近游客,以便选购。

四是在销售形式上,固定营业点和流动货摊相结合,特别是在车站、码头、旅游景点等人流密集的地段,多设置一些流动售货车和摊位以满足游客需求。

7.4.4 旅游购物设施的主题与风格

7.4.4.1 旅游购物设施的主题选择

旅游购物设施在主题选择上应符合旅游地的文化特点,突出地方文化特色。在旅游购物设施的建筑造型、色彩、材质等方面,要强调与旅游地景观环境相协调;购物设施的设置不能阻碍旅游者游览,不能与旅游者抢占道路和观景空间;旅游购物场所内应环境整洁、秩序良好,有供游客休息的场所。

7.4.4.2 旅游购物设施的外观设计

旅游购物设施的外观设计要做到设施景观化。购物设施景观化，即要求其外形建设美观，有一定的艺术气息，能体现地方建筑特色，通过有地方特色的建筑外形设计，形成旅游地的一道独特风景，使其成为旅游地吸引物体系中的一个重要组成部分。

7.4.4.3 旅游购物设施的内部环境

旅游购物设施的内部环境设计，主要应注意设施内部装潢、色彩、照明、空气调节及适当的音响等这些构成购物设施内部环境的要素。具体来说，购物商店装饰色调适宜；陈列方式合理；室内照明均匀，光线柔和，亮度适宜；室内空气新鲜、流动通风，温度、湿度适宜；音响适当，声音景观化；有供旅游者休憩的场所等，同时，购物场所进行集中管理，环境整洁、秩序良好；无围追兜售、强买强卖现象发生。

7.4.5 旅游商品开发规划

7.4.5.1 旅游商品开发概述

旅游商品指的是旅游者在旅游地购买、消费的有形商品。这种商品由旅游活动引起，是旅游者出于商业以外的目的购买的实物商品。旅游商品开发是指以旅游者需求为导向，将旅游商品类旅游资源转化为旅游商品的经济技术过程，主要包括商业开发与旅游开发，准确地说，旅游开发也是商业开发的一部分。旅游商品的开发首先需要调查，包括市场调研和资源挖掘，然后进行评估和创意，最终确定开发方向。

旅游商品开发规划是旅游购物的前提，我国地大物博、资源丰富，并且有众多的民族文化和灿烂的民间工艺，这就为旅游商品的开发和创新奠定了基础。但是，随着区域间经济交流的频繁，各地旅游商品同质化倾向十分严重，具有地方特色的旅游商品越来越少，因此，深入挖掘旅游资源，结合地方文化特色，在实用性、便携性、纪念性、收藏性、科技性以及质量优先等原则的指导下才能不断推进旅游商品的开发和科学规划。

7.4.5.2 旅游商品种类

2017 年，中华人民共和国国家质量监督检验检疫总局、中国国家标准化管理委员会联合发布《旅游资源分类、调查与评价》(GB/T 18972—2017)标准，将旅游购品类旅游资源分为 1 个主类 3 个亚类 15 个基本类型(表 7-4)，这就为旅游商品开发规划奠定了基础。

根据《旅游资源分类、调查与评价》(GB/T 18972—2017)标准，对旅游商品即旅游购品的类型做出了进一步解释说明(表 7-5)。

表 7-4 旅游购品(G)类型

主类	亚类	基本类型
G 旅游购品	GA 农业产品	GAA 种植业产品及制品 GAB 林业产品与制品 GAC 畜牧业产品及制品 GAD 水产品与制品 GAE 养殖业产品及制品
	GB 工业产品	GBA 日用工业品 GBB 旅游装备产品
	GC 手工工艺品	GCA 文房用品 GCB 织品、染织 GCC 家具 GCD 陶瓷 GCE 金石雕刻、雕塑制品 GCF 金石器 GCG 纸艺与灯艺 GCH 画作

表 7-5 旅游购品的类型说明

旅游购品类型	内容简要说明
GAA 种植业产品及制品	具有跨地区声望的当地生产的种植业产品及制品
GAB 林业产品与制品	具有跨地区声望的当地生产的林业产品与制品
GAC 畜牧业产品及制品	具有跨地区声望的当地生产的畜牧业产品及制品
GAD 水产品与制品	具有跨地区声望的当地生产的水产品与制品
GAE 养殖业产品及制品	具有跨地区声望的养殖业产品及制品
GBA 日用工业品	具有跨地区声望的当地生产的日用工业品
GBB 旅游装备产品	具有跨地区声望的当地生产的旅游装备产品
GCA 文房用品	文房书斋的主要文具
GCB 织品、染织	纺织及染色印花织物
GCC 家具	生活、工作或社会实践中供人们坐、卧或支撑与贮存物品的器具
GCD 陶瓷	由瓷石、高岭土、石英石、莫来石等烧制而成,外表施有玻璃质釉或彩色的器物
GCE 金石雕刻、雕塑制品	用金属、石料或木头等材料雕刻的工艺品
GCF 金石器	用金属、石料制成的具有观赏价值的器物
GCG 纸艺与灯艺	以纸质或其他灯饰材料制成的平面或立体的艺术品
GCH 画作	具有一定观赏价值的手工画成作品

《旅游资源分类、调查与评价》(GB/T 18972—2017)标准的分类基本涵盖了旅游商品的种类。但是,随着时代的变迁,旅游业以及旅游商品也会随之发生变化,特别是为了满足旅游者需求的变化,旅游商品在原有的基础上也会不断创新,创造出一些新的类型,如旅游出版物类旅游商品、旅游保健品等。因此,旅游商品的分类也会随着旅游产业的发展和人们需求的变化而不断更新。

7.4.5.3 旅游商品开发规划的主要内容

旅游商品开发规划是在对当地旅游商品类资源进行充分调查与评价的基础上,根据旅游市场需求、旅游商品特性及开发原则,对规划区未来的旅游商品开发所做出的设计和构想。其内容主要包括以下几个方面:

(1)分析评价当地旅游商品资源及其开发现状和问题,包括已开发旅游商品和未开发商品资源的品质、特色、种类、数量、规模、分布状况,现有商品的生产与销售状况等。

(2)调查、分析和预测旅游商品的市场需求状况。

(3)在资源与市场分析基础上,提出规划区旅游商品开发的思路,包括主要开发的旅游商品系列或类型,重点开发、策划的旅游商品名称,规划期内旅游商品生产及销售应实现的目标(如旅游商品销售收入占旅游总收入的比重、建设区域性旅游商品生产加工基地或集散地)等。

(4)旅游商品生产基地规划,主要指农、林、畜、水等产品生产基地和旅游商品加工基地。

7.4.5.4 旅游商品开发规划的途径与方法

旅游商品开发规划的途径很多,归纳起来主要有以下几种:

(1)仿制特色物品　对已有的特色物品进行仿制而成为旅游商品的开发创新方法,如名人字画仿制品、出土文物仿制品或微缩品、传统民居、农具的微缩品或微缩模型等,仿制旅游商品的开发与设计要充分尊重原物原貌,以尽量相近的材料来制作,这样才能收到较好的效果。在开发工作中,应注意以下几个问题:①应该精益求精,提高工艺水平,保证质量,打造名牌;②加大宣传力度,开拓更广泛的市场;③注重与现代文化相结合,增强实用性、时尚性、礼品性、收藏性等;④关注顾客需求,注意携带的方便性等;⑤避免一味地模仿,故步自封,应该不断加强图案和形状的合理化创新。

(2)加工改进传统旅游商品　我国具有丰富的文化资源,且传统工艺及民间工艺实力较为深厚,通过加工改进、功能创新开发旅游商品有较大的资源与技术优势,充分利用现有资源及技术,对传统商品进行加工改革、创新设计,使商品焕发新的面貌。这种方法在开发设计中,通常保留其原有功能,同时还要考虑增加为多功能性旅游商品,例如,少数民族地区特有的民族服装、民族挂饰等,在保留部分典型的民族风格外,稍做改进,使之更生活化、更大众化,成为日常生活中可以穿着的服饰;再如,湘西地区的银饰品、蜡染布或扎染布制成的衣裙等,在湘西风景旅游区内可随处看到,现在甚至在各大商场的柜台上都可以购买到。再如,湖南益阳地区竹资源十分丰富,传统的竹编织物主要是席子等生活用品,经技术改进,水竹地毯、篾编女式手袋及挎包、竹编挂件等,可以成为特色的旅游商品。

(3)创新开发旅游商品资源　这种方法主要是将日常生活中较为常见、常用的地方旅游资源,如饮食菜品、农林畜产品与制品、水产品与制品、中草药材及制品 、传统手工产品与工艺品、日用工业品等,进行创意开发、创意包装,如,河南封丘县的金银花、焦作四大怀药、新乡的红焖羊肉、新乡的麦秸秆画等,都可以创新开发成为新的旅游商品;再如,主题创新方法,例如2008年北京奥运会、2010年上海世博会等,将活动内容及主题融入旅游商品之中,使其变成具有纪念意义的旅游商品。这类旅游商品不仅可以收藏或使用,而且可以作为礼品馈赠。例如,帽子、T恤、明信片、宣传画、邮票等都可以融入主题活动的内容而成为旅游商品。

拓展案例

案例一　吉林省:七大资源打造特色旅游商品

2013年9月1日至5日,吉林省旅游商品博览会暨旅游购物节在长春市文化广场举行,参展商品种类有旅游纪念品、旅游食品、旅游保健品、酒店用品、户外用品、冬季旅游商品及旅游装备用品等。吉林省通过打造土特产、农产品等七大特色资源,培育出吉林地域特色旅游标志性产品,开拓了旅游商品销售渠道,增加了旅游商品消费在旅游总收入中的比重。

吉林省旅游商品是旅游业发展中的“短板”,旅游商品消费占旅游总收入的10%~13%,与发达地区的30%相比仍有较大差距。时此,专家认为,吉林省应挖掘吉林历史文化,通过创新设计,融入新工艺、新技术以及时尚元素,开发出文化内涵丰富、品牌形象明显、创意灵魂突出的“吉林制造”地标性旅游商品。

吉林省将大力培育依托长白山脉森林资源以‘吉林三宝’为龙头的旅游商品品牌;开发依托农业大省、生态环境大省生产的农副土特产品、绿色生态食品、饮品系列品牌;开发研制以通化、白山等地松花石、长白石为代表的特色旅游艺术名品,此外,还将积极扶持以朝鲜族、满族、蒙古族民俗文化历史渊源的民族特色旅游商品;培育拓展以黑土地文化、冰雪文化、城市雕塑、汽车文化、历史遗迹为载体的旅游文化纪念品;开发以长白山、伪满皇宫、净月潭等重点景区为载体的标志性旅游商品,开发极具吉林特点的滑雪、登山、漂流、自驾游、野营探险等户外装备用品。

(资料来源:阿里巴巴资讯网,2013.)

案例二　香奈儿5号香水瓶成为艺术品

1921年5月,当香水创作师恩尼斯·鲍将他发明的多款香水呈现在香奈儿夫人面前让她选择时,香奈儿夫人毫不犹豫地选出了第五款,即现在誉满全球的香奈儿5号香水。然而,除了那独特的香味以外,真正让香奈儿5号香水成为“香水贵族中的贵族”却是那个看起来不像香水瓶,反而像药瓶的创意包装。

服装设计师出身的香奈儿夫人,在设计香奈儿5号香水瓶型上别出心裁。“我的美学观点跟别人不同:别人唯恐不足地往上加,而我一项项地减除。”这一设计理念,让香奈儿5号香水瓶简单的包装设计在众多繁复华美的香水瓶中脱颖而出,成为最怪异、最另类,也是最为成功的一款造型。香奈儿5号以其宝石切割般形态的瓶盖、透明水晶的方形瓶身造型、简单明了的线条,成为一股新的美学观念,并迅速俘获了消费者。从此,香奈儿5号香水在全世界畅销80多年,至今仍然长盛不衰。

(资料来源:新闻网在线,http://www.xinwengao.net/release/chanel/49332.shtml.)

7.5 旅游娱乐设施规划

7.5.1 旅游娱乐设施概述及分类

娱乐设施是指为满足人们娱乐需求、进行娱乐活动而兴建的建筑、设施设备等综合体的统称,如演艺场馆、健身房、足浴馆、桑拿城、温泉泡池以及各类球场(馆)等。旅游过程中的娱乐活动越来越受到旅游者的重视,娱乐氛围的营造是旅游区规划管理的重要内容。不同的客源市场对休闲娱乐的环境有不同的要求,比如就用餐环境而言,美国游客喜欢"3D"(dine drink dance),即边吃、边喝、边跳舞;而欧洲游客追求浪漫情调,将酒、女人和喜悦完美地结合起来,即"3W"(wine woman wonder);中国人表现的则是"3C"(cheers chat chow)特征,就是在敬酒、喧闹、用餐过程中制造热闹场面。娱乐设施建设体现了一个旅游地的开发深度。

娱乐设施的种类很多,涉及体育、文艺、保健、艺术等多个方面。根据娱乐活动的内容及功能,可以将其划分为歌舞、体育健身、游戏、知识和附属等类型(表7-6)。

表7-6 娱乐设施的种类

类型	举例
歌舞类	歌舞厅;卡拉OK厅、KTV卡拉OK、MTV卡拉OK、专业录制演唱室等;舞厅(交谊舞厅、迪斯科舞厅等)
体育健身类	健身房(含器械健身房、体操或健美房等);球类运动场(网球、壁球、台球、保龄球、高尔夫球、室内高尔夫球练习器、乒乓球等场所);健身浴场馆(包括桑拿浴、蒸汽浴、冲浪浴、光波滑、矿泥浴、香水浴、泡泡浴、奶浴、花浴、氧浴、药浴等场馆)、按摩场所;美容室;溜冰场;嬉水乐园
游戏类	棋牌室;电子游戏室;大型游乐设施(如探险模拟游戏——360°超动感全景电影、空中飞行、虚拟世界遨游等);博彩场所(国内目前禁止开设)
知识类	影视中心;阅览室
附属类	鲜啤酒室(现酿啤酒酒吧);各种主题酒吧屋(如足球酒吧、拳击酒吧、攀登酒吧、爵士酒吧等);氧吧室馆;网吧室馆;茶艺馆、茶吧;咖啡馆

7.5.2 旅游娱乐设施规划的原则

作为旅游活动的六大构成要素之一,娱乐活动在旅游规划中同样具有举足轻重的地位。一般而言，旅游娱乐设施规划应注重准确选定主题和合理空间分布两个原则。

7.5.2.1 准确选定主题

旅游娱乐活动具有多样性特征，如何选择精准的娱乐活动类型进行开发是旅游娱乐规划中的重要问题。众所周知，旅游娱乐项目是高投入的经济活动，同时旅游娱乐项目又存在高度激烈的竞争，因此，对于娱乐主题和类型的选择关系到文化娱乐项目投资的成功与否。

在选择娱乐项目主题时要注意主题的独特性以及娱乐项目主题与旅游区主题形象的一致性。只有娱乐项目与整个旅游大环境相适应才能吸引旅游者的目光，也只有具有特色的娱乐项目才能让旅游者感受异质文化的魅力。

7.5.2.2 合理空间分布

旅游娱乐项目是旅游区中的辅助部分，应成为旅游者休憩活动的有益补充。但是，不同类型的娱乐项目有其特定的目标客源市场，在旅游地规划时不可能将所有的娱乐项目全部集中在一处，这样既不经济也不现实，因此，在旅游娱乐项目的定位选址上，应根据不同类型的旅游娱乐项目和不同的旅游线路进行安排，综合决定。一般而言，如果是度假型旅游地，旅游者住地应该设置些歌舞类艺术表演或游戏类旅游文化娱乐项目；对于商务型的旅游地，则应侧重于规划清净的附属类旅游娱乐项目，如酒吧、书吧、咖啡吧等。

7.5.3 旅游娱乐设施规划要点

7.5.3.1 适度超前与因地制宜相结合

文化娱乐项目和设施设备的质量与档次要根据目标市场、游客规模、经营宗旨和方针等综合决定，使项目和设施设备既先进又适用，以提高其市场吸引力及竞争力。

7.5.3.2 特色选择与市场需求相结合

文化娱乐项目的种类很多，设施设备也有不同的品种、规模、型号和档次。在设计时必须进行充分的可行性研究，选择独具特色的项目及设施设备。在同一个旅游地内拥有较好市场的往往是那些富有个性、设施设备先进、服务质量优良的项目。

7.5.3.3 配套齐全与分期实施相结合

除了基本的设施与环境之外，还需要相关的配套服务项目和设施，以保证整个旅游消费过程愉快、顺利地进行，例如，康体游憩场所一般有收银处、会议室、员工休息室、电机房、空气调节房、洗衣房和储物室等配套设施。娱乐设施的建设要采用分期建设、滚动开发的原则实施，近期建设基础娱乐设施和核心娱乐项目，充分吸引人气，形成良好口碑，中后期根据市场变化调整开发步骤和产品策略，完善娱乐设施，外延娱乐项目。

7.5.3.4 必需的数量与必要的质量相匹配

所有文化娱乐项目在设计时都要求主要设施设备与配套设施设备在规格、档次、数量等各方面相适应，例如，健身房的主体建筑和各种健身器材的档次一致，桑拿浴室的面积与更衣箱的数量相匹配。

7.6 旅游解说系统规划

7.6.1 旅游解说系统概述

美国"解说之父"费门·泰德(Freeman Tilden)在其著作《解说我们的遗产》(*Interpreting Our Heritage*)(1957年)中认为,"解说是一项旨在通过直接的体验和媒介的介绍来揭示事物内涵和相互关系,而不仅仅是简单地传播客观信息的教育活动。"①"解说系统"是运用某种媒体和表达方式,使特定信息传播并到达信息接收者,帮助信息接受者了解相关事物的性质和特点,并达到服务和教育信息接收者的目的。旅游解说系统是指通过运用沟通媒体帮助游客了解特定信息,达到保护资源、服务和教育的基本功能,从而进一步实现资源、游客、社区和管理部门之间的互动交流。旅游解说系统是对旅游区及主要景点进行讲解、介绍的系统。通过合理的旅游解说系统规划设计,可以增加游客对景区性质和特征的了解,深化景区的文化内涵,加强景区整体形象和品牌塑造。

7.6.2 旅游解说系统的分类及其构成要素

按照解说系统为旅游者提供信息服务的方式来分类,可以将其分为向导式解说系统和自导式解说系统两类。有的研究者将向导式解说称为动态解说系统,自导式解说称为静态解说系统。

7.6.2.1 向导式解说系统

向导式解说系统亦称导游解说系统,以具有能动性的专门导游人员向旅游者进行主动的、动态的信息传导为主要表达方式。它的最大特点是双向沟通,能够回答游客提出的各种各样的问题,但它的可靠性和准确性不确定,主要由导游、讲解员的素质决定。

7.6.2.2 自导式解说系统

自导式解说系统是由书面材料、标准公共信息图形符号、语音等无生命设施或设备向游客提供静态的、被动的信息服务。它有多种形式,包括牌示、解说手册、导游图、语音解说、录像带、幻灯片、WIFI解说、VR景观解说等,其中牌示是最主要的表达方式。自导式解说系统的优点是解说内容精练、具有较强的科学性以及游客选取信息的自主性,不足是不能双向交流,无法即时获取一些满足个性需要的信息,另外,受篇幅、容量限制,自导式解说系统提供的信息量有限。

原国家旅游局颁布的关于A级景区评定标准《旅游景区质量等级的划分与评定》中,对5A级旅游景区的自导式旅游解说系统有如下规定:

(1)游客服务中心位置合理,规模适度,设施齐全,功能体现充分。咨询服务人员配备齐全,业务熟练,服务热情。

---

① 罗燕,胡平.古镇旅游解说系统实证研究:以周庄为例[J].北京第二外国语学院学报,2008(5):63-68.

(2)各种引导标识(包括导游全景图、导览图、标识牌、景物介绍牌等)造型特色突出,艺术感和文化气息浓厚,能烘托总体环境。标识牌和景物介绍牌设置合理。

(3)公众信息资料(如研究论著、科普读物、综合画册、音像制品、导游图和导游材料等)特色突出,品种齐全,内容丰富,文字优美,制作精美,适时更新。

7.6.2.3 旅游解说系统的构成要素

旅游解说系统是目的地诸要素中十分重要的组成部分,是旅游目的地的教育功能、服务功能、使用功能得以发挥的必要基础。从空间上来看,旅游解说系统一般由以下几部分构成:交通导引系统、接待设施系统、景区解说系统、游客服务中心、外部协作系统等(图7–2)。

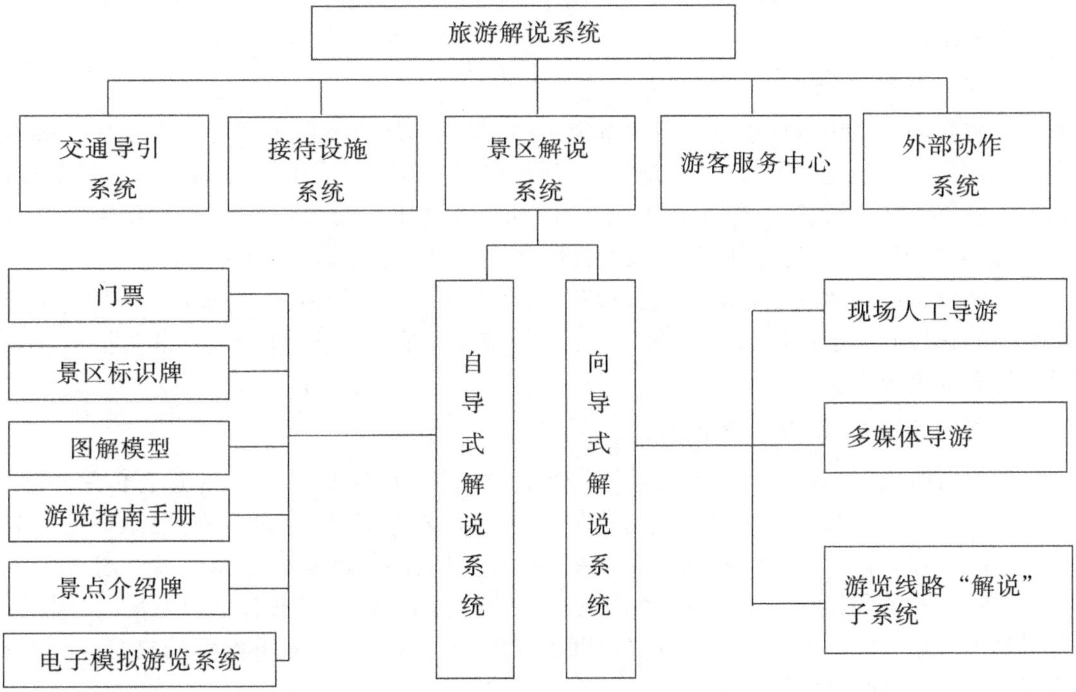

图7–2 旅游解说系统的构成要素

旅游解说系统存在语言选择,对于外国旅游者经常到达的区域,外语解说尤为重要。旅游解说系统是对旅游者旅游行为的一种关怀,因而一定要把旅游者的行为和心理研究放在重要的地位上,同时,它也是对旅游区空间的整理、对旅游区旅游活动的管理。旅游规划中的许多理念可以通过旅游解说系统的规划来体现,因而旅游解说系统是旅游规划的重要组成部分。①

① 陈兴中,方海川,汪明林.旅游资源开发与规划[M].北京:北京科学技术出版社,2005.

7.6.3 旅游解说系统规划要点

解说系统规划是旅游地控制性详细规划和修建性详细规划的重要内容，主要包括接待设施解说系统规划、旅游区解说系统规划、游客服务中心解说系统规划等。

7.6.3.1 接待设施解说系统

接待设施解说系统包括游客入住与到访的各类宾馆、饭店、餐饮及旅游购物场所，要根据国家旅游行业标准的规定，采用统一规范的公共信息图形符号，以便向不同国籍的游客提供准确明了的服务信息。另外，上述设施的"解说"也包括加注英文。在旅游区物业管理上，要将"员工住宅请勿入内""小心路滑""小心您的财物"等标语贴于相应位置以告知游客，对接待设施的使用方法、位置等要进行说明，针对国外游客的旅游手册还须加入游览条例等内容。

7.6.3.2 旅游区解说系统

旅游区解说系统的构成可以分成解说主体、解说客体以及解说内容三大部分。解说主体是指承担解说任务的人或物，是旅游区景点信息的提供者，其服务的对象是旅游者；解说内容是关于旅游区景点的相关介绍和信息，有助于旅游者更好地了解和体验旅游区；解说客体即接受旅游区解说信息的群体，主要是到该旅游区旅游的旅游者。

从解说系统主体的形态上看，可以将其分为软件部分（导游员、解说员、咨询服务等能动性的解说）与硬件部分（导游图、导游画册、牌示、录影带、幻灯片、语音解说、资料展示柜等多种表现手段）。

7.6.3.3 游客服务中心解说系统

在旅游区入口、城市广场、交通站等场所，往往设有游客服务中心，并建有休闲茶座、咖啡厅、问讯处、导游接洽室、厕所、礼品商店等设施，这些游客服务中心应向游客免费提供旅游印刷物，可供游客随身携带，更重要的是为自助游游客提供信息支持。游客服务中心的资料一般要包括以下内容：游客正在看的是什么；在哪里有什么可看的、可做的；怎样找到你想看的东西；在景区内应怎样做；究竟为什么要设立某种类型的旅游区，如风景名胜区、自然保护区等。

7.6.3.4 智慧旅游解说系统

智慧旅游，也被称为智能旅游。就是利用云计算、物联网等新技术，通过互联网/移动互联网，借助便携的终端上网设备，主动感知旅游资源、旅游经济、旅游活动、旅游者等方面的信息，及时发布，让人们能够及时了解这些信息，及时安排和调整工作与旅游计划，从而达到对各类旅游信息的智能感知、方便利用的效果。简单地说，就是游客与网络实时互动，让游程安排进入触摸时代。

智慧旅游是以云计算为基础，以移动终端应用为核心的，以感知互动等高效信息服务为特征的旅游信息化发展新模式，核心是以游客为本的高效旅游信息化服务。智慧旅游的建设与发展最终将体现在旅游管理、旅游服务和旅游营销三个层面上。从使用者的角度出发，智慧旅游主要包括导航、导游、导览和导购（简称"四导"）四个基本功能。

智慧旅游解说系统是利用现代信息技术将特定的旅游信息传递给游客，满足游客个性化、多样化的需求,提供高品质、高满意度服务,以实现旅游资源及社会资源的共享与有效利用。

智慧旅游解说系统规划要求利用信息化的技术,整合旅游资源,通过互联网、WIFI 覆盖,借助便携的终端上网设备、App 软件,实现自助导游,讲解景点故事,为游客提供极致的移动互联网式体验;利用虚拟现实技术、增强现实技术开发 VR 旅游、AR 旅游等虚拟旅游产品。同时,还可以一键分享游记,实现游客之间的交流互动体验,提升游客在旅游过程中的价值感受。简单地说,就是游客与网络实时互动,让游程安排进入智慧时代。

拓展案例

案例一 美国国家公园解说系统规划

美国国家公园是世界上最早提出并实践解说规划的机构(Cooper,1991)。通过多年的积累,它对解说系统规划的编制形成了严格、规范的要求。每一个公园都要向旅游者提供良好的解说服务和解说设施。解说系统规划编制的依据包括国家公园的法律、管理条例、公园管理规划、资源管理规划、解说条例等。编制时需要参照一定的标准,如游客的使用程度、旅游区资源的特征、公园管理的目标等。为了保证解说系统的质量,国家公园管理部门负有指导、监督、评价所有解说服务的责任。

美国国家公园的解说规划还设立了园外解说、环境解说和遗产解说功能。所谓园外解说就是在公园的边界以外建立宣传和说明系统,作为园内解说系统的补充,以增加公众对旅游区景点的了解;环境解说的目的是向旅游者进行环境教育,一般在于介绍自然史和自然资源的知识,如生态系统、地质现象以及与两者有关的人类活动;遗产解说的目的在于进行历史文化教育,包括增加游客对文化景观、历史建筑以及与其相关的人类活动的了解。环境教育和遗产教育一般与当地学校的师生、社会教育机构、专业团体结合进行,对社会素质的提高具有重要作用。

(资料来源:吴必虎,俞曦. 旅游规划原理[M]. 北京:中国旅游出版社,2010.)

案例二 “互联网+智慧景区”的龙门石窟模式

2015 年 7 月 15 日,全国首家“互联网+龙门”智慧景区上线运营,吸引了旅游业、互联网界的高度关注。龙门石窟景区被注入“互联网基因”后,实现了景区在管理、购票、游览、宣传和运营方面的多个转变,开创了新的发展模式。自上线以来,龙门石窟微信公众号平均每天增加粉丝 9 000 人,平均每天超过 12 万次点播体验智能语音讲解,上线 20 日超过 13 000 位游客通过微信购票,成为国内“互联网+”智慧旅游的开创者、先行者,树立了标杆和典范,给洛阳、河南乃至全国的景区融入“互联网+”进行改造升级提供了有益的启示和借鉴。

“互联网+智慧景区”龙门模式,就是以政府为主导,以龙门石窟景区为主体,以“互联网+”为平台,以专业化团队为支撑,借助云计算、大数据等工具,使龙门石窟旅游实现了从“人工”到“智能”的转变。

“互联网+智慧景区”龙门模式的主要成效体现在:

（1）在“互联网+购票”方面，实现了从“线下”到“线上”的转变。游客可以通过手机实现自主购买电子票，方式包括在龙门石窟景区官方微信公众号内购票、景区入口购票墙扫码购票、在各类宣传广告等媒介上扫码购票等。

（2）在“互联网+游园”方面，实现了从“观光”到“体验”的转变。“互联网+龙门”智慧景区上线运营后，游客可以体验三大类十项产品，具体包括：扫码过闸机，实现3秒自助快速入园；向龙门石窟景区官方微信服务号回复景点数字编码，即可体验对应景区内64个景点的语音讲解、文字及图片说明；通过微信摇一摇功能，可以参与“体验360°全景洞窟”“拜卢舍那上心香”“龙门送您祈福魏碑”“卢舍那下许心愿”等互动体验项目。

（3）在“互联网+管理”方面，实现了从“大众”到“个性”的转变。统一管理智慧龙门平台，不断积累游客大数据，利用后台数据分析，根据游客信息开展有针对性的旅游推介、旅游服务等，逐步探索“龙门+”的新服务模式；设立微信在线客服，实时与游客保持互动沟通，针对游客的个性化需求，快速高效地解决游客咨询、诉求、求助等事宜。

（4）在“互联网+宣传”方面，实现了从“平面”到“立体”的转变。充分利用互联网强势宣传渠道和影响力优势，借助腾讯网、微信、微博、客户端等手段，对腾讯QQ用户和微信用户开展高密度的立体宣传，塑造龙门石窟景区品牌新形象。

（5）在“互联网+经营”方面，实现了从“门票经济”到“产业经济”的转变。“互联网+龙门”智慧景区上线运营后，龙门石窟景区利用“互联网+”平台，在线投放当地特产、酒店住宿及娱乐设施等更多旅游产品信息，营造新的旅游消费业态，助推旅游业从“门票经济”向“产业经济”转变。

（资料来源：洛阳市委政研室课题组．洛阳“互联网+智慧景区”龙门模式的实践与思考[N]．河南日报，2015-08-06．）

本章小结

旅游服务设施规划主要包括游客服务中心规划、旅游住宿设施规划、旅游餐饮设施规划、旅游购物设施与旅游商品开发规划、旅游娱乐设施规划、旅游解说系统规划等内容。旅游服务设施规划的主要任务是确定服务设施的数量规模、设施类型以及主题风格；项目设计以市场需求为前提，适度超前与因地制宜相结合；整体设计应具有个性及突出地方特色，造型设计要新颖别致，容量设计要有一定的弹性，使用上应具有多功能性。

重点概念

旅游住宿设施　旅游餐饮设施　旅游购物设施　旅游娱乐设施　旅游解说系统

课后思考

1. 游客服务中心的服务设施应满足哪些需求？
2. 旅游住宿设施规划的主要内容是什么？
3. 旅游餐饮设施规划要点是什么？
4. 简述旅游购物设施的布局及主题和风格设计。

5. 简述旅游娱乐设施的规划原则。
6. 简述旅游解说系统的主要类型。

参考书目

1. 冯学钢,吴文智,于秋阳. 旅游规划[M]. 上海:华东师范大学出版社,2011.
2. 周作明,赵现红. 旅游规划[M]. 郑州:郑州大学出版社,2012.
3. 郑耀星. 旅游景区开发与管理[M]. 北京:旅游教育出版社,2010.
4. 吴必虎,俞曦. 旅游规划原理[M]. 北京:中国旅游出版社,2010.
5. 马勇,李玺. 旅游规划与开发[M]. 北京:高等教育出版社,2018.
6. 朱青晓,王忠丽. 旅游规划原理[M]. 开封:河南大学出版社,2013.
7. 陈秋华,张健华. 旅游规划教程[M]. 北京:中国科学技术出版社,2008.

8 旅游基础设施规划

学习目标

学生通过本章的学习，了解旅游基础设施规划的种类，掌握各种旅游基础设施规划体系的规划内容和措施，并能将相关理论应用于旅游开发的实践中，进行相关设施的规划和规模预测。

学习难点

旅游基础设施规划的内容　给排水设施规划　旅游道路交通规划的内容及步骤　安全与防灾规划　智慧旅游设施规划

区域旅游经济发展必须以良好的旅游基础设施为前提条件。旅游基础设施是保证旅游者的旅游活动顺利展开、获得满意体验的基础条件，也是旅游工作人员为旅游者提供服务所凭借的物质条件，主要包括交通设施、给排水设施、电力电信设施、安全设施与防灾、环境卫生、植被抚育与绿化、智慧旅游基础设施等方面的规划内容。

8.1 旅游道路交通规划

交通系统的畅通与高效是区域旅游产业发展的前提，旅游交通规划的科学合理，可以提高旅游景区和景区内部的可达性，提高交通便利程度，保证游客"进得来，出得去，散得开"，对一个地区旅游业发展意义重大。旅游交通不仅包括进出旅游区的对外交通条件，也包括旅游区的内部交通条件。旅游交通规划是在对旅游目的地旅游交通现状深入调查研究的基础上，针对旅游交通的现实和潜在市场需求编制的旅游交通未来发展的蓝图，主要描绘旅游交通的发展目标、发展战略、总体规模、建设重点和分阶段建设方案。

旅游交通设施规划需要对道路交通现状进行分析。道路交通规划按照"进得来、出得去、散得开"方针布局，本着"安全、舒适、快捷、方便"原则规划。具体进行的规划内容有：进出规划区的主干交通系统规划（高速公路、国道公路、地方公路、铁路、客船航运、航空港与航线等）；规划区内游路系统规划，主要指各功能区之间的车行和步行道路、各景区景点内的游路、特种旅游交通工具的通道（观光缆车、观光电梯、游船）；旅游专用停车场规划，包括近期建设和中、远期建设的规划方案。

8.1.1 旅游道路交通规划基本原则

旅游交通设施规划是旅游交通软硬件建设的重要依据,也是打造“旅短游长、旅中有游、游旅结合”的旅游交通环境的必要条件。不同时期、不同地区、不同等级的旅游交通规划,要遵循不同的规划原则,概括起来,主要有经济效益原则、游客为本原则、“风景线”原则、综合配套原则、适度超前原则、保护环境原则等。

8.1.1.1 经济效益原则

旅游业作为一个经济产业,旅游交通必须讲究合理的投入产出,以良好的经济效益保证该产业的良性循环运转。旅游交通是一个资金、技术密集型服务行业,基础设施建设和人员培训的投入额巨大,导致了旅游交通投资回收周期长、回报率低等特点。因此,旅游交通更要注重投入产出的科学性,把经济效益作为决定旅游交通能否实现良性循环发展的决定因素。

8.1.1.2 游客为本原则

旅游交通的服务对象是游客。游客不同于一般乘客,有着非惯常环境下的多方面旅游需求,为游客服务的旅游交通系统需要以“方便、快捷、安全、舒适”体现“以人为本”的原则。

具体而言,“方便”就是进得去,出得来,散得开。游客做出旅游决定时,首先想到的是目的地的交通是否方便。游客的出游愿望往往受制于出行的距离,对游客而言,距离包括实际距离和认知距离。相同的旅途长度,如果旅途交通快捷,节省了游客的旅途时间,就会缩短游客的认知距离,使游客产生一种“近了”的感觉,促使旅游动机的产生。因此,“方便、快捷”是对旅游交通规划提出的基本要求,而满足这一要求的关键是实现区域外部、内部交通的有机结合,提高外部交通的通达性。所以,在旅游交通规划中,注重市域范围内整个交通网络布局结构的合理性,使得景区内外的道路连接成环成网,提高道路等级,打通对外快速通道,完善有关旅游道路配套设施。使得整个旅游交通网络系统达到“方便、快捷”的要求。“安全、舒适”则主要是针对旅游交通的工具和服务而言。安全是乘客对交通运输的基本要求,与一般乘客比较,游客对旅游交通运输的舒适度具有更高的要求。旅游交通部门必须不断改善经营管理,为游客提供安全舒适的交通工具和优质的服务,促进区域旅游交通事业的蓬勃发展。

8.1.1.3 “风景线”原则

旅游交通对沿线的环境较之普通社会交通有着特殊的要求,环境的绿化、美化和净化至关重要。很多人以为景区内部的交通才称之为旅游交通,其实不然,旅游交通在游客离开家门时就已经开始了。因此,在进入景区范围以及连接景区之间的交通线路,无论是陆上的还是水上的,都要按照一定的旅游景观要求来设计沿线的景观,使得旅游交通规划线路成为一道亮丽的风景线。旅游交通规划要让游客把沿途风光尽收眼底,“处处皆景”的感觉油然而生。换言之,旅游交通线路既是交通路线,又是景观走廊。

“风景线”原则具体要从两方面着手:一是“旅速游慢、旅短游长”,即旅行速度要快,旅行时间要短,使旅游者把尽可能多的时间用于游览,从容地参加各种游乐活动;二是

"旅中有游,游旅结合",把旅行与游览合二为一,使旅游者在乘坐交通工具的过程中得以欣赏沿途风光、风情,体验乘坐特殊交通工具的乐趣。为此,旅游干道尽可能呈环状布设,避免重复或迂回,保证畅通;游路建设尽量靠近各景点;道路的设计要符合景区的文脉,要陡缓相间,曲折蜿蜒,富有变化。

8.1.1.4 综合配套原则

旅游交通是一个综合性产业,横向与食、住、游、购、娱五大要素共同构成旅游业,关系十分密切;纵向与公路、铁路、航空、水运等交通方式之间以及各交通方式的运输工具、线路、停靠站(机场、港口码头)等设施之间,也存在着相互配合、互为条件的联系。同时区域旅游交通规划受社会、经济、技术、政策等多方面因素影响,在制定旅游交通规划时,必须坚持综合配套原则,保持旅游交通纵向、横向联系协调一致,运用系统思维对区域旅游交通进行近、中、远期的规划,以完善的旅游交通体系促进整个旅游业的健康发展。

8.1.1.5 适度超前原则

交通作为区域旅游产业发展的基础,其现状条件和发展情况对区域旅游业的发展具有相当大的影响。道路交通设施的建设往往需要较长的周期和较大的资金投入,而旅游业一旦在区域形成则会以燎原之势迅猛发展,对旅游地包括旅游交通设施在内的各种旅游基础设施提出极大的需求。如果区域旅游交通网络不能适应旅游业的发展,将会成为制约区域旅游业稳步发展的"瓶颈"。因此,在进行区域旅游交通规划时就应采取适当超前于旅游业发展的策略,为当前和未来旅游的良性发展铺好路。

8.1.1.6 保护环境原则

习近平总书记提出,"绿水青山就是金山银山"及"生态环境问题,归根到底是资源过度开发、粗放利用、奢侈消费造成的。资源开发利用既要支撑当代人过上幸福生活,也要为子孙后代留下生存根基"。旅游交通的发展不可避免地会对区域环境产生一些不良的影响,这些影响主要是占用土地、大气污染、噪声、破坏旅游资源和景观等。交通道路设施占用过多的土地,则意味着区域旅游未来的发展余地减少,甚至造成对旅游资源和景观的破坏。如果在进行区域旅游交通规划时不注意这些问题,不以保护环境为先的话,轻则破坏旅游资源和景观,导致游客的不悦;重则危害生物的生存环境、影响游客和当地居民的健康,导致整个区域生态环境的破坏。因此,在进行区域旅游交通规划时必须坚持保护环境的原则,这样才能实现区域旅游业的可持续发展。在规划设计阶段提出适合于旅游业持续发展和环境保护的有效规划手段,能够在提高交通效益的同时保持良好的生态环境和景观环境,给旅游者提供一个优美的旅游通道。

8.1.2 旅游道路交通规划内容

交通系统是旅游规划开发的首要基础工程,它决定了旅游规划地的可进入性,涉及规划区内交通系统和规划地对外交通系统。交通规划主要包括以下几方面内容。

8.1.2.1 对外交通

旅游地的对外交通规划是区域性规划的一个组成部分,要研究里程、交通方式、线路状况、所需时间、交通工具运行情况等问题。旅游区的对外交通系统往往依托城市交通系统和城市对外交通系统，它们的可达性、便捷性和舒适性等因素，将直接影响旅游区的发展。由公路、铁路、航空、水运等多种运输方式构成的对外通道，为景区与区外重要城镇节点提供快速的连接通道。首先，构建快捷的高速公路网、铁路运输网和便捷的航空网是对外交通规划的重点；其次，加强机场、铁路客运枢纽点和公路客运枢纽场站的建设，为通道网络的构建提供枢纽节点的保障。

旅游地的对外交通分为三个层次：

(1)旅游区与城市外部之间的交通　分析与旅游区发展密切相关的对外交通系统，各对外交通方式对旅游区发展的制约与影响，提出旅游区对外交通体系的要求，主要考虑的运输方式有铁路、公路、水运、航空等。

(2)旅游区和城市之间的交通　要创造旅游区与城市各主要枢纽点之间的便捷联系，主要考虑的重点是火车站、公路客运站、客运码头、旅游集散中心等。

(3)旅游区与旅游区之间的交通　为各主要旅游区之间的便捷联系创造条件，根据旅游线路的规划，提出与其他旅游区联系的具体要求和内容，比如公交线路、道路建设等。

8.1.2.2　道路网系统规划

构建景区集散路网，要与高速公路、国省干线合理衔接，服从于高速公路网和国省干线规划，网络结构要相互协调，整合景区对外通道功能，发挥集散路网的集散功能，构建高效的综合运输网络内外集疏运体系。

风景区道路网络的选择是景区规划工作者应该仔细考虑的一个重大问题，它的好坏直接影响着整个风景区各类景点的合理布置及游人游览时的基本路线选择，更决定着景区内景观资源价值得到体现的程度。形成科学的道路网络，可以满足在最大游人数量时参观到有限的景观，并与风景区接待能力相结合，提高风景区经营的各项经济效益。道路网络形式的选择由多个因素如景点、服务点、管理点的布局所决定，所以在规划时应注意灵活多变、前后参照。通常的网络形式有以下四种：

(1)方格式网络　比较规则的道路网络形式，呈现网格状分布，对景区内的交通有很好的分流与合流的作用，景区内各点之间的连接方式比较简单。是比较理想化的网络模式。

(2)环状式网络　也是一种比较规则的道路网络形式，呈现辐射状分布，有比较明显的中心和周围之分，主次交通不是非常明显，对景区游览有一定好处。

(3)自由式网络　与前两者相比，此方式没有比较规则的道路网络，呈现随机状分布，连接不规则分布的景区景点，除了个别主干道之外，其余主次交通极不明显。

(4)混合式网络　从某种意义上来讲，此种方式网络是以上三者的一个综合体，景区会出现多种道路构建模式，以此来满足游人对于景区资源的最大体验。目前绝大多数风景区都采用这种方式。

对景区内部道路网系统的规划，首先，要分析确定旅游景区道路的等级分类与功能定位，从交通性质来分，可以分为机动车道、非机动车道和步行道。机动车道路可以进一步分为主干道和次干道。其次，要明确旅游景区道路景观要求。景区内部道路的景观要求很高，在满足道路的交通功能的同时，还应满足景区的视觉美感的要求。分析拟定景区规划路网形态布局，满足不同功能区和景点之间、景区对外交通联系的要求和景区的视觉审美要求。确定景区道路的红线宽度与横断面形式，明确平面、纵断面的各项设计指标，为进一步开展景区的道路设计提供参考依据。最后，提出景区道路路面铺砌材料要求。路面的铺砌材料对景区的景观、环境保护、通行的舒适性和安全性等密切相关，规划应提出路面铺砌材料的建议建设要求，用于指导道路设计。

8.1.2.3 内部公共交通及线路

旅游区的内部交通指旅游区域内的交通流组织方式和交通路线。其目的是通过合适的交通方式，用交通路线把旅游区域内部各景点或不同的旅游区域连接起来，在安全舒适的前提下，尽量让游人在尽量短的时间内获得尽量多的旅游服务享受和精神满足。

景区内部公交系统是景区交通的主要方式构成之一，也是体现景区整体服务水平的关键环节。具体考虑的规划内容有：

（1）公交线路优化　景区内部公交游览线路的规划应满足景点和功能区之间的交通联系需求强度，同时应考虑同各种交通方式竞争、游客的游览先后顺序等外部因素来组织线路。

（2）公交站点及站台规划设计要求　公交站点的布局应方便合理，站台设计除了保证能够方便游客等候、上下客秩序良好以外，还应注意站台及周边空间的合理利用、车辆的进出组织、景观的协调性等。

（3）与城市旅游公交衔接规划　考虑城市旅游公交与景区的无缝衔接，尽可能减少步行换乘距离，节省公交方式游客的出行时间。

8.1.2.4 内部慢行交通

在“线路”层面上，规划由主线、支线以及联络线组成的慢行交通线路，并针对各种类型的线路按照慢行需求差异进行道路断面优化。在“节点”层面上，结合慢行线路以及主要景观节点、特色村庄、客流集散点，形成以驿馆和驿站为主体，以驿亭及自行车租赁点为补充的慢行服务设施体系。由于慢行系统是无污染的绿色出行方式，应该尽可能鼓励游客的慢行出行方式，并提供相应的服务设施，达到应有的服务水平。

景区内部的慢行系统通常包括景区步行系统和自行车系统。

（1）景区步行系统　主要供游客步行使用，包括步行游览道、汀步石路等。步行游览道表现或为林中曲径，或为登山台阶，或为滨水小路。游步道仅供游人通行，路面狭窄，设计灵活，往往依据地形进行设计，路面材料要丰富多样，以增加游览的趣味性。道路建设采用石块等天然材料，不采用钢筋混凝土进行制作。注重沿途景观的细节设计以及道路自身的细节品位，如青石板路面，有意识地在石缝之间镶嵌花草。游步道设计时要充分考虑旅游者的体验心理，将美学知识运用其中，使步道与周围景致相融合，并达到移步异景的效果。游步道宽度要根据游客数量和停留时间来去确定，一般取0.8～2.5米为宜。汀步石路原本是乡间为跨越溪水而设置的最简朴的垫脚石，在景区内这种形式的道路设计别有艺术情趣，是一种以返璞归真、探寻野趣为目的的游览形式。汀步石路注重道路本身的趣味性，虽然其交通的功能是很弱的。另外，还有栈道、悬索等特殊的通行方式。自行车道可以单独设置，也可以结合机动车道或步行道设置。

(2)自行车系统　在自行车慢行环境营造上,加强景区景点与慢行线路的协调,自行车慢行线路走向充分考虑景观景点布局,同时丰富慢行线路沿线景观。对慢行道路铺装形式进行优化,设置交通稳静化措施减低车速,优化线路树种配置,与景观环境相协调。规划自行车游道宜采用1.5~2.0米的宽度。在景区布置多个刷卡式“通租通还”租车设施,对自行车游道路面进行硬化处理,在危险路段布置警示牌并加设护栏。

8.1.2.5　内部交通组织与管治

针对景区内部的不同的交通方式、交通流线、交通需求,提出景区内部合理的交通组织模式,促进景区交通的合理、舒适运行。

交通方式是对交通工具的选择。不同的旅游规模,不同性质的线路,对旅游交通工具有不同的要求。常规的交通工具有飞机、火车、轮船、汽车等。另外,要根据旅游活动、交通线路、交通设施、客运量等合理规划安排马车、竹排、狗拉雪橇、索道、水上飞机、飞艇、热气球等特色交通工具,测算主要交通工具的数量。由于旅游区的特殊要求,考虑交通工具对旅游区环境和对其他游人的影响,在旅游区内使用对环境没有污染、对游人影响小的交通工具,如环保车、马车、驴车、木船、橡皮艇、乌篷船等。

旅游衔接道、干道与支道规划是内部交通管理的重点。旅游衔接道是旅游区与外部非旅游道路的连接线,是旅游交通层次中依托城市至旅游区交通的部分。干道是旅游区内部连接服务区与主要景点、功能分区的通道。支道是景点(功能区)与景点(功能区)之间的连接线。一般来说,衔接道至少要到达国家三级公路的标准,干道按照三级或四级公路标准设计,而支道则一般按照四级公路标准设计。在道路规划的过程中,务必注意生态环境的保护,同时要在道路的两侧种植乔木,以达到美化与绿化的效果。

分析景区内部各景点的相互关系,进行旅游景区内部景点之间不同交通方式游客的交通组织,用合理、多元的交通方式串联主要景点,促进景点之间的有机联系。根据旅游景区的道路交通容量、交通安全保障和景区特定的环境保护要求,提出旅游景区道路交通路权管制策略。通过路权管制,明确不同交通参与者在一定空间和时间内在道路上进行道路交通活动的权利。

8.1.2.6　有吸引力的特色交通

2019年,中共中央、国务院印发《交通强国建设纲要》,提出深化交通运输与旅游融合发展,推动旅游专列、旅游风景道、旅游航道、自驾车房车营地、游艇旅游、低空飞行旅游等发展,完善客运枢纽、高速公路服务区等交通设施旅游服务功能。要实现交通运输和旅游行业转型升级,交旅融合是有效途径之一,要开发具有吸引力的交通旅游产品,促进交通与沿线特色产业、旅游资源的对接融合。对于目的地规划来说,可以通过打造风景道、邮轮、索道、观光小火车等具有吸引力和体验价值的特色交通实现交旅融合。

风景道是指道路视域及廊道范围内拥有审美风景、自然、文化、历史、游憩价值、考古学上内在品质,以及值得保存、修复、保护和增进的具有游憩价值的景观道路。它实现了道路从单一交通功能向交通、生态、游憩和保护等复合功能的转变,也是一种重要的线型游憩空间和旅游目的地。风景道能够促进旅游目的地内外交通的衔接,同时又将道路建设与生态保护、遗产保护、旅游游憩、产业扶贫等功能深度融合。风景道的具体名称也因其主要功能指向而产生差异，如旅游公路、生态公路、景观道路、旅游廊道、遗产廊道、扶贫通道、绿道等。从空间角度看，风景道不仅指路径本身，也包括路径两侧的交通安全功能区（如道路信息牌、安全提示牌等标识）、视觉和环境功能区（如景观、观景台或摄影点等）和游憩服务功能区（如驿站或停车场、加油站、车辆维修点等）。在“十三五”期间，我国重点培育25条国家旅游风景道。在“十四五”期间，我国将培育更多的国家旅游风景道以促进交通和旅游业的转型升级。

邮轮游艇旅游是一种依托海洋、河流、湖泊等水系和远洋邮轮、内河游轮、游艇等水上交通工具而开发的现代旅游产品。邮轮作为度假型旅游者的旅游目的地，提供如度假村一般的全天候、多功能接待服务和休闲娱乐设施。另外，以旅游目的地的海滨、河流、湖泊等资源为基础开发的小型游轮、游艇旅游产品，也成为目的地旅游吸引物和旅游产品体系中的重要组成部分。

索道和玻璃桥是山岳型旅游景区内部常见的特色游览交通设施，旨在满足游客便捷登山和观光体验需求，满足景区开发旅游资源与发展旅游产业需要。山东泰山、安徽黄山、湖南张家界等山岳景区均建设有索道交通。近年来，国内兴起了一场投资建设玻璃桥的热潮，比较知名的有河北涞源白石山悬空玻璃栈道、张家界大峡谷玻璃桥“云天渡”等。

观光小火车有三种形式：一是无轨轮胎式观光小火车，常应用于道路宽阔平坦的旅游度假区或主题公园内，有电动和燃油两种动力类型。二是有轨观光小火车，沿平坦的地面或山体一侧铺设钢轨，常见于森林公园、草原、沙漠等旅游景区内，如张家界十里画廊小火车。三是工业遗产主题小火车，这是一种作为工业遗产保存下来的客运蒸汽小火车，小火车本身既是游览交通工具，又是工业遗产，如被誉为“工业革命活化石”的四川嘉阳小火车。嘉阳小火车超越了一般意义上的特色游览交通，作为旅游目的地重要的工业遗产和核心旅游吸引物，它不仅串联了芭石铁路沿途的“三线”工业遗址和自然田园风光，也带着游客体验蒸汽时代的怀旧旅程，成为典型的景区内部旅游交通吸引物。

8.1.2.7 游客集散中心

旅游集散中心是集旅游供给（住宿、车票、机票预订、旅游商品购物及餐饮服务）、旅游信息咨询、投诉处理、交通集散等多种功能为一体的旅游综合服务中心和旅游紧急救援中心，最大限度地为旅游者，特别是为散客提供完善的综合服务。

游客集散中心有着交通集散的重要功能，其位于旅游区对外交通与旅游区内部交通的连接处，游客由此进入旅游区，根据各自需求，选择不同交通游线，并在旅游活动结束后由此离开。因此，游客集散服务中心涉及对接外部交通和组织内部交通双重作用。旅游集散中心选址布局要充分考虑与城市旅游客流主方向一致，减少绕行，通常布置在游客集中且容易到达的地方（如对外交通枢纽、主景区出入口）。

游客集散中心接驳车辆类型包括自驾车、旅游巴士、班线车、城市公交、出租车、景区公交多种类型。接驳方式有游客上落（出租车，旅游巴士，班线车，城市公交），景区公交换乘，车辆停放多种形式。

8.1.2.8 停车场规划

停车场是交通的连接点，也是道路起止点的必要组成。旅游景区根据客流量设置停车场,以生态停车场为主,满足游客的停车需求。

(1)停车场规划要点

1)停车场规划要尽量避免对景区的环境和景观造成破坏。景区大门景观是景区的第一印象,是景区形象塑造的关键环节,为此,大多数景区都将停车场远离大门设置。

2)出入口应不少于两个,并保持良好的通视条件,设置明显的交通标志。

3)车道尽量设计成环线,避免尽端路。

4)景区停车场应布置于景区快速交通道附近,如景区外部连通道的分叉口处。如果此地距离景区主入口尚有一段距离,则可以考虑另设一处转运站,利用电瓶车、电动观光火车及马车等特色交通工具将旅游者运送到景区大门处。

5)路面通道可以采取混凝土、沥青以及沥青混凝土路面作为铺装材料。停车位则可以利用鹅卵石或砖块作为铺装。砖块之间的缝隙可以考虑植草加强水土保持并作为绿化。辅以植栽进行车位分隔。

6)大车停车场地和小车停放场地要分开,停车场地面积要合理。

(2)停车场面积预测

停车场面积的计算公式是:

$$A=\frac{r\cdot g}{c\cdot \phi\cdot n}$$

A:停车场面积(m^2);r:高峰时期游人数量(人);g:各类车的单位规模(m^2/辆);c:每辆车容纳人数;ϕ:乘车率;n:停车场利用率。

其中,乘车率和停车场利用率可取 60% ~80% 。各类车的单位规模(按生态停车场标准)如表 8-1 所示。

表 8-1 停车场规划设计技术数据表

车辆类型(人数)	小轿车(2 人)	小旅行车(10 人)	大客车(30 人)	特大客车(45 人)
单位规模(m^2/辆)	17 ~22m^2/台	24 ~32m^2/台	17 ~36m^2/台	70 ~100m^2/台

8.2 给排水设施规划

8.2.1 给水工程设施规划

旅游区耗水量巨大,一般旅游地的旅馆每日每间客房耗水 700 ~1 500 L,高尔夫、游泳池等地耗水量要远远高于这一数值。由于水质的好坏也会影响旅游者对旅游景区的感知和满意程度,因此,旅游区除要合理预测旅游高峰期的需水量,着眼长远,充分满足各旅游区发展的用水需求外,其供水也要安全可靠,优先采用经过一定处理的地下水,使其符合国家饮用水标准,用经济合理的输配方式,输送到各用水区,满足旅游活动的正常开展和游客、当地居民及旅游区员工的正常用水需求。

与城市供水相比,旅游地供水工程有其独特性,主要表现为:用水区分散;淡旺季用水量波动性较大;水资源缺乏且用水标准较高;地形复杂,工程量大、造价高等特点。当旅游区在城市中时,可利用城市市政给排水的基础设施。

给水规划的主要任务是估算旅游地用水量,选择水源,确定供水方式,制定净水方案,布置供水管网,确定加压站位置及数量,水源地保护等,满足游人的用水需求。

8.2.1.1 预测用水量

旅游区用水量估算一般以旅游区用水高峰时的用水量为标准,具体步骤为:

(1)确定各类用水主体的用水标准,并预测各类用水主体的数量。

(2)计算出各类用水主体的用水量,然后通过加总计算出旅游区用水总量。

1)各类用水主体的生活用水标准如表8-2所示:

表8-2 旅游区各类旅游主体生活用水标准

类别	供水量
一般旅馆	100~200(L/床·日)
中级旅馆	200~400(L/床·日)
高级旅馆	400~500(L/床·日)
居民	60~150(L/床·日)
散客	10~30(L/人·日)
旅游区员工	50(L/人·日)

2)消防用水:一般按照整个旅游区总用水量的10%~30%估算。

3)其他用水:一般按照15~20 L/m^2的定额指标或总用水量的10%来计算。

8.2.1.2 选择水源地

水源地应满足水源充沛、水质良好、取水方便的条件,一般可来自外部城镇水厂直接供水、景区内部采水、直接供水与自采水相结合的方式。水源地选择应先从旅游区内部入手,因山就势,建立高位水库、蓄水池、拦河坝等,利用重力供水,或者利用地表水,如河流湖泊、溪流泉水等。有条件的旅游区,也可选择地下水作为水源,但需要测量其流量是否能满足旅游区的需求,化验其水质,是否能作为生活用水水源。

8.2.1.3 确定取水方式

有条件的旅游区可以选择自流方式,但有些旅游区只能选择抽水方式,应设置相应取水设施(如一级泵站、修建水闸和堤坝等)。究竟采取哪种取水方式,应根据旅游区的情况,充分考虑地形、经济、环保等因素确定。

8.2.1.4 净水方案及制水能力规划

所有的水源,必须引入蓄水池,经过净化达到国家饮用水标准才能使用。必须制定详细的净水方案,设计自来水厂、清水库、输送净水的二级泵站等,制水能力要与预测的旅游区用水总量相一致。

8.2.1.5 输水管网及配水干管布局规划

景区给水管网包括输水管渠和配水管网两大部分。水源的输送首先经过输水主干网从净化站输送到景区,再由支干网连接到景区内各分区,然后通过支管向各用水单位输送,最后通过用户管供给各类人员使用。

进行管道铺设、调节水量和水压、修建水塔。在敷设输水管道时,要根据景区发展规划、用地布局,考虑分期建设的可能,要根据地形和道路的情况进行布置,确定输水管道的走向、管径的大小和敷设方式等,一般在主干道上地势较高的一侧布置主管线。输水管道尽量避免穿越道路以及河流等,以免发生磨损。输水管网一般应敷设在地下,不能影响旅游区的美观。

很多蓄水池由于位置较低,很难向位置高的地方供水,必须加压。有些旅游区在供水时需要多级加压,应规划出加压站的位置和数量。

8.2.1.6 水源地保护措施

对旅游区水源地要规划相应的保护措施。在取水点周围半径 100 m 内禁止停泊船只,禁止游泳及其他可能污染水源的活动;在水源地周围 1 000 m 和下游 100 m 范围内不得排入生活污水;不能在蓄水、供水的上游地区布置接待设施、生活设施等。

8.2.2 排水排污工程设施规划

排水排污对旅游景区的环境质量有着显著的影响。对旅游目的地来说,合理的污水排放系统不仅能提高游客对旅游景区的印象,还能保证旅游地居民的正常生活,维护旅游目的地的生态平衡。排水排污工程规划的要点有以下几个方面。

8.2.2.1 预测排水量

旅游区排水量的预测,主要包括污水排放量预测和雨水排放量预测。污水排放量一般以旅游区的供水量为参照物,按其 80% 计算;雨水排放量一般以年降水量为参照,具体计算公式为:

$$污水排水量=旅游区供水总量\times 80\%$$

$$雨水排水量=年降水量\times 汇水面积\times 径流系数$$

旅游地一般植被丰富,土壤疏松,径流系数在 0.5 以下,植被较少的地方的径流系数也较大。

8.2.2.2 确定排水方式

分析旅游区产生的污水类型,确定主要的污水排放地点和排水方式。旅游区的排水方式主要有雨污合流制和雨污分流制,究竟采用哪种排水方式,应根据旅游区的具体情况而定。

一般情况下,旅游区排水大多采用雨污分流制。对于雨水采取散水、蓄水并重,综合治理的原则,一方面就要建设排水管道,根据地势就近排入河流或者湖泊中,管道的设计要依据夏季汛期降水量的记录,保证能够及时泄洪,或者进行截流蓄水,处理后作为补偿水源和灌溉用水。对污水的排放应根据用水量标准,计算出污水最大日排放量,可利用城市污水处理厂处理污水,保证旅游区的水质不受污染,保护景区水环境。

8.2.2.3 确定排水管道的走向、管径

旅游区地形一般较为复杂，景区排水管的设计和布置要考虑诸多因素，例如雨水的汇水区域划分、管线的平面布局、明暗渠设计、管道敷设等。排水管道敷设工程量较大，可采用明渠或暗沟相结合的方式，利用地形高差进行修建。

景区排水管网设计时应以景区地形状况为基础，结合接待服务设施的布局来进行，既要考虑技术上的通畅性，又要考虑经济上的合理性，充分利用地势，就近排放，依托景区旅游交通规划，尽量利用道路两侧的边沟来排除地面径流，生产生活污水尽量利用暗渠排放。排水管径的大小应与排污量相一致，最小的污水管和雨水管的最小管径为300 mm，最小设计坡度为0.002（塑料管）。

8.2.2.4 排污工程规划

旅游区主要的排污工程包括污水处理设施和雨水排放设施。

（1）污水处理设施　通常情况下，生产生活污水要加以适当的处理后方能排放，根据景区的规模，可以设置污水处理厂（站）、公厕污水处理设施、地埋式小型污水处理站和人工湿地污水处理设施等。

1）污水处理厂（站）。污水处理厂（站）一般适用于大型景区，可以是景区自建，也可以将污水通过管道汇集后送往区域中心污水处理厂进行净化处理。

2）公厕污水处理设施。公厕是景区不可缺少的环卫设施，方便了游客但也产生了污水。为了有效地处理公厕污水，景区一般会在公厕下面设置污水净化处理系统，最普遍的形式就是化粪池。

3）地埋式小型污水处理站。地埋式小型污水处理站适用于城市污水管网难以达到的景区或小型景区。

4）人工湿地污水处理设施。将污水投配在湿地上，通过“土壤—植物”系统在物理、化学及生物学方面的自净能力和净化过程，使污水得到净化的一种污水处理工艺。

对污水处理厂进行布局时应注意：①应布局于河流下游的地势低洼处，以便于对污水进行统一处理；②应远离游客集中地，与游客集中地有一定宽度的隔离带；③排污口应尽量接近污水处理厂以便于降低造价；④所处位置应留有足够的淤泥堆放空间。

（2）雨水排放设施　雨水就近用明渠方式排入溪涧河沟，或进行截留蓄水。大多数旅游区无须建设专门的雨水排放系统，以减少投资。但对于不能自然排放或自然排放不畅的旅游区，则需设立排水暗沟。在道路工程设施建设的同时，要预留足够的泄水通道。

8.3 电力电信设施规划

旅游区对电力的需求很大，在旅游旺季更是如此，因此，建立和完善稳定、足负荷的电力供应体系对于旅游景区的建设意义重大。旅游区电力供应的对象主要包括景区照明用电、电动娱乐设施用电及必要的动力用电（如抽水、旅游服务业和旅游商品加工等）。

在规划供电工程时，首先，遵循经济实用的原则，充分考虑旅游产业的发展和旅游区的规模大小来估算用电量，并利用现有的供电设施和设备，对其做进一步的调整和完善，

来满足景区开发建设的需要；其次，不应破坏环境的美观性，各种供电设施(包括变电所、变压器、供电线路等)，尤其是输电线路、杆、塔，在选择位置、架设方式、线路走向等方面，应以不破坏自然环境、不影响景观为前提，尽量采用埋设地下电缆方式，如必须使用地上架线，尽量做到隐而不露，远离景区道路，远离古树名木和重要景点，不破坏或少破坏树木；最后，要坚持就近供电、安全可靠的原则，在变电所周围架设护栏，以保证游客的人身安全。随着景区旅游业的发展，用电规模亦逐渐增加，供电设施还应充分考虑景区长远发展的需要。供电能力、变压器的容量设计应大一些。

8.3.1 电力设施规划

8.3.1.1 电力设施规划的内容

景区电力规划是在区域行政供电的基础上，对景区的电网进行合理布局，旨在合理配置景区能源供应，为景区的经营管理服务。一般来说，景区电力规划包括以下内容：景区电力需求预测；分区电压等级确立；景区供电模式规划；景区电网布局规划；景区电力线路的敷设。

8.3.1.2 电力需求预测

(1)电力负荷等级　景区电力需求预测是为了更好地平衡景区的电力供求，防止因电力供求之间的差异而产生电力的无谓消耗和电器无法使用的情况。

一般来说，电力负荷分为三个等级：一级负荷属于国家电网供电，全年的供电时间长达8 000多个小时，可以实现全天候供电，对于较大型旅游度假区和以大型娱乐项目为主的景区适宜选用一级负荷供电；二级负荷下，在保证旅游景区正常用电的情况下可以偶然断电，一般要求一回路供电，如果有需要可以设置自用电源；三级负荷下，可以随时拉闸断电，适用于受电力影响较小的景区。一般景区都无须全天候供电，因此，通常采用二级负荷和三级负荷。

(2)电力需求预测　旅游景区的电力需求主要分为三个部分：其一为生活用电，指景区中旅游者和经营管理人员所需要的照明、公共设施用电以及电器电热用电等；其二为农业及其副产品加工用电；其三为生产动力用电，如索道、给排水用电等。对于第一类生活性用电，其计算公式为：

$$用电负荷=人均用电标准\times预测接待人数$$

通常在估算景区用电总量时，还应该乘一个同期需求系数，否则，估算出来的用电需求量偏大。

后两类用电量计算公式为：

$$用电负荷=国家供电定额指标\times用电时间$$

典型区域的用电负荷如下，空调(700 kw)，客房(450 kw)，餐厅和酒吧(300 kw)，洗衣房(200 kw)，游泳池、桑拿(130 kw)，外部照明(130 kw)。

(3)电力负荷影响因素　在确定景区用电负荷时，还应该考虑下列因素：

1)高峰期旅游者人数、员工人数以及景区内居民人数等。

2)当地的气候特征，如空调与房间的供暖需求、建筑设计特征。

3)可替代性能源,如天然气、石油、综合供暖与供电、区域供暖系统等。

8.3.1.3 供电类型及设施

景区的电力通常都是由区域发电厂直接输送,然后通过地方变电站或变电设备向景区内输送。区域发电厂主要有两种,即火电站和水电站,在需要的情况下,部分景区还配有应急发电站。

(1)火电站　按照不同的燃料,火电站可以分为固体燃料型和液体燃料型。一般火电站应分布在交通便利、水量充足、有足够空间的场所,但是火电站会产生较为严重的环境问题,一般不宜在景区周边使用。

(2)水电站　水电站可以和景区内的水体景观和防洪蓄水等功能设施结合起来,水电站要求拥有落差较大的河道,并且全年水流的变化较小。

(3)应急发电站　对于与电力紧密相关的景区,为防止因停电带来的损失,应配置应急发电站。通常情况下,应急发电站为应急照明、冰箱、水泵、电梯以及其他重要的设施供电,这部分用电约占用电负荷的30%。应急发电机最好能够使用蓄电池自动开机运转,并且装配延时装置恢复至正常电路。

(4)变电站　为了减少电力传输过程中的损耗,由发电站输出的电为高压电,因此,在景区周边不同区域的用电需求,应在主要区域设置变电站或变电箱。

8.3.1.4 电力网线布置要求

(1)景区的高压线路架设既要考虑不破坏景区自然景观,要求尽力隐蔽,同时又要使供电安全经济。

(2)在地形复杂、施工及交通运输不便并影响景观地段,不要埋设电缆。

(3)在重要景区、景点的敏感度区域可视范围内,为不影响景观环境气氛,供电线路均应设地下电缆。

(4)采用架空线与电力电缆相结合,并以架空线为主的网线布置方式。

在景区服务中心,或重要部门单位应配置备用电源(柴油发电机等),提高供电可靠性。

8.3.2 电信设施规划

通信条件是衡量现代旅游硬件基础的最重要指标之一,是影响游客对某旅游地评价的重要影响因素。因此,旅游规划要在规划地进行尽可能全面覆盖的通信设施规划设计,电信设施系统主要包括通信接入系统、电话交换系统、信息网络系统、综合布线系统、室内移动通信覆盖系统、有线电视及卫星电视接收系统、广播系统及其他相关的通信子系统。

电信设施规划基本要求:

(1)架空线路不得破坏自然景观及风景林木,要架空线路与电缆埋设相结合。

(2)建立景区的对外通信网络,建设长途电话线路,安装载波电报及电话终端机设备,开通国际及国内电报及直拨电话业务,并建设微波通信,确保景区的邮政、电讯、电传及电视服务配套,保证国内、国外的通信畅通。

(3)建立景区内部通信网络,对较远的景点及接待点的通信,要求采用超短波调频无线电话,配套选择呼叫器,使整个旅游景区组成超短波无电讯通信网络。

(4)为适应科学先进的管理方法,在景区内部可设计算机终端中心,进行控制及管理。

8.4 安全与防灾设施规划

8.4.1 安全设施规划

旅游安全系统是一个具有安全保障功能的系统,它主要包括三个子系统:预防系统、应急救援系统和管理保障系统。

8.4.1.1 预防系统

预防系统是为了预防安全事故的发生而设置的系统。在旅游安全系统中,预防系统十分重要:一方面,预防系统可以使游客远离危险区域;另一方面,预防系统可以保护景区的重要资源不受外界的侵害。预防系统主要包括监控与预警系统、标识系统、交通保障系统、安全设施系统。

(1)监控与预警系统　监控与预警系统包括监控系统和预警系统。监控系统是为了全面掌握旅游区的安全情况而设置的系统。预警系统是为了预防自然灾害、环境污染及游客超量而设置的系统。预警系统一方面对可能发生事故及灾害的区域提前发出预测和预警信息,防止或避免其发生;另一方面对已经发生的事故发布报警信息,减少事故损失,保卫人们生命财产安全,控制其发展。

随着现代信息技术的发展,通过"网络摄像头"便可以实现一天24小时对某一地区的实时监控。景区规划时应该考虑建立一套覆盖景区的实时监控系统,实现景区和整个旅游安全系统的"无缝"连接,全面掌握景区治安情况。监控系统设置应从确保游客安全利益出发,以游客游览线路为重点,兼顾景区安全防范工作等内容,保障游客在景区内游览活动的人身和财产安全。景区监控系统前端摄像机安装部位应当结合实际确定,一般包括:停车场、出入口、售票处、外币兑换、游览线路、索道缆车、游乐设施、游船码头、古建筑物、食宿设施、重点岗位、要害部位、游客疏导缓冲区及景区周界等。在安装摄像机部位应当设置明显标识。

预警系统的建设可以分为以下三个部分:自然灾害预警、环境污染预警和环境容量预警。环境容量预警旨在提醒旅游者合理选择相应时期内的旅游目的地,避免旅游地客人的过分集中、人满为患,而造成的对旅游者、旅游地生态环境和人文环境的损害与破坏。规划可采用以下方法来调控游客容量:建立信息监测系统,增加旅游项目的接待能力,实施交通管制,重视旅游安全,维护旅游秩序,规避旅游事故,尽量在游客规模不超过游客容量的前提下提高风景资源的利用效率。

(2)标识系统　标识系统主要是指对旅游途中标识牌的规划设计、安装和维护保养。它的最主要目的是引导游客安全有序地进行旅游活动。此外,标识系统在加大对旅游安全的宣传教育,增加人们对旅游活动过程中潜在危险的了解,提高游客的自我保护意识方面也有很大作用。

1)标识牌应有适宜的布局地点、安放高度和角度,数量要充足,不宜杂,不宜多,也不宜滥。布局应合理有序、有一定的连续性,尤其是在一些道路迂回曲折的景点,容易发生事故和造成污染的地方,一定要设置标识牌,提醒游客注意。

2)标识牌的内容应简明、准确、科学、完整、醒目。例如,“小心路滑”“注意防火”“请保护文物”“请文明游览”。

3)标识牌的选材应具有生态性。生态性是指标识牌的制作材料应该尽量就地取材,避免对当地的生态环境造成破坏,尤其是室外标识牌,最好采用天然材料,诸如石材和木材等。

(3)交通保障系统　交通保障系统主要包括公路、游步道、客运索道、桥梁、停车场及其他交通方式的规划设计、建设和维护保养。

交通保障系统的规划应满足两条原则:①在设计时应避开危险区域及需要保护资源的区域,以减轻环境的压力;②设计应符合国家标准,例如,紧邻陡崖的游道,要及时清除上方险石,必要时外加金属网防护,同时还要参考安全水位线,修筑逃生通道,将健身步道与逃生通道相结合。

在为索道选线时,要避开传统的步行登山道路,以保证道路两旁的自然景观、文物古迹不受破坏;在建造过程中,要大量使用新技术、新工艺,以减少对自然环境的破坏。

(4)安全设施系统　安全设施系统主要包括对山洪、海潮、水坝泄洪、雷电、地热的安全防护安排,对地表输电线、旅游消防设施、避雷设施等工程设施的规划设计、维护,以及对水上活动安全设施、攻击型野生动物防范设施、照明设施等的安排和维修保养。在建设安全设施系统时,要坚持以下原则:以保护景区游客安全为主;不破坏生态系统;与景区的旅游容量相适应。

在景区中配置与防火要求相适应的消防设备、器具、消防通道及火警监控系统;在重要建筑物内,特别是全木结构的旅游设施,要配备足够的灭火器,要确保消防设施和通道的完好和畅通,消防设施的完好率应达100%,定期检查旅游景区内的避雷设施;所有安全疏散通道和出入口均设置安全指示标志,保持畅通,符合《消防安全标志第1部分:标志》(GB 13495.1—2015)及《消防安全标志设置要求》(GB 15630—1995)有关消防管理的规定和相应的国家标准。游客聚集的室内景点应设置疏散通道,建在水库与河边、林中的旅游服务设施,要考虑在雷雨季节旅游避雨时的安全;对旅游船舶应按船舶检验标准配备救生设施,严禁超员超载,环保船上必须设立各项安全标志牌,配备齐全各种消防器材,确保旅游者的安全。旅游景区内游人集中且易发生跌落、淹溺等人身事故的场所,以及依山傍水等存在安全隐患地段应设置安全防护栏杆、安全警示牌。安全防护栏杆高度应大于1.05m,高差较大处可适当提高栏杆高度。各种装饰性、示意性和安全防护性护栏的构造做法,避免采用锐角、利刺等形式。电力设施、猛兽类动物展区以及其他专用防范性护栏,应根据实际需要另行设计和制作。

8.4.1.2　应急救援体系

应急救援系统是为了实施安全救援、迅速解决安全事故而设置的系统。当旅游事故发生时,迅速地启动应急救援系统可以减少损失,挽救生命。旅游区的应急救援体系是由旅游接待单位、旅游救援中心、保险、医疗、公安、武警、消防、通信、交通等多部门、多人员参与的社会联动系统。主要涉及的部门包括:景区(点)、旅游企业、旅游地、保险机构、新闻媒体、通信部门等。

在游客服务中心和游客主要集散地设置安全应急处理中心,统一旅游区在灾前、受灾过程中、灾后的信息处理及决策发布。在各游客服务中心至旅游景点及旅游部(服务点)的交通道路按照防灾通道进行规划设计,保证灾害发生时的交通顺畅。修建临时避灾场地配备一定的应急水源、应急电力系统、应急排污系统和应急垃圾处理系统等,在灾害发生后短时间安置受灾群众。

人流聚集处和易发生突发事件处结合数字景区建设设置监控设备,及时将旅游区内部的各类信息反馈到景区管理调控中心。建立旅游区统一的应急救援管理队伍,负责应急救援相关的预报、规划、教育、协调以及相关制度的建立与执行等职能。

8.4.1.3 管理保障系统

能否建立一个健全的管理保障系统是构建旅游安全系统的关键。一个合理完善的管理保障系统不仅能保障旅游区的日常安全管理,还要在事故发生时采取及时有效的措施。管理保障系统包括景区的安全管理机构、安全管理制度、安全政策法规体系等。这三个系统相互作用、相互联系,共同组成一个有机系统,从而更好地为旅游安全提供保障。

8.4.2 公共卫生设施规划

习近平总书记强调要健全公共卫生和疾病预防控制体系。重大突发公共卫生事件在危害公众生命健康的同时,也对各行各业产生了不同程度的冲击,旅游业首当其冲。面对重大突发公共卫生事件,旅游业要做的不只是疫后应对与恢复的方案和机制设计,更重要的是建设旅游公共卫生预防体系。尤其是旅游新景区和新项目的规划与开发,要把卫生防病问题列入总体规划全面考虑。

8.4.2.1 旅游卫生设施规划

(1)旅游住所卫生　旅店的新建、改建,扩建工程的选址、设计应符合国家有关的卫生标准和要求,必须执行建设项目评价报告书制度。卫生评价报告书应在建设项目可行性研究阶段进行,施工设计前完成。新建旅店选址时,要选择地势高、干燥、通风、水源充足、交通方便的地点,应远离垃圾场、养殖场、采石场、机械加工和金属冶炼等场所,防止各种工业性污染。在客房设计时,必须考虑采光、取暖、通风、防噪、排污、紧急疏散等与人体健康和生命安全有关的卫生要求,做到科学合理。

(2)旅游食品卫生　旅游景区餐饮店必须严格按照国家《饮食建筑设计标准》(JGJ 64—2017)选址和设计,经过公共卫生监督部门的预防性卫生审查。旅游景区餐饮店应设在地势高、干燥、通风、水源充足、交通方便的地点,远离垃圾场、养殖场、污水坑以及其他危害食品卫生的地方。餐厅、操作间、清洗消毒间、库房的设计都应考虑通风、防鼠、防蝇、防尘、排污、清洗、消毒、保洁的卫生要求。

(3)景区饮水卫生　在开发建设景区时,要按照国家生活饮用水卫生标准的有关规定，选择水源、修建自来水厂和供水系统，确保生活饮用水卫生、安全。水源选择要考虑历年的水质、水文、地质情况和取水点附近地区的卫生状况。水源应设置卫生防护地带，以杜绝游人进入防护圈。如在取水点周围 100 m 的水域严禁有捕捞、停靠船只、游泳和从事可能污染水源的任何活动。

(4)景区环境卫生　景区的垃圾、生活污水、粪便的排放和无害化处理既关系景区环境卫生、旅客健康，又关系景区生态环境保护。景区的公厕建设应结合景区实际需要，设置数量足够、清洁卫生、布局合理的公厕(具体规划内容见本节 8.5.2)。景区的生活污水排放系统，要按照国家有关环境保护及卫生防病的法律法规设计、修建和使用(具体规划详情见本节 8.2.2)。

8.4.2.2　预防与预警体系

(1)建立严格规范的预警管理制度　预警管理制度主要针对传染病的三个基本条件，即传染源、传播途径和易感人群进行分类制定。其中，传染源的预警管理制度是监督各旅游地不卫生行为，传播途径的预警管理制度主要包括旅游者身心健康状态的收集，易感人群的预警管理制度主要包括风险提示、防护建议与诊疗方案。

(2)建立系统的宣传教育管理制度　旅行所引致的传染病传播在很大程度上是因为旅行者缺乏对公共卫生的重视。因此，必须制定系统宣传教育管理制度进行日常旅行公共卫生知识与教育的普及宣传，为游客集散中心、客房、人口密集的室内场所制定详细的卫生规范要求，提高旅行者们注重旅行公共卫生的意识。

(3)景区疾病的流行病学侦察和预防　随着不断的新旅游景点被发现和开发，尤其是探险性旅游项目的开发，旅游者可能进入人迹罕至的原始森林。因此，在开发建设新旅游景区和旅游项目时，应做好自然疫源性疾病的流行病学侦察，比如地形、地貌、土壤、植被、气候等自然地理景观，媒介昆虫、啮齿动物等生物种群的分布和消长及其带菌(病毒、虫)等情况的调查。在此基础上制定相应的防治对策，采取切实可行的预防措施。总之，要本着既不破坏自然生态环境，又能保护游客身体健康和生命安全的原则，开发新的自然景区和旅游项目。

(4)卫生监督系统　公共卫生管理系统全面对接智慧旅游系统。对接市级和县级的数字化监管布局，搭建景区级别的公共卫生监测平台。将包含执法记录、移动执法、在线检测、视频监控、数据云存储等内容的系统平台应用到现场执法、远程监督检查、应急处置等领域，建立比较完善的卫生监测制度。将远程监测和现场直测相结合，对重点场所进行水质、空气卫生质量实施监测。

(5)建立面对突发公共卫生事件的治理体系　强化旅游公共安全规划，在开放的景区景点要做好人群聚集时导流、引流、分流的预案，落实职责，明确到人，以免相关事件发生时手足无措。

(6)日常性监督检查制度　按照国家有关的法律法规，对景区饮食、旅店、娱乐等行业的从业人员卫生知识培训情况进行监督和指导，对景区的食品卫生、饮用水卫生、公共场所卫生和防病治病的管理措施进行监督检查并依法发放从业人员健康证、执业许可证和卫生许可证。定期向社会公布卫生监督监测结果，对于那些违反国家卫生法规的行为，要依照相关的法规进行处罚。

8.4.2.3 医疗卫生救援设施

景区应根据规模大小、游客多少和交通情况，在各景点、服务点设置必要的应急通信及医疗救护中心等救援设施，在服务点设置紧急用药存放点，以满足游客紧急情况的医疗救助需求。在适当的地方设置数量充足的标志和电话，便于游客救助时使用。西部地区的不少自然景点地处高原，气候特殊，而且交通、通信不便，突然的海拔高度变化和气候变化都是一些疾病发生的诱因，因此设立适当数量的医疗急救机构如高原急救中心，使其具备相应的医疗救护条件，对于保障游客的身体健康和生命安全非常必要。

8.4.3 防灾设施规划

8.4.3.1 防洪排涝

根据防洪排涝标准完善防洪排涝设施建设，根据旅游区水量大小设计相应的洪水标准，并按照相应的标准进行设防，保证旅游区游人生命和旅游设施安全。在洪泛区不得建造任何永久性建筑，区内主要道路标高不低于洪水位。对建设工程加强监督管理，促使建设单位按水保方案做好水土保持工作，有效地减少水土流失。做好流域普查山洪灾害易发区(点)，加强山洪防御的预案编制、监测预警和宣传教育。

8.4.3.2 工程地质灾害防治

对易发生滑坡地区，采取植树造林、水土保持等防治地质灾害发生的措施，加强地质灾害点检测和防灾预警预报工作，制定地质灾害应急救护预案，永久性建筑物应避开断层位置。规划要求对易灾体进行监测，并组织人员对易灾体的治理进行相关的技术论证工作，根据论证结果，采取相应的工程治理。

8.4.3.3 森林防火和森林病虫害防治

健全森林防火机构，加强消防队伍技术培训，设置森林消防器材，满足森林防火需要；完善森林防火隔离体系，各景区、主要景点周围种植以不易燃树种为主的防火隔离带。重视宣传游客安全防火知识和应承担的法律责任，并依法实行严格的处罚措施。

加强旅游区内森林病虫害防治措施，设置生物灾害防治专管部门，定期定员对景区实施全方位检测覆盖，定期排查，经常性地进行常见森林病虫害的喷洒防治，有效控制和消除森林病虫害的发生。制订相应药剂防治计划，采用高效安全、环境友好型的动植物源的新型农药，分时分区喷洒，保障景区正常游赏活动。

8.4.3.4 消防规划

结合旅游区分类分级保护规划，确定火灾风险评估等级和消防保护措施，设立消防站点，配备相应消防设备和执勤人员。同时，旅游地各项基础设施规划中充分考虑消防功能，以保障火灾预警及时、消防通行通畅、灭火供水充足和景观建筑安全。

8.5 旅游环境卫生设施规划

旅游区的环境卫生设施可分为两类：一类是公共卫生设施，包括集中式垃圾箱、路边垃圾箱、公共厕所和排污设施等；另一类是专门卫生设备和工具，主要是卫生工作人员适用的卫生清扫工具，如垃圾运输车、垃圾清扫车以及其他专用工具。

旅游区内卫生设施的设置应本着方便、耐用、美观和协调的原则，合理安排数量和布点。其中方便和实用是最基本的要求；美观是指各种卫生设施的外形要体现旅游景区的特色，具有一定的艺术美；协调是指卫生设施要与旅游景区的整体形象特别是要与相邻的景物相协调，最好在建筑设计上融为一体，内部功能具有实用性，外观形象上又成为景观的一部分。

8.5.1　垃圾处理设施规划

旅游区生活、生产垃圾可以通过规划、管理予以控制。游客产生的垃圾要有专门的垃圾箱或垃圾桶收集，垃圾箱或垃圾桶应安放在游览线上或游客集中的地方，并派专人管理，定期收集清运。

(1)垃圾箱布设　在旅游区内道路沿线、观景点等区域按照要求设置垃圾箱。在游客集中的接待区，垃圾箱按 50 m 间距布设；在接待设施和娱乐设施较集中的区域，垃圾箱按 100 m 间距布设；在登山游道和游客较少的探幽游道，垃圾箱按 200 m 间距布设。垃圾箱的外观要求美观、适用，并要求与周围环境相协调。

(2)垃圾转运站布设　垃圾转运站是重要的环卫基础设施之一，它的分布是否合理对区域内的卫生状况有重要的影响。根据旅游区所在地区的垃圾中转现状及选址，在旅游区内合适的隐蔽处设立相应规模的垃圾中转站。各旅游服务点设隐蔽性垃圾收集点，定时收运，送至垃圾中转站统一进行收集处理，严禁随意倾倒垃圾。

(3)垃圾卫生填埋场布设　为了卫生填埋场运行和管理的高效性，应统一布局大型的生活垃圾无害化卫生填埋场，或以区域为单位设置小型的卫生填埋场。

(4)环卫设施规划　根据规划垃圾产生量确定相应的环卫车辆数量和环卫车辆停车场。环卫车辆停车场的用地指标按环卫车辆 150 m^2 / 辆计算。环卫清扫、保洁区每 0.8 万 ~1.2 万人设置一个环卫休息场所，占地一般为 120 ~ 170 m^2。设置环卫班房，供环卫工人休息、更衣及停放小型车辆、工具等。

可采取划片包干的方法，除专业环卫人员外，服务点值班人员，商业点经营人员同时必须负责各自区段和片区的卫生管理。采取严明的奖惩办法加强卫生管理。

8.5.2　旅游厕所规划

8.5.2.1　旅游厕所分类

(1)按照建设性质分类　旅游厕所按照其建设性质可分为独立型厕所、附属型厕所和临时性厕所。

1)独立型厕所。独立型厕所是指单独设置，不与其他设施相连的旅游厕所。该类厕所可以防止被其他周围设施的活动干扰。

2)附属型厕所。附属型厕所是设置于其他建筑中供旅游者使用的公共厕所。

3)临时性厕所。临时性厕所属于为满足临时需要而设立的旅游厕所，包括流动公厕、简易搭建的公厕等。

(2)按照质量等级分类　《旅游厕所质量等级的划分与评定》(GB/T 18973—2003)将旅游厕所划分为五个星级。2016 年,新的国家标准《旅游厕所质量等级的划分与评定》(GB/T 18973—2016)正式出台,该标准取代了 2003 年的标准,其中对旅游厕所的等级划分由原来的五个等级(星级)改为三个等级(A 级),新标准提倡简约、卫生、实用、环保,反对豪华,取消四、五星级档次,按照从低到高的顺序,分别是 A 级、AA 级、AAA 级。A 级越高,表示厕所等级越高。

8.5.2.2　旅游厕所的选址

景区中旅游厕所的选址一方面要从旅游者的行为特征和需求考虑,表现出规划者对旅游者的人文关怀,另一方面又要注重厕所对景观和环境的影响。因此,旅游厕所在选址时应从下列角度考虑:

(1)需求量　需求量是旅游厕所选址的首要因素。景区的出入口、停车场、展览场地、服务中心、游憩活动区域等都是旅游者集聚的空间,对厕所需求量也相对较大。因此,旅游厕所应优先布置于游客数量较多的场所。

对于景区内厕所总量的设置,应按照接待旅游者数量的 2% 左右估算。而男女厕所的比例应通过现场或其他同类景区调查取得相关数据。旅游者密度大的地区厕所的服务半径较小,厕所的数量或厕位要相应增加;旅游者密度小的地区厕所服务半径较大,厕所或厕位的供应数量可以相应减少。

(2)景观　旅游厕所应尽可能安排在非主要景观视线范围内,如背对主要眺望区域或设立于较为隐蔽的区域。

(3)便利度　便利度是衡量旅游厕所选址好坏的一个重要指标。为方便旅游者找寻厕所,需要深入研究视线的引导以及动线的自导性。如果将厕所设立于较为隐蔽处,则应在醒目处设立指示标志。

(4)风向　自然型旅游区中的简易厕所容易产生异味,因此,在选址时应考虑将其布置于旅游旺季季风风向的下风处,避免因厕所的气味影响游客的旅游体验。

(5)供水　通常采用冲洗式,因此,需要足够的水源进行支撑。对于无法获得自来水的区域,厕所应尽量靠近水源充足之处。

(6)污染　旅游厕所污物无论通过化粪池还是地下渗透方式处理,都会造成一定的环境污染。因此,旅游厕所还应与水源地保持适当的距离。

(7)地形　厕所所在区位的地形十分重要,一方面要保证旅游时能够方便地如厕,特别是要关怀残疾旅游者的需求;另一方面,还要注重保护旅游者的隐私。因此,旅游厕所一般要设置于地势平坦处,地势过高显得过于突兀,地势过低则容易让厕所周围旅游者看到厕所内部。

8.5.2.3　旅游厕所的配置

旅游厕所的配置是指旅游厕所内部要素配置以及旅游厕所与外部景区要素之间的关系的处理。

(1)旅游厕所四周环境的营造

1)厕所外围道路的处理。厕所外围道路是旅游者前往厕所的必经之路,因此,在道路铺面的处理上,一方面要让旅游者能够顺利舒适地到达,另一方面则要求对保持厕所的整洁卫生有利。因此,通向厕所的外围道路应加以适当的抬高,并采用硬质铺面进行处理。这样除可以防止因雨水淹没通道而使旅游者行走不便外,还可以减少旅游者将泥沙带入厕所内的可能性。

2)旅游厕所周边植栽的选择。厕所周边植栽主要考虑环境的美化以及厕所私密性的保护,因此一般都采取高大的树木与低矮的绿篱相互配合的方式。

3)厕所附属设施的规划。为了方便旅游者,优质旅游厕所还应从旅游者的切身需求出发,为其提供附属服务措施和项目,如我国《旅游厕所质量等级的划分与评定》标准中就规定了我国旅游厕所应该提供的相应附属服务,如 AAA 级旅游厕所就应提供物品寄存、手机充电、电子信息等服务,必要时可提供轮椅、婴儿车、雨具、拐杖的租借。

(2)厕所外观造型

1)外形。旅游厕所外形的设计与景区类型有密切关系。就自然型旅游景区而言,在景区大门、停车场或游客服务中心地带,旅游厕所可以采取现代化的外观设计;景区内部则应该与当地文化氛围相一致,采取较为原始外观形式。文化型景区的所有旅游厕所都应采取与当地文化氛围相一致的外观造型,这样才能给旅游者以独特的个性化感受。

2)材料。旅游厕所在建设材料的选择上把握两个原则:一是要经久耐用且易于维修,其二是要具有当地特色,如山区可以采用石板材或竹木等材料。

3)色彩。旅游厕所在外部颜色上应与景区的总体色调保持一致,不能让旅游者觉得过于突兀。

8.6 植被抚育与绿化规划

植被的抚育与绿化要根据区域现有的地形地貌及植被状况进行规划,建设具有地方特色、有较高生物多样性与景观多样性的植被类型,丰富生态旅游区景观,从整体上绿化和美化旅游区环境。

8.6.1 植被的保护、抚育与改造

8.6.1.1 严格保护森林植被

旅游区内的森林既起到水土保持作用,又是旅游区的重要景观,要严禁盗砍滥伐、开山取石、放牧牲畜破坏自然植被。在已有的乔木疏林、残林及灌丛山坡实行封山育林。旅游区管理机构,要加强对森林火灾的预防和病虫害防治,以杜绝林区火灾及病虫害的发生。

8.6.1.2 抚育、补植和改造次生林

对于观赏和经济价值低的落叶萌生林、残败次生林、稀疏灌丛,均宜按要求进行改造、补植,改单一树种植为混交林。在树林中空地上,见缝插针补植风景林及少数观花摘果的经济林,如油松、黑松、侧柏、大叶女贞、石楠、银杏、桃树、杏树等,使之逐渐形成常绿与落叶树种相结合的混交林。常绿树种要占林地的20% ~30%,使景区终年见绿,以丰

富林木季相景色。

8.6.1.3 增加森林树种的色彩性、多样性

在林中空地、林缘地丛植或片植色叶树木，如五角枫、槲树、火炬树等经霜红叶树，以表现万绿丛中一点红的色彩变化。

8.6.2 绿化规划

8.6.2.1 绿化规划的原则

(1)坚持森林的保护与植被建设相结合，绿化树种的观赏价值与经济效益相结合，点线面绿化相结合，乔、灌木与草相结合，针叶林与阔叶混交林相结合，观花树与摘果树相结合，速生树种与中生性树种相结合的绿化方式，使植物群落的色彩层次、虚实对比丰富多彩。

(2)适地适树选择绿化树种。道路绿化景观材料选择的第一原则就是就地取材，乡土植物才是最适宜的，景区内各个需要改造的树林区域或者植物群落，都应该根据当地的气候、水文、土壤等各种不同的地上和地下环境条件来进行合理的选择植物材料。在以当地乡土树种为主的基础上，注意绿化树种的多样性、多彩性；重视发展花果兼优的风景林及经济林；注意选择观赏特色突出、季相变化鲜明的珍稀树木，以丰富旅游区景色，力求达到四季常青、三季有花、四时景色各异。

(3)景点附近绿化必须紧扣主题，突出景物风貌，以达到烘托气氛，引人入胜的画面。

8.6.2.2 旅游区内各地段绿化

在风景区入口，要有比较明显的具有标志性的，反映该景区文化特点的，自然、真实的道路设计风格，而道路两侧应有烘托其标志文化特征的绿化种植，如当地有名的或有社会文化价值的大型乔木等，还应合理设置适量的移动式花坛或花池，种植花期较长、观赏性高的低矮灌木或花卉，位于游人视线的焦点处，通常不会种植大量的植物以方便进入风景区的车辆能顺利通行，而再往景区深处，其道路绿化就应该主要以保留和保护原景区内的原始状态为主，不需要也不允许对道路两侧的植物群落做过多的景观改造和几何处理，应直接使用两旁的原生植被，尽量少的涉入人工痕迹，以保证其生态性。

具体而言，旅游区内各路段的绿化主要包括以下几方面的内容：

(1)车行道绿化　车行道绿化既要考虑行车方便、安全及满足游人对树荫的要求，同时又要具有较高的观赏性。车行道绿化常采用常绿树与落叶树带状混交为主，配植时常绿树在内，落叶树在外，相向列植。路面宽的绿化带，树下还需配植花灌木或宿根性地皮花草(麦冬、沿街草、葱兰等)。为了避免道路绿化千篇一律、单调呆板现象，可按地形分段栽种不同组合的绿化树木，有蜀桧—悬铃木、女贞—毛白杨、广玉兰—栾树、黄杨球—雪松等。

(2)游路绿化　游路宜用自丛式种植，随地形变化以乔木、灌木配植成自然群落，并与景物共同融合于周围环境之中。登山步道两侧宜配植观赏性强的乔、灌木，如樱花、合欢、百日红、月季、葱兰等。

(3)河溪绿化　河溪绿化要与游路绿化相结合。沿河溪可植竹子、垂柳、水杉、乌柏、

山茱萸等风景林树种。河溪两岸土坡遍植花灌木如迎春花、迎夏花和连翘等。

(4)停车场绿化　旅游区停车场规划的首要问题是“自然”,包括场地本身的“自然”及与周围风景衔接的“自然”。最好是借用自然的地形,就势建造。停车场区内大客车与小汽车要分区停放,用绿化及道路划分出各自的停车空间。小汽车停车场常常结合场地地形及建筑物布置情况灵活分散成几个组来布置。其次是尽量留地于人。有条件的地方应尽量将停车场建在地下或水下,而腾出的地面最好用于建游园,搞绿化,或扩大水面。建在地下或水下的停车场要综合研究,科学设计,其内部设施要现代化。

旅游区停车场按照生态停车场的标准进行规划建设。生态型的停车场宜采用组团式、分散式的布局。采用绿化草坪砖,以灌木为隔离线,用高大乔木和藤蔓植物遮阴。景区的停车场应成为景观,避免采用使大面积车辆曝晒的硬化停车场。可采用太阳能电池板或太阳能集热器作为停车场的车棚,既可防止车辆曝晒,为开空调而多耗油污染景区空气,又可以为景区提供绿色电源。

(5)游客集中区域绿化　在游人数量很多的区域,如风景区内大型的休息地、建筑较多的地方、景观节点处,其植物设计都应该尽可能地减少人工痕迹,其设计原则和手法除了同其他园林景观中相似以外,还应该同整个风景区的风格相联系,考虑景区环境的特质和影响,各景物之间,例如山体、地形、水体等的相互呼应,可以采用见缝插绿、见缝插景的方式进行绿化,山体护坡坡面绿化和垂直绿化的改造,都应该是以纯自然式手法为主,切忌使用大面积的单一草坪样式,不仅植物景观丰富度不够,而且养护和管理费用相当高,可将不同种类不同数量的乔灌草以不同栽植方式配置在道路两侧。游客服务中心可以高大乔木作为基调树,与花灌木和地被植物结合,一般采用规则式种植,形成前后层次丰富、色块对比强烈、绚丽多姿的植被景观。

8.7　智慧旅游基础设施规划

在国家层面,《中华人民共和国国民经济和社会发展第十四个五年规划和2035年远景目标纲要》提出“加快数字化发展 建设数字中国”;在行业产业层面,文化和旅游部实施《关于推动数字文化产业高质量发展的意见》,住房城乡建设部提出《关于国家级风景名胜区数字化景区建设工作的指导意见》,旅游数字化、旅游景区智慧化新基建建设迫在眉睫。智慧旅游设施规划主要从智慧旅游服务设施规划和智慧旅游管理设施规划两个方面入手。

8.7.1　智慧旅游服务设施规划

智慧旅游服务设施规划需要以满足游客需求、提升旅游体验为目标,为游客提供旅游资讯、旅游产品推荐、旅游产品优惠促销活动信息、旅游行程规划、门票酒店预订、景区导游导览、虚拟旅游、旅游地图服务和导航、互动评论等贯穿旅行全过程的服务。具体从以下几个方面入手:

(1)信息服务设施　建立基于互联网的大屏、广播、门户网站、触摸屏、微信、微博、移动 App、手机短信等多种旅游信息发布渠道。通过门户网站、微信公众号、移动 App、触摸屏等提供景区基本介绍、开放时间、门票优惠、游览线路、重大活动、宣传视频、官方攻略等信息查询服务。在景区出入口、游客服务中心通过大屏实时显示景区各景点的客流最大承载量、在园人数、游览舒适度、天气状况、空气质量、节目演出场次和注意事项。在景区停车场通过大屏显示实时剩余停车位数量信息,可提供反向寻车、自助缴费服务。在景区游览车登车等候区、讲解员服务咨询处显示服务等候时间。在门户网站、微信公众号、移动 App 提供景区景点门票、游览车票、讲解员票、住宿餐饮的在线预订,需要控制客流量的景区可提供游览时段预约。

(2)自助售检票设施 建设景区售检票系统,加强二维码、身份证、手机、旅行年卡、人脸识别、指纹识别等电子门票的应用,提供自助购票与取票服务,形成全电子化的自动售检票工作模式。建设统一收银系统,能对景区所有的商业服务实现统一收银,支持银联卡、微信、支付宝等电子支付方式。

(3)智能导览与虚拟体验设施 使游客实现实时观景,随时随地使用手持终端或手机即可看到不同区域的当前人流、天气、景观。提供基于景区电子地图的游览路径引导服务,支持景点和餐饮点、购物点、厕所、游客服务中心等服务设施的查询、定位与引导服务,实时进行景点生态及文化解说,并推荐附近的景点、餐厅、商店等。提供语音讲解器、移动 App、微信二维码等一种或多种自助导游讲解服务。

在门户网站、微信公众号、触摸屏系统提供景区虚拟旅游体验服务,可查看到景区重要的景观、名胜古迹、历史文物的全景图像或三维场景。可在游客服务中心、重要景点提供沉浸式的虚拟旅游设备及其体验服务。

(4)WIFI 覆盖 推进机场、车站、码头以及宾馆饭店、旅游景区、旅游度假区、乡村旅游点、商业步行街区等游客集中区域的通信基础设施建设,扩大无线网络覆盖范围。

(5)救援服务设施与平台 在景区信息发布醒目处提供应急服务联系方式,信息发布系统应能够及时发布应急信息。在微信公众号、移动 App、景区人流密集区、主要景点、安全隐患处提供一键救援服务,并自动上传救援位置、类型等信息。通过微信公众号、移动 App 快速接收应急指挥中心提供的救援响应信息,查询和求助周边救援人员。

(6)在线投诉服务平台 通过门户网站、微信公众号、移动 App、触摸屏等多种方式提供游客满意度在线评价服务。建立电话、邮件、门户网站、微信公众号、移动 App、触摸屏等多种投诉、建议受理通道,同时可实现后台的信息快速录入、自动分发与分级处理,并使游客可在线查询投诉的受理状态和处理结果。

8.7.2 智慧旅游管理设施规划

(1)运营管理系统 围绕景区售检票、停车、投诉建议、咨询讲解、车船管理、游客接待(公务接待、团队接待、散客接待)、园林绿化与卫生管理、设施运维、演艺等常态业务运行管理需求,建设相应的业务系统或模块,实现业务协同、部门联动。

建设智能停车场系统,有效控制车辆出入,记录车辆出入时间、来源地等信息,自动计算收费金额,支持车牌识别、停车引导、反向寻车、自助缴费等功能。实现投诉建议的信息化管理,构建多源渠道投诉建议内容的接收、登记、处理、归档、查询及统计分析等功能。

实现车(船)的智能调度,可对接景区视频监控系统、客流采集系统,结合实时客流情况,实现车(船)的位置监控、动态调度、运行轨迹查询、保养提醒、安全预警、绩效查询等功能,能实现与行业主管部门监管平台的对接。

(2)智能安防监控系统　围绕景区安全管理、客流监控、预警预测、消防控制等需求,建设相应的业务系统或模块,形成景区常态化的安全监管体系。

建设景区电子门禁系统,能对景区工作人员、游客、车辆进行区域进出限制,支持身份识别、实时监控、异常报警等功能。

建设景区视频监控系统,能全天 24 小时对景区出入口、客流集中地段、事故多发地段等重点区域进行实时视频监控,支持闯入告警、远程监控、录像检索与调看等功能。

建设景区环境监测与灾害预警系统,对地质、气象、水文、噪声等环境数据进行采集和分析,支持灾害监测与预警。实现景区消防管理监测与预警,对消防栓、消防微站等消防设施的运行状态和信息进行管理,支持消防预警。

建设景区设施设备的信息化管理模块,能动态掌握强弱电、给排水、园林绿化、环境卫生、特种设备、消防控制、娱乐游憩、演艺、游客引导等旅游设施设备的运行状态,支持资料信息查询、巡检管控、故障在线报修、维修信息记录功能。

(3)内部 ERP 管理智慧系统　建设景区 OA、ERP、财务管理、资产管理等日常办公系统,实现日常办公事务在线处理。

日常办公系统可对接景区业务管理系统,实现日常业务指令的下达、无缝流转与状态查询等功能。

实现景区人力资源的信息化管理,包括但不限于人力资源规划、考勤、招聘、培训、绩效管理、薪酬福利管理等,可对接到景区 OA 系统。实现景区项目、合同、客户关系的信息化管理,能动态查看项目进展、参与人员、日程安排信息。

(4)资源管理系统　围绕景区旅游资源、商业资源、设施设备、人力资源的管理需求,建设相应的信息化系统或模块,实现景区各类人、财、物、资源的有效管理。

实现景区旅游资源的信息化管理,对景区内的遗产资源、文物资源、建筑景观、自然景观资源进行信息记录与监控。

实现景区经营资源的信息化管理,能查询和统计景区内的住宿、餐饮、购物、娱乐商铺的租赁、经营情况。

实现景区厕所的信息化管理,能查询景区厕所的空间分布,实现厕所卫生环境的动态监管。实现园林园容的信息化管理,可对景区环卫人员、环卫车辆(洒水车、垃圾车等)、果皮箱、垃圾桶、转运站等进行统一的平台化管理和调度。

(5)应急指挥系统　实现景区舆情监测,对数字媒体、论坛、博客、微信、微博等互联网平台上与景区相关的舆情信息进行动态监控与预警,可定期自动生成舆情报告。实现景区电子巡更巡检,可支持巡更线路设置、巡更信息点设置、巡更时间安排、巡更记录获取、巡更员排班等功能,能对接应急指挥平台。

建设景区应急指挥平台,接收电话、移动 App、微信公众号等多种渠道的应急信息上报,并与旅游、公安、交通等系统实现对接。平台应建立应急预案库和应急事件审核机制,可自动根据应急事件的类型、位置、等级信息,及时启动对应的应急预案,实现多部门应急联动。平台可实时对接景区各业务系统和服务系统，及时发布预警和应急疏散信息，同时实现应急处置过程监控和归档，评估应急处置结果。

(6)决策分析系统　整合景区各业务系统、服务系统中的相关数据，建立统一数据决策分析平台，实现不同业务数据的组合、对比与关联分析，为景区的经营、营销、规划提供数据支撑和决策服务。利用景区售检票系统、通信运营商、视频监控、移动 App 等各渠道获取的旅游者数据，建立客源结构、客流变化、游客行为等的综合分析。利用应急事件、处理流程、处理结果等数据，提供事件分类分级分析、处理质量效率分析，可结合景区旅游地理信息平台开展应急事件的时空分布分析。

本章小结

旅游基础设施包括旅游道路交通、给排水设施、电力电信设施、安全与防灾设施、环境卫生设施、植被抚育与绿化、智慧旅游基础设施七个方面。本章详细介绍了旅游基础设施规划的内容、基本原则，并对规划的编制步骤进行了说明。

重点概念

旅游基础设施　旅游交通　旅游环境卫生　智慧旅游设施

案例分析

河南省方城县三贤山旅游区旅游基础设施规划

一、道路交通规划

(一)现状分析

对旅游区的外部交通、内部交通现状及其存在问题进行分析研究。此处略。

(二)规划目标

建立结构清晰、内外衔接、联系畅通、安全快捷的交通路网体系，显著改善规划区的交通条件，提高道路通行能力和景观效果，满足旅游发展的需要。

(三)规划原则

内外协调原则；道路网系统与交通量相协调原则；景观化原则；合理配套原则；近远期结合、分步实施原则。

(四)外部交通规划

旅游景区外部交通主要依托城镇现有交通系统和省道331、县道007。对从广阳镇至景区约4千米乡村道路进行改造：道路红线宽度50米，其中路面宽度7.5米，采用沥青路面，向两侧分别建3.25米绿化带+3米自行车道+15米绿化带。道路两侧种植常绿风景树等，营造良好的旅游环境和视觉效果，同时增加道路指示和安全防护系统。此外，改造提升三贤山到柳河、三贤山到中南厂，广阳镇到鸭河、到莲花温泉的道路，加强三贤山与周边的交通联系。

(五)内部路网系统规划

1. 电瓶车道规划设计

依据旅游区项目建设规划，对电瓶车道路采用双环线设计，设置一个换乘中心和若干个停靠点。双环线分为大环线和小环线两条环线道路。换乘中心位于景区大门处。

小环线线路设计为：景区大门—桃源养生山庄与拓展基地之间—四坝—柿子坪服务点—亮鞭台—道教养生馆—益母膏厂南边路口——坝（近期）。

大环线线路设计为：景区大门—桃源养生山庄与拓展基地之间—四坝—柿子坪服务点—亮鞭台—道教养生馆—三贤山庄西侧路口向西—卧虎山—停机坪—益母膏厂南边路口——坝（远期）—景区大门。

2. 自行车道规划设计

针对目前庞大的自行车骑行市场，沿观光车道同时打造自行车骑行环道，大部分路段与观光车道路并行，受地形限制，个别路段重合，个别路段分离。自行车线路设计为：景区大门—桃源养生山庄与拓展基地之间—四坝—柿子坪服务点—三贤山庄—卧虎山—益母膏厂南边路口——坝—景区大门。

3. 游览步道规划设计

游览步道包括步行游览道、滨水小路、林中曲径、登山台阶等。游览步道设计宽度为 1 ~ 1.5 米，步道建设应符合生态要求，宜采用木头、木板、竹子、卵石、石板、石块等生态材料。

近期主要步行游览线路设计为：景区大门停车场—农家老院子和木瓜林——坝水库东侧山坡—二坝—民俗广场—柿子坪服务点（滑沙滑草、小高尔夫、跑马等项目）—三星观、亮鞭台—金顶庙宇、刘秀像、擂鼓台—三贤宫—西货场村——坝—大门停车场。

4. 景区内部道路指引标识规划

在旅游景区的主要出入口、岔路口、景区内部主要节点、游客休憩点等处设置指引标志，方便游客游览和及时获取相应的信息。指引标志的设计应结合景区的特色和文化元素，注重指引标志的功能性、美观性和艺术性。

5. 景区停车场规划

停车场主要有以下几处：①景区大门主停车场，设在大门外，占地约 5 000 m^2，约停小车 200 辆。规划分为大车区、小车区、自行车停放区；②汽车营地占地约 30 000 m^2，约停汽车 200 辆；③换乘停车场，主要设在大门以内、柿子坪服务点、三贤山庄以西路口、益母膏厂南边丁字路口等处，供景区观光车停放、停靠。规划近期上 10 台观光车、自行车 100 辆。

二、电力电信规划（略）

三、给排水规划（略）

四、环卫设施规划

建立环卫管理机构和卫生监管标准，配备专职的环卫工作人员，负责景区环卫检查和日常清扫工作。建设数量充足、分布合理的旅游厕所、垃圾箱、垃圾中转站、环卫车等环卫设施。

五、旅游安全与消防规划

（一）旅游服务与设施安全

水上游乐项目应有完整的安全措施，旅游安全警示清晰，醒目，配备有足够数量的救生器材,要有专职的水上救护人员。

建设旅游景区(点)的可视化管理系统,对景区(点)进行实时的动态监控和管理,排除安全隐患。

餐饮服务要符合国家卫生标准,严格依照食品的安全生产和操作程序,杜绝有毒或有害食物进入景区(点)。

规划区管理部门要加强对旅游景区、游览设施的安全检查,提高从业人员的责任意识,发现安全隐患及时进行整改。

在游客服务中心设置医疗点,建立医务室,并配备有执业资格的医生和急救医护人员,应付紧急或突发事故。

景区成立旅游安全应急小组,制定旅游安全应急预案,确保突发事件的应急处理能力。

(二)消防安全

严格按照《中华人民共和国消防法》执行。依据旅游景区的规划布局、旅游景点的面积、建筑物特点等建设室内外消防系统和给水系统,合理确定和布置消火栓的数量和位置,并配备其他灭火器材,杜绝消防隐患。

六、植被抚育与绿化规划

(一)规划原则

绿化规划应遵循尊重自然,保护利用原则;合理布局,满足功能原则;因地制宜种植原则;种类多样,季相变化原则;植物造景和经济效益相结合的原则;植物抚育远近结合原则。

(二)规划主要内容

1. 大门服务区

按照植物配置的原则,乔、灌、草应合理配置,营造春花、夏绿、秋色、冬姿的美好景象。

2. 桃源养生区

选种植物树种如紫薇花、百日菊、格桑花、广玉兰、白玉兰等观赏植物,种植春桃、夏桃、秋桃、枣树等供游客采摘。

3. 滨水娱乐区

选种的植物树种有旱柳、绦柳、金丝垂柳、芦苇、斑毛草、碧桃等,营造出如诗如画、千姿百态的河岸景观。

4. 民俗体验区

民俗体验区西侧石头围墙可种植爬藤植物,如爬山虎、丝瓜、牵牛花、常春藤、葛藤、薜荔等。不仅实现景村隔离的目的,同时又达到了景村一体和绿化效果。

5. 农林生态区

依据西部的自然山形地势,可选种植物树种如酸枣、广阳大枣、冬枣、梨树、红花山桃、白花山桃等对山体进行绿化,在适宜种植农作物的区域种植中草药材(益母草膏的原料)、粮油作物(油菜、花生),营造壮美的大地景观。

6. 登山朝觐区

登山朝觐区的植物种植可选种雪松、黑松、油松、红松、龙柏、圆柏、铺地柏等植物树种。旅游区道路沿线可种植五角枫、桂花树、栾树、银杏、玉兰、红枫、山杨等树种，电瓶车道外围种植一些花季长的灌木花卉，如扶桑花、虎刺、月季花、波斯菊等。

（注：本案例资料摘自《河南省方城县三贤山旅游区总体规划》，有删减和改动，仅供学习参考）

案例思考

1. 怎么做好旅游交通规划？
2. 怎么做好旅游安全规划？

课后思考

1. 简述旅游基础设施规划的内容。
2. 旅游交通设施规划需要遵循的原则有哪些？
3. 简述给水规划的内容及怎样预测规划区用水量。
4. 简述安全设施与防灾规划的内容。
5. 简述绿化规划的原则及规划内容。
6. 简述智慧旅游设施的基本内容。

参考书目

1. 世界旅游组织. 国家和区域旅游规划：方法与实例分析[M]. 北京：电子工业出版社，2004.

2. 李晓琴 朱创业. 旅游规划与开发[M]. 2 版. 北京：高等教育出版社，2021.

3. 马勇. 旅游规划与开发[M]. 武汉：华中科技大学出版社，2018.

4. Clare A Gunn, Turgut Var. 旅游规划：理论与案例[M]. 4 版. 吴必虎，吴冬青，党宁，译. 大连：东北财经大学出版社，2005.

5. 王志华. 旅游规划与开发的理论及实践研究[M]. 北京：中国商务出版社，2018.

6. 保继刚. 旅游开发研究：原理、方法、实践[M]. 2 版. 北京：科学出版社，2003.

9 旅游开发序列及投资效益分析

学习目标

通过本章的学习，能系统把握旅游投资估算及效益评估原则，认识效益评估的有关概念和原理，了解旅游规划与开发效益评估的内容体系，掌握效益评估和投资风险评估的常用方法。

学习难点

投资估算内容体系　经济效益评估　社会效益评估　环境效益评估　投资风险评估

旅游规划与开发是一个兼具经济和社会文化多种性质的综合工程。在旅游规划与开发过程中，会产生一系列的关系，如人与自然界的关系、人与社会的关系以及人与人的关系等，而旅游规划与开发就是要在旅游开发过程中统筹全局，协调人与自然、社会之间利益关系的总体安排。其目的在于使旅游资源的价值最大限度地在经济、社会、环境三方面得以体现，促进旅游开发地的生态环境、旅游企业、旅游者和当地居民的和谐共生。鉴于此，旅游规划与开发应该关注对当地经济、社会和环境的影响。旅游开发时序是否合理，投资估算是否科学，直接反映了规划编制的科学性。科学性是以效益为检验标准的，全面、科学地分析和评估旅游规划和开发的各种效应，有利于为旅游地进一步开发和旅游业的可持续发展提供理论依据。

9.1 旅游开发序列确定的原则

合理地确定旅游开发时序，对旅游地的发展至关重要。旅游地开发时序的确定是一个很复杂的问题，由众多主客观条件决定。吸引游客的旅游资源既有自然的，也有人文的，而且是在不断地变化之中。从主观条件来讲，人力、物力资源是有限的，不可能同时开发多个景区，另外，旅游市场条件等客观条件的成熟也是需要时间的。因此必须确定合理的开发序列。在宏观上，开发时序规划可以使整个区域旅游开发在战略上有序可循，避免一哄而上的低水平重复开发、供不应求或供过于求等现象的发生，减少内耗，对正确引导区域生产力的合理布局和生产要素的合理投入，实现旅游产品结构优化，增强竞争力等均具有重要意义，是旅游业持续健康发展的必要条件。在微观上，合理的开发时序不仅会影响旅游企业的建设投资速度,而且其形成的“时间差”,能较快地为企业带来收益,满足市场需求。

9.1.1 层次性原则

如何使旅游规划能够跟上市场变化,使旅游地由“现状”走到“远期”,这就需要对旅游地规划进行时间尺度的划分,按规划期限分为近期、中(中长)期和远期发展规划。近期发展规划应提出发展目标、重点、主要内容,并应提出具体建设项目、规模、布局、投资估算和实施措施等;中(中长)期发展规划应使旅游区内各项规划内容初具规模,并应提出发展期内的发展重点、主要内容、发展水平、投资匡算、健全发展的步骤与措施;远期规划的目标应提出旅游区规划所能达到的最佳状态和目标。旅游开发序列的确定要遵循层次性原则。

《旅游规划通则》对于旅游开发时序做出了规定和要求:

旅游发展规划包括近期发展规划(3~5年)、中期发展规划(5~10年)和远期发展规划(10~20年)(表9-1)。旅游区总体规划的期限一般为10~20年,同时可根据需要对旅游区的远景发展做出轮廓性的规划安排。对于旅游区近期的发展布局和主要建设项目,亦应做出近期规划,期限一般为3~5年。

表9-1 旅游规划的时间尺度与研究重点

时间尺度	研究重点
远期(10~20年)	长期发展目标 为实现可持续发展而要达到的发展速率 重大投资项目的论证 资源保护与增强的措施 变化检测与差错更正的方法 为未来发展预留土地的控制措施
中期(5~10年)	区域战略规划(结构规划) 采取措施纠正不当开发行为 建立标准与原则 必要项目实施的保障
近期(3~5年)	规划所需用地的保障步骤 为保护资源提出的方案 各地段详细开发规划 需要编制紧迫规划行动的地段

9.1.2 整体性原则

旅游地规划就是要把各种资源进行合理配置,进行市场定位和旅游项目的筛选、布局等,涉及同种资源及项目何时、何地、何部门使用多少的问题,以及不同种资源之间的配置效益。这就要求以系统的观点全盘考虑、综合分析、综合评价,优化旅游系统的结构,调控旅游系统的运行,即以最少的投资产生最大的综合效益。

开发时序的确定是一个分析和决策的过程,它遵循系统的动态反馈原理,能够对影响旅游地发展的各种因素变化做出灵活、机动的反应,有效引导旅游地健康、有序发展。具体的,在安排每一期发展目标与重点项目时,应兼顾风景游赏、游览设施、居民社会的协调发展,体现旅游地自身发展规律与特点。

9.1.3 择优原则

根据比较优势理论的“优中选优,劣中选优”原理,确定旅游地的开发时序。不同旅游景点景区旅游地在资源、区位、旅游者对项目的需求偏好等方面存在差异,在开发时序确定的时候应该遵循“择优”原则,根据观赏价值、文化价值、科学价值、环境价值、客源条件等,选取资源质量高、对旅游者最具有吸引力的景点优先进行开发。具体来讲,客源市场需求规模大、旅游开发投资少、见效快的项目优先开发;旅游价值大、景区基础好、拓展余地大的优先完善与开发;旅游资源丰富或文化影响大、有市场潜力、尚未开发的资源优先开发。

9.1.4 可持续发展原则

旅游开发序列的确定应贯彻可持续发展观。在旅游开发过程中,合理安排旅游地开发时序,调控旅游开发强度,实现资源的永续利用是旅游开发的主导目标。旅游地开发效益具有时间性的特征,一般旅游活动所产生的经济效益和对社会发展的效益能在较短时间内体现,而一些特殊旅游项目的开发则需要较长时间才能体现出其开发效益。对于同一种开发项目来说,其不同的效益所呈现的时间也存在差异性,以生态旅游为例,经济效益体现在较短的时间内就能够加以判断,对自然资源和森林生态系统的保护、增强人们的环保意识和提高区域内居民的文化素质等基本上需要稍长的时间才能够呈现出来,而对当地产业结构、社会文化和意识形态的影响可能需要更长的时间才能够表现出来。旅游地开发应该贯彻一种可持续开发与发展的理念,它追求的是生态效益、社会效益、经济效益及景观价值的综合最大化,因此,应该从社会资源分配、旅游资源开发和保护、旅游产业的社会经济和环境效益出发,编制一个科学的旅游发展规划,确定合理的开发时序。旅游开发时序规划必须贯彻可持续发展理念,保证旅游地的可持续开发利用。可持续是各种形式旅游活动的最终目的,时序规划的最终目的是使区域旅游开发呈良性循环,实现区城旅游可持续发展。

9.2 旅游投资估算

9.2.1 旅游投资估算内容

投资估算是根据开发建设项目与规模预先进行的总投资费用估算,是编制旅游规划与开发和为项目融资提供参考的重要技术部分,是全面反映开发建设的数字化规划。一般来讲旅游开发的投资估算包括旅游基础工程、旅游产品开发、旅游接待设施、生态环境保护、管理服务设施等五个系统工程投资。

(1)旅游基础工程　主要由交通系统、给排水系统、供电系统、邮电通信系统四项工程构成。其中最大工程项目是交通系统,包括公路、游路、停车场、索道、游船等。

(2)旅游产品开发　以景点建设工程为主,根据不同资源类型分为不同的工程项目。

(3)旅游接待设施　包括娱乐设施在内的接待工程,主要有:酒店、餐厅、歌舞厅、游乐园、度假村、农家乐、浴场、商店等项目。

(4)生态环境保护　主要包括绿化、生态保护、病虫防治、环境卫生、垃圾处理、污水处理等项目。

(5)管理服务设施　主要包括管理中心、服务中心、指示系统、安全系统等项目。

在规划中,不仅要对上述建设项目编制分类系统工程估算表,还要对所有规划投资项目编制“投资估算一览表”。

9.2.2　旅游投资估算原则及依据

投资估算是拟建项目前期可行性研究的重要内容,是经济效益评价的基础,是筹资决策和投资决策的重要依据,对于确定融资方式、进行经济评价和方案比选起着重要作用。旅游投资估算应坚持科学、客观、可行、准确的原则。

旅游投资估算依据主要有三个方面:专门机构发布的建设工程造价费用构成、估算指标、计算方法以及其他有关的计算工程造价的文件;专门机构发布的工程建设其他费用计算办法和费用标准,以及政府部门发布的物价指数;拟建项目各项工程的建设内容及工程量。

9.2.3　旅游投资估算方法

投资估算的主要方法有:采用投资估算指标、估算指标、技术经济指标编制投资估算;采用单项工程造价指标编制投资估算;采用类似工程概、预算编制投资估算;采用近似(匡算)工程量估算法编制投资估算;采用市场咨询价加系数法编制投资估算等。

(1)固定资产投资估算　固定资产投资估算主要采用扩大指标估算法和估算指标估算法。结合旅游行业的特点,主要采用估算指标估算法。估算指标估算法也叫明细估算法,它是参照国家或地区性估算指标及有关定额,首先详细估算出单项工程费用、其他费用、预备费用,然后,经汇总计算出固定资产投资总额的方法。

(2)建设期利息估算　我国固定资产投资贷款的办法规定,项目竣工时应将建设期的贷款利息计入固定资产价值,作为项目投资的总费用,为此,必须对其进行估算。在项目投资估算中,无论借款是按年计息还是按季计息,假设各种借款全年均衡发生,则当年借款额可按半年计息。建设期利息可按下式计算:

$$年度建设期利息=(年初借款本息累计+本年借款额度/2)\times年利率$$

(3)无形资产投资估算　影响无形资产价格的因素不确定性较强且较多,如,买方使用无形资产可以获得的收益大小,出让无形资产所损失的利润等,应按双方同意接受的数额确定无形资产的价值,同时还要有必要的文件作为处理依据。以无形资产进行投资，其投资额度按中国现行财务制度规定，不得超过企业注册资金的20%；情况特殊需要超过20%，则应经有关部门审查批准，但最高不得超过30%。

(4)开办费用的估算　开办费用主要由项目管理部门审批手续费用、工商注册费用及项目筹建期间管理费用构成。开办费用的估算一般应根据所评估项目的特点以及同类项目的经验数据进行。

(5)流动资金估算　流动资金是指生产经营性项目投产后，用于购买原材料、支付工资及其他经营性费用等所需的周转资金。由于旅游行业的特点，流动资金一般参照现有类似生产企业的指标估算。根据项目的特点和资料掌握情况，也可以采用比例估算，即以企业每月经营总收入为基数，流动资金占经营总收入的一定百分比来估算，这是一种经验统计法，旅游行业的比例标准为5%。

9.3　旅游效益评估

效益评估是对旅游项目开发结果的综合衡量，这里的效益既指经济效益，同时也包括项目开发带来的社会和生态环境效益，一个好的旅游项目应该以为旅游地带来综合效益为目的。区域旅游资源的开发和旅游活动的开展会给当地的经济发展、社会意识及生态环境造成很大影响。对于旅游项目效益的评估，也应该从经济、社会和环境三个方面进行。

9.3.1　旅游效益评估原则

旅游规划与开发是一个长期而复杂的过程，在旅游规划与开发中会涉及众多自然和人文因素。因此，旅游规划与开发效益评估也是一项十分复杂而又艰难的工作，需要对自然与人文的多个要素进行考察评估。在旅游规划与开发的效益评估过程中必须自觉遵守以下几项原则。

9.3.1.1　客观公正原则

旅游规划与开发效益的评估涉及区域旅游的可持续发展，在对旅游规划与开发所带来的效益进行评估时必须客观公正。对于旅游规划与开发所带来的经济效益要进行客观实际的评价，既不能任意夸大其效益，也不能对旅游规划与开发所能带来的经济效益视而不见，要依据效益评估的关键问题进行评估活动，在评估的全过程中，确保评估结果的客观实际。

9.3.1.2　科学实际原则

评估应当具有科学性和可操作性，评估的实施应该遵循规范的程序和方法。对旅游规划与开发效益进行评估，也就是对旅游开发过程中发生的投入、产出进行数量上的衡量与比较。其既然是数量上的衡量与比较，就要求对开发过程中的投入和开发后所产生的效益进行量化分析，并且在制定指标时要采用统一的标准，以便开展不同地域或时段上的横向和纵向的科学比较。另外，在对旅游规划与开发效益进行评估的过程中，应该大量地运用数理统计、经济学、生态学、环境科学、人口学、社会学等学科的理论和方法，力求通过科学的分析和严谨的推理得出效益评估结果。

9.3.1.3 全面系统原则

旅游规划与开发是一个兼具经济和社会文化多种性质的综合工程，涉及人类社会及自然界的各个方面，具有多层影响，并产生着深层次的相互关系和作用。因此，在进行旅游规划与开发效益评估时，应综合考虑经济、社会、环境等多方面的影响和带来的综合效益，比如，经济效益可以通过构建定量的指标明确加以衡量，但是社会和环境效益有时很难通过一个简单的数字或公式加以体现，而且社会和环境效益的产生需要长时期体现出来，旅游活动的发生和对环境产生的结果之间有一个时间差，在评估期内很难体现出来，所以大部分时间会被人们所忽略，致使得出的结论不准确，因此，在对旅游规划与开发的旅游效益进行分析时，必须全面考察评估对象，尽可能全面系统地反映旅游规划与开发所带来的全部效益。

9.3.1.4 适度超前原则

旅游规划与开发对经济、社会文化及环境的影响是长期的，需要在一定时期后才能体现出来。在对旅游规划与开发效益进行评估时，不能仅对旅游规划与开发目前所产生的效益进行近期评估，而应该在评估的时效性方面适度超前，应有一定的预见性并做好长期评估。

9.3.1.5 可持续性原则

可持续发展强调代际公平和代内公平。在进行旅游规划与开发效益评估过程中，必须考虑后代人的可持续发展，不能单纯考虑经济效益或者社会效益，而是应该通盘考虑，综合分析旅游规划与开发对社会、经济、环境的影响，旅游开发必须做到三大效益兼顾，即突出经济效益，注重社会效益，强化环境效益。在开发之前就要考虑投入和产出率，考虑旅游产品的市场竞争力和可能获得的经济效益，旅游规划开发也要着眼于社会效益。旅游规划项目的环境效益更是需要强调的原则，旅游规划开发项目不能以破坏自然环境和人文环境为代价，而应当实现旅游业与环境的和谐共生，促进环境发展。

9.3.2 经济效益评估

所谓经济效益，一般是指人们在社会生活中由于贯彻经济原则，以尽量少的劳动消耗（包括物化劳动和活劳动的消耗）和尽量少的资源占用（包括自然资源、社会资源和经济资源）而产生出尽量多的使用价值和价值量，因此，经济效益就表现为投入费用与产出收入的比。在通常的比较条件下，投入和产出的比较会出现以下几种情况：①以较小的投入量获得较高的收入，在这种情况下，经济效益为最大；②以较高投入获得较大产出，此时经济效益的取得是靠粗放型经营而得到，较为次之；③以较小的投入取得较少的收益，该情况下，投入规模较小因而没有形成规模积聚效应，收入状况欠佳；④以较高的投入却获得较少的产出，对资源实际上形成了浪费，为所有情况中最不可取者。

旅游经济效益是指在旅游业发展过程中，旅游产品和资源的投入与旅游业产出之比，在价值形式上则表现为生产旅游产品的费用和经营旅游产品所获得的收入的比较。经济效益评估包括微观经济效益评估和宏观经济效益评估。

9.3.2.1 旅游经济效益评估的内容

（1）旅游经济活动的有效成果同社会需要的比较　旅游产品作为旅游者在旅游活动过程中所购买的物质产品、精神产品和服务的总和，它同样具有价值和使用价值。只有当旅游产品能够有效满足旅游者的需求，才能实现其价值。否则，不仅不能体现旅游产品的价值和使用价值，使旅游经营单位遭受损失，而且会因旅游者的负面宣传而使旅游产品失去吸引力，导致损失更多的旅游客源，因此，必须把旅游经济活动的有效成果同满足社会需求相比较，努力生产和提供旅游者满意且又物美价廉的旅游产品，才能既满足旅游者的消费需求，又促进旅游经济效益的不断提高。

（2）旅游经济活动的有效成果同劳动消耗和占用的比较　任何旅游企业和管理部门，为了向旅游者提供旅游产品，都必然要耗费一定的社会劳动和占用一定的资金，从而形成旅游经济活动的成本和费用。如果旅游经济活动只讲满足社会需求，而不计成本高低，不仅导致旅游经济的简单再生产和扩大再生产难以持续地进行，而且也是违背客观经济规律的，因此，必须把旅游经济活动的有效成果（特别是利润和税金）同劳动占用和消耗进行比较，以评价和反映旅游经济活动的合理性和旅游经济效益的好坏，并按照客观经济规律的要求，不断提高旅游经济效益，促进旅游经济活动持续而有效地进行。

（3）旅游经济活动的有效成果同旅游资源利用比较　旅游经济活动必须以旅游资源为基础，以市场为导向，充分有效利用各种资源。通过把旅游经济活动的有效成果同旅游资源的利用相比较，可以揭示利用旅游资源的程度和水平，从而寻找充分利用旅游资源的途径和方法。另外，在利用旅游资源时，还要考虑对旅游资源的保护。因为旅游资源是一种特殊的资源，不论是自然景观还是人文风情，对其保护就是保持旅游产品的质量，保护旅游业发展的前提条件。如果自然生态环境恶化，人文风情遭受破坏，就直接表现为旅游产品质量的下降和损坏，不仅不能带来旅游收入和经济效益，而且直接影响旅游业的可持续发展。

（4）旅游经济活动的宏观效益与微观效益的统一　任何一项旅游经济活动都必然涉及和影响到旅游业的宏观效益和微观效益。旅游经济活动的微观效益主要指旅游企业的经济效益，其表现为旅游企业的经营收益与成本之间的比较，从而导致旅游企业必然把追求利润作为其行为目标。旅游经济活动的宏观效益是指整个旅游产业的整体效益，其不仅要讲求旅游企业的经济效益，同时还要考虑对整个社会经济所做的贡献和对生态环境的保护和改善。如果旅游经济活动只考虑旅游企业的经济效益，而不顾旅游业乃至整个社会经济的宏观效益，则旅游企业持续的经济效益也是无法保障的。

9.3.2.2 微观经济效益评价指标体系

企业是市场经济中的微观组成部分，旅游企业也就自然地成了本地区旅游项目开发、旅游活动开展和旅客接待的基本单元。旅游项目的微观经济效益是指旅游企业和部门在开发、生产、经营旅游产品过程中投入和产出的比较，即向旅游者提供直接服务的旅行社、旅游交通运输部门、酒店、餐饮、景点、娱乐场所等旅游企业，在开发和提供旅游产品对物化劳动和活劳动的占用与消耗和企业所获得的经营成果的比较。微观经济效益研究的是各个旅游企业在经营活动中耗费与所得的关系，例如，一个旅游企业、一个经营实体或者一个旅游项目的经济运行效益都属于微观经济效益的范畴。

旅游企业的经济效益是通过分析旅游企业的收入、成本、利润的实现，以及它们之间的比较来体现的，因此，要分析旅游企业的经济效益，首先应掌握好各主要指标的经济含义和计算方法。对旅游企业进行效益评估的第一个步骤就是界定企业的成本和收益。

（1）旅游企业的成本　旅游企业的成本是指旅游企业在一定时期内（通常为一年）为生产旅游产品而发生的各种消耗和支出的货币价值表现。按不同的分类方法有不同的核算方式。

1）按旅游企业的生产要素分类。原材料等费用燃料及动力费、固定资产折旧费、大修理费、工资及职工福利基金及其他支出。

2）按旅游企业费用的经济用途分类。①营业成本：指企业在经营过程中直接支出的费用；②营业费用：指企业各营业部门在经营中发生的各项费用；③管理费用：指企业为组织和管理经营活动而发生的费用；④财务费用：指企业经营期间发生的利息净支出、汇兑净损失、金融机构手续费、加息及筹资发生的其他费用。

旅游企业通常按照费用的经济用途进行分类，旅游企业的成本用公式表示为：

旅游企业的成本=营业成本+营业费用+管理费用+财务费用=营业成本+期间费用

3）按旅游企业成本和业务量的关系分类：①固定成本（固定费用）；②变动成本（变动费用）。

4）按旅游企业生产费用计入产品成本的方法分类：①直接成本；②间接成本。

（2）旅游企业利润　旅游企业利润又称营业利润。是指旅游企业在提供劳务或销售商品等取得的收入，扣除企业在经营过程中发生的各项直接和间接开支后的余额。

旅游企业利润=旅游企业收入-旅游企业成本

其中：旅游企业收入是指旅游企业在出售旅游产品或提供旅游服务中所实现的收入，其包括基本业务收入和其他业务收入。旅游企业应按实际价款核算，即将营业收入扣除当期发生的销售折扣、销售退回及折让后的余额。旅游企业成本一般按费用的经济用途进行分类，即：

旅游企业成本=营业成本+营业费用+管理费用+财务费用

企业的总利润=旅游企业营业利润+投资净收益+营业外收支净额

其中：　投资净收益=投资收益-投资损失

营业外收支净额=营业外收入-营业外支出

9.3.2.3　微观经济效益评估方法

（1）利润率分析法　利润率是反映一定时期内旅游企业的利润同经营收入、劳动消耗和劳动占用之间的相互关系，可从不同角度分析和评价企业的经济效益状况。它具体表现为旅游企业的资金利润率、成本利润率和销售利润率三个利润率指标。

资金利润率=旅游营业利润/（固定资金+流动资金）×100%

成本利润率=旅游营业利润/成本费用总额×100%

销售利润率=旅游营业利润/营业收入×100%

资金利用率反映的是旅游企业的利润与资金占用的关系，说明企业劳动占用的经济效益。成本利用率反映的是旅游企业利润与成本之间的关系，说明旅游企业劳动耗费所取得的经济效益。销售利润率反映的是旅游企业在一定时期内利润与收入之间的关系，说明旅游企业经营规模的效益水平。以上三个利润率的分析，基本上反映了旅游企业的经济效益状况。

(2)盈亏平衡分析法　盈亏平衡分析方法，是对旅游企业的成本、收入和利润三者的关系进行综合分析，从而确定旅游企业的保本营业收入，并分析和预测在一定营业收入水平上可能实现的利润水平。通常，影响利润高低的因素有两个，即营业收入和经营成本。按照成本性质划分，经营成本又可分为固定成本和变动成本。于是，收入、成本和利润的关系可用以下公式表示：

$$P=QW-QC_V-TF$$

其中，P：利润；Q：业务量；W：单价；C_V：单位变动成本；TF：固定总成本；S_0：保本点收入额；Q_0：保本点业务量。若令 $Q= Q_0$，$P=0$，则保本点公式为：

$$Q_0=TF/(W-C_v)$$

$$S_0=W\cdot Q_0$$

(3)边际分析方法　边际分析方法又称为最大利润分析法，即引进边际收入(MR)和边际成本(MC)概念，通过比较边际收入和边际成本来分析旅游企业实现最大利润的经营规模的方法。边际收入(MR)，是指每增加一个游客(或销售一个单位旅游产品)而使总收入相应增加的部分，即增加单位游客(或产品)而必须支出的成本费用。比较边际收入和边际成本有以下三种情况：

1)当 $MR>MC$ 时，说明每增加一个游客(或出售单位旅游产品)时，所增加的收入大于成本，因而还能增加利润，从而使旅游企业的总利润扩大，因此，当 $MR>MC$ 时，可以继续扩大接待人数，以获取更多经济效益。

2)当 $MR<MC$ 时，说明每增加一个游客(或出售单位旅游产品)时，所增加的收入小于支出，即产生亏损，从而会使旅游企业的总利润减少，因此，当 $MR<MC$ 时，旅游企业应减少接待人数，以保证企业的经济效益。

3)当 $MR=MC$ 时，说明每增加一个游客(或出售单位旅游产品)时，所增加的收入与支出相等，即增加单位游客的利润为零。在这种情况下，旅游企业的总利润既不会增加，也不会减少，因而是企业实现最大利润的经营规模。

9.3.2.4　宏观经济效益评价指标体系

(1)旅游创汇收入和旅游总收入　旅游创汇收入反映了旅游业通过开展旅游经济活动，直接从海外游客的支出中所得到的外汇收入。旅游创汇收入的计算，通常是以年度内旅游产业内部各部门(如旅行社、饭店业等)的创汇总计来表示，货币单位统一使用国际通行的结算币种——美元。旅游总收入，是指通过开展旅游经济活动从国内外旅游者的支出中所得到的全部收入，其反映了旅游产业发展的总规模收益，也是考核评价旅游宏观经济效益的重要指标。

(2)旅游就业人数　旅游就业人数指标反映了旅游产业发展过程中，为社会提供的劳动就业人数的总量。也反映了旅游业自身发展的规模及其对社会经济发展的推动作用。

(3)旅游投资效果系数　该指标是指旅游投资所获得的盈利总额同投资总额的比

值，是反映旅游投资效益的重要指标。

计算公式如下：

$$E_I=(T_S-T_C)/T_I(\text{静态指标})$$

或：

$$E_I=F/T_I(\text{动态指标})$$

其中：E_I：投资效果系数；T_S：旅游总收入；Tc：旅游总成本；T_I：旅游投资总额；F：年平均现金净流量。

投资效果系数的动态指标是考虑了资金的时间价值后，通过贴现计算每年的平均现金净流量，因此，该指标通常略低于静态指标，但更符合旅游经济活动的实际。根据旅游投资效果系数，就可以评价旅游投资的效益好坏，通常旅游投资效果系数越大，则表明旅游投资效益越好。

（4）旅游投资回收期　旅游投资回收期是指一项旅游投资回收的年限，是投资效果系数的倒数，也是反映投资效益的重要指标之一。

其计算公式如下：

$$T_b=T_I/(T_S-T_C)(\text{静态指标})$$

或：

$$T_b=T_I/F(\text{动态指标})$$

其中，T_b：投资回收期。通常，投资回收期数值越小，说明旅游投资的回收时间短，投资效益好；反之，旅游投资回收期数值越大，则投资的回收时间长，投资效益就差。

（5）旅游带动系数　旅游带动系数是指旅游直接收入的增加对国民经济各部门收入增加的促进作用。根据国际上有关研究表明：每 1 美元的直接旅游收入可带动相关产业增加 2.5 美元的间接收入；旅游业每增加 1 名直接就业人员，可带动相关产业增加 3.5 个间接人员就业。据中国有关部门研究测算，在中国，旅游业每增加外汇收入 1 美元，第三产业产值相应增加 10.7 元人民币；旅游外汇收入每增加 1 美元，利用外资金额相应增加 5.9 美元；旅游业每增加一个直接就业人员，可带动相关产业间接就业人员 4.9 人，对于经济欠发达的地区带动相关产业间接就业人数比全国平均数还要高。

9.3.2.5　宏观经济效益评估方法

旅游作为一种经济活动，它的开展必然会产生收入，并且由于旅游业所特有的关联作用而导致其他相关的国民经济行业收入增加。另外，旅游业作为国民经济第三产业中最具潜力的行业，对国民经济结构的改善和升级有着极大的促进作用。此外，国际旅游被评为一种特殊的国际贸易形式，旅游接待国在获取国际旅游者带来的外汇的同时，也要投入大量的人力、物力、财力，以保证充足的旅游服务设施供给来满足各类旅游者的需要。旅游项目的宏观经济效益是指旅游经济活动中社会投入的活劳动、物化劳动、自然资源的占用和消耗与旅游业及全社会经济效益的比较。研究旅游活动的开展对全社会的经济、文化及其他方面带来的正面和负面影响，都属于宏观经济效益的范畴。

（1）对旅游业自身经济效益评价　对旅游产业的自身经济效益的评价是旅游宏观经济效益评价的主要内容，即通过分析旅游业满足社会需要的程度，同发展旅游业所消耗的社会总劳动量之间的比较等来评价旅游业的宏观经济效益。

旅游业满足社会需要的程度，主要指通过对旅游业及相关产业的投资，最大限度地满足旅游市场的消费需求，通常使用接待旅游者数量、旅游收入、接待设施规模等指标来体现。

发展旅游业所消耗的社会总劳动量,主要指用于提供食、住、行、游、购、娱等多种旅游产品要素,而在基础设施、接待设施、游乐设施及旅游服务方面所花费的全部物化劳动和活劳动消耗,通常用旅游投资及经营成本来反映。对于这方面的分析评价一直是旅游经济研究中的薄弱环节,自 1990 年以来,世界旅游组织、世界旅游理事会等国际组织通过多年研究,已经建立"旅游卫星账户"来进行综合评价。

此外,分析旅游产业投资效果还可以通过投入和产出进行比较,具体就是用所有旅游接待单位的接待能力投资额、劳动生产率、资金利税率、投资效果系数及投资回收期等主要指标来反映,也可以通过编制旅游业的"投入—产出表",计算旅游业的投入—产出的各种系数对旅游业自身经济效益的状况和水平进行评价。

(2)对旅游业的社会经济效益评价　旅游业是一个综合性的经济产业,同国民经济的其他许多部门有着紧密的联系,因此,对旅游业的社会经济效益评价,主要分析和评价其对相关产业的带动及对整个社会经济的促进作用。

对国民经济相关产业的带动,一般是通过计算旅游产业同其他相关产业的关联性、带动系数等指标来反映旅游业的重要作用。计算旅游业对其他产业的关联性、带动系数,通常是以"投入—产出表"为基础,通过计算旅游业对相关产业的影响系数和诱导系数,然后分析其对相关产业的带动力和影响力,从而分析和评价旅游业对整个国民经济的综合性带动作用和贡献。

对社会经济的促进作用,一般是通过分析旅游创汇收入、增加就业机会,以及提高人们收入水平等指标来反映。尤其是通过分析和评价旅游业在外汇收支平衡、创造就业岗位、促进贫困地区脱贫致富、推动产业结构调整等方面的积极作用,可以使人们更好地认识旅游经济在国民经济中的地位。

通过上述两方面的分析,就可以评价旅游业关联带动功能的强弱。尤其对于旅游资源丰富,具备发展旅游业的条件及关联带动功能较强的地区,可通过大力发展旅游业,带动相关产业的发展,从而促进整个国民经济发展。

9.3.3 社会效益评估

现代旅游业已发展成为世界上最大的经济和文化产业之一。世界上许多国家越来越重视旅游业的发展,旅游业在国民经济和社会文化中所起的作用也日益明显。作为一个带有文化性质的高度综合的服务性行业,旅游业不仅深刻地影响一个国家和地区的国民经济,而且广泛涉及人们社会文化生活的方方面面。旅游对社会文化的影响具有隐蔽性,是潜移默化的,在短时期内往往很难察觉得到。国家或地区性旅游项目投资的目的是为了获得较好的综合社会效益,包括:获取更多的外汇收入,增加就业机会,更好地调整国家或地区经济发展的不平衡性,更好地继承和发扬社会文化的作用,更好地保护和改善环境等。旅游开发对区域社会文化的正面影响主要体现在:能够加强各国、各地区及各民族的联系,通过增进相互了解可以消除一些社会、民族、种族等固有偏见;旅游者以其自身良好的行为方式、生活习惯、价值观介入旅游地社会中,能对当地居民产生良好的示范效应,达到提高当地居民素质的效果;人们的旅游活动能够缓解其自身的心理压力，有助于现代社会的良性运行；旅游活动的开展能够丰富和繁荣旅游地社会文化生活；有助于旅游地传统文化的继承和发扬，培养当地人的文化优越感，等等。

旅游开发对区域社会和文化的影响除了正面的，同样也有负面的。我们也应该看到，随着外来旅游者的不断涌入，旅游目的地居民的正常生活会受到不同程度的干扰，并且随着流动人口的增加将使社会的稳定性降低。旅游开发对区域社会文化的负面影响主要体现在：旅游者的不良示范效应在接待地招致反感，导致主客关系的恶化；旅游地居民对经济效益的片面追求会对旅游地的道德导向和传统艺术等构成冲击；大量旅游者带来的异域文化会在不同程度上同化旅游地的传统文化和民俗风情，并有可能使其庸俗化；旅游地居民与旅游者在经济收入方面的差距还会引起抢劫、偷窃、欺诈等犯罪活动的发生，这样，不仅会造成当地社会秩序的混乱，引起旅游者和当地人的心理紧张，而且还会因打击犯罪维持治安而增加政府经费预算，阻碍经济发展。一些国家和地区发展旅游业过分依赖外来资金，造成利润回流投资国，且本地人实质上既为旅游者服务又为外国投资商服务，所有这些都为“新殖民主义”的提出提供了现实依据。

旅游规划与开发社会效益的评估就是要进行全面的分析，综合评估其对社会的正面影响和负面作用，并对这两方面进行分析比较，以确定是其正面效应大于负面效应，还是旅游规划与开发负面效应大于正面效应。

旅游开发对区域的影响除了表现为对区域经济和环境的影响外，还表现为对区域社会和文化的影响，这种影响同样既有正面的，也有负面的。

9.3.3.1 社会效益评价的内容体系

社会效益评价是分析、预测旅游投资行为可能产生的正影响和负影响。要科学地控制这些负面影响，使旅游规划地的社会文化在自身传统特色的基础上获得健康发展。需要评估的社会影响主要包括以下几方面：

（1）对规划地区居民收入的影响　主要分析居民收入增加或减少的范围、程度及其原因：收入分配是否公平，是否扩大贫富收入差距，以及如何实现收入公平分配的政策建议。对于扶贫项目，要着重分析项目的实施是否减轻当地的贫困，能带动多少贫困人口脱贫。

（2）对规划地区居民生活水平和质量的影响　主要分析居民居住水平、消费水平、消费结构、人均寿命的变化以及产生这些变化的原因。

（3）对规划地区居民就业的影响　主要分析规划地的建设和运营对当地居民就业结构和就业机会的正影响和负影响。正影响是指增加的新的就业机会，负影响是指可能排挤掉的原有就业机会及人数，以及可能引发的社会矛盾。

（4）对规划地区文化、教育、卫生的影响　主要分析规划地的建设和运营期间可能引起的当地文化教育水平、卫生健康程度的变化和对当地自然景观、文物古迹的影响，以及如何消除不当影响的社会政策措施。

（5）对规划地区不同利益群体的影响　主要分析规划地的建设和运营使哪些人受益，哪些人受损，以及对受损群体的补偿措施和途径。

（6）对社会基础设施和公共服务的影响　主要分析规划地的建设和运营期间，在合理设计方案内可能增加或挤占原有的可供当地使用的公共基础设施，包括道路、桥梁、供电、给排水、供气及商业、饮食等社会服务设施。

(7)对规划地区少数民族文化和宗教的影响　主要分析规划地的建设和运营是否符合国家的民族政策，是否充分考虑了民族地区的风俗习惯、生活方式、宗教信仰，是否会引起民族矛盾、发生民族纠纷、影响当地社会安定。

9.3.3.2　社会效益评价的方法

社会效益的评价会因投资项目的不同目标、不同位置和不同类型而不同，所以不可能采用一种统一的社会评价方法对不同地址所有类型的投资项目进行分析。不同类型的投资项目所使用的社会评价方法应当有所不同。就同一类项目而言，由于地理位置不同，所处社会环境不同，该项目所涉及的利益群体和应分析的主要社会因素也会有所不同，所以，其社会评价的方法，也会灵活多样。但是，大多数社会效益评价都会采用如下几种方法：

(1)层次分析法　社会效益评价涉及三个层次的问题，也就是国家层次、地区层次和项目层次。在国家层次上进行社会评价，主要是确定该投资项目对国家发展目标的贡献和重要性，其所要解决的问题是关系到国家的社会经济发展政策，国家发展的目标和方向，这些可能包括满足所有公民的物质和文化需要，保持经济持续增长和社会稳定发展，脱贫以及更恰当的收入分配；在地区层次上进行的社会评价主要涉及特殊的地区发展目标和地区的实际情况，地区的优先发展次序以及项目目标和地区的优先发展次序之间的关系等方面的问题，在地区层次上的社会评价，更多地会注重地区之间的差别；社会评价在项目层次上涉及确定项目范围内关键社会因素，例如项目受益人的参与意愿，项目社区的吸收能力，民族习惯，本地文化，脆弱群体。这些社会因素将影响到项目的设计、规模、选址、技术和项目目标的实现。

(2)定量分析与定性分析结合评价法　对于社会效益评价，首先要结合特点设置一定的定量指标对其进行计算评价。同时由于社会效益与影响比较广泛，许多影响不能用定量指标来衡量，在这种情况下，就要进行定性分析。我国的旅游投资项目社会评价采用定量分析与定性分析相结合的方法，原则上除列出指标计算的社会效益以外，未列定量指标的社会效益与影响，以及定量指标反映还不够全面的社会效益，采用定性分析的方法进一步进行分析评价。定量与定性分析在实际应用时，应根据项目的具体情况与需要，并结合各行业的专用分析指标与定性分析指导意见有选择地应用。

(3)多目标综合评价法　采用德尔菲法、矩阵法等多目标综合分析法，由评价者根据项目定量与定性分析指标的复杂程度，组织相关专家对投资项目所处环境及国家有关政策进行分析、评分，确定其在社会效益综合评价中的重要程度，并给出相应权重，以此计算求得投资项目的综合社会效益。

(4)矩阵分析总结法　该方法是将投资项目社会评价的各项定量与定性分析指标列矩阵表——“投资项目社会评价综合表”，将投资项目社会效益评价的各项定量与定性分析指标的单项评价结果，按评价专家提出的权重排列顺序，列于矩阵表中，使决策者对各单项指标的评价情况一目了然。然后由评价专家对此矩阵表所列的指标进行分析，阐明每一指标可行与否及其对投资项目的社会可行性的影响程度，并将一般可行且影响小的指标逐步排除，着重分析考察影响大的指标，权衡其利弊得失，分析归纳出影响项目社会可行性的关键所在，从而提出对投资项目社会效益评价的总结评价，确定投资项目在社会效益评价方面的结论。

9.3.4 环境效益评估

9.3.4.1 环境效益评估的内容体系

旅游环境是影响区域旅游发展的重要因素之一，是衡量一个旅游区旅游总体质量高低的重要标准，也是影响一个地区旅游开发潜力的重要因素。旅游开发如同一把双刃剑，既有可能给环境带来破坏，又有可能促进当地环境管理和利用水平的提高。旅游与环境之间存在独立、共生和冲突三种关系，旅游业的发展最终追求的是与环境共生的关系，即旅游和环境保护相互支持，彼此受益，因为良好的环境对发展旅游业具有重要的推动和促进作用，同时旅游开发又能促进对环境的保护。

环境效益情况如何，是评价旅游区开发的另一重要条件。旅游应该有益于环境的美化，有助于促进民族文化的保护和发展，而不是破坏环境，增加环境的恶性循环，更不能糟践民族文化古迹。

旅游资源的开发和保护，是一个问题的两个侧面。因为开发是为了利用，让它为人类服务，满足人类物质和文化生活的需要，但是保护也是为了利用，是为了资源的存续，为了千年万代长久的利用。所以，我们的开发和保护原则应该是："用"中"保"，"保"中"用"，而不是把两者对立起来，以为利用就不能保护，保护就不能利用。由于这些片面的认识，结果出现了只利用不保护，即"重用轻保"，或只保护不利用即"重保轻用"等倾向。

为了吸引旅游者，旅游规划与开发的管理者会注重对环境资源的保护，一些珍稀的动植物资源和原生景观就会得以保存下来，环境状况也将得以改善。这些都是旅游规划与开发对环境改善的促进作用。但是，随着旅游者的进入，旅游目的地的自然、社会及游览环境会受到不同程度的影响。如果过分追求经济利益，加之管理不善的话，游客人数在超过风景区游客容量后将会使该地的利益环境产生不可逆转的退化。如果游客对于旅游环境的保护意识不强，旅游企业的环保宣传工作又不到位，游客就会自觉或不自觉地破坏自然环境和旅游景观，例如游客对山地的过度践踏，许多旅游景区出现严重的"白色污染"，北京故宫博物院内的金砖也由于游客的过度触摸而出现明显的凹痕，一些重点保护的人文景观周围被游客留下"某某到此一游"的题词，众多游客在旅游区居住造成大量生活污水和垃圾，所有这些都是对旅游环境的人为破坏。若加上旅游地的投资力度不够，造成生态保护设施的超载，则大量的生活垃圾没有经过任何处理就排入自然环境之中，将可能造成自然环境更为严重的污染，因此，对于旅游规划与开发环境效益的评估主要集中在对该地自然、社会、旅游环境的正面和负面影响方面。

环境包括自然生态环境和社会人文环境，旅游开发对区域的环境影响包括对区域自然环境和人文环境的影响。对自然环境的影响主要表现为对土壤、植物、动物、水资源、大气等的影响；对人文环境的影响主要表现为对风景区、交通、文物古迹、城市基础设施等的影响，这些影响既有正面的也有负面的。旅游开发对环境的正面影响主要体现为：提高人们的环境保护意识，促进文物古迹的修复和保护，促进和加强对自然资源的保护，改善区域交通条件，促进区域基础设施的建设，旅游经济收入为进行环境保护提供了重要资金来源等。旅游开发对环境的负面影响主要体现为:风景区交通堵塞、景区和城市基础设施的超负荷运转、不同形态的建筑污染破坏了自然美、旅游地过度频繁的人口活动可能会破坏土壤结构和植被的生长及生存环境、破坏生态环境的平衡,大量人口的涌入可能会导致当地居民生活空间的相对变小等。

对旅游开发的环境负效益主要通过旅游环境容量进行衡量,而旅游环境容量又可以通过旅游空间容量、旅游生态容量、旅游心理容量等指标加以反映。

9.3.4.2 环境效益评估的方法

旅游环境容量,指对一个旅游点或旅游区环境不产生永久性破坏的前提下,其环境空间所能接纳的旅游者数量。旅游者对游览点环境的影响主要表现为对动植物的破坏,故旅游环境容量即对动植物不产生永久性危害前提下的游客数量。

旅游环境容量的测定涉及旅游活动主体、客体、介体三要素,通过旅游环境容量测算可以有效避免盲目投资和开发。2003 年原国家旅游局制定编写的《旅游规划通则》中指出,旅游环境容量包含旅游空间容量、旅游设施容量、旅游生态容量和旅游社会心理容量四大类。目前学术界对旅游环境容量的测定主要有旅游心理容量、旅游资源容量和旅游生态容量。

(1)旅游心理容量评估　是从旅游者的需求出发,即旅游者于某一旅游地从事旅游活动时,在不降低活动质量及不使得社区居民反感的前提下,地域所能容纳游客活动量的最大值,也叫旅游感知容量。

游客平均满意度达到最大时的个人空间值,作为旅游心理容量计算时的基本空间值。

$$C_p = \frac{A}{\sigma} = KA$$

$$C_r = \frac{T}{T_0}C_p = K\frac{T}{T_0}A$$

其中,C_p:时点容量;C_r:日容量;A:资源的空间规模;σ:基本空间标准;K:单位空间合理容量;T:每日开放时间;T_0:人均每次利用时间。

[举例]请计算岱海旅游区的容人量,浴场的规划活动范围为 11 440 m^2,开放时间为 7 h,每人平均利用时间通过调查可知为 2 h,岸上娱乐活动区的开放时间为早 6 点至晚 6 点,每人平均利用时间为 8 小时,规划活动区面积为 90 768 m^2。

根据日本《旅游场所基本空间标准》的规定,海水浴场的基本空间取 20 m^2/人,则:浴场的时点容量 C_p 为 11 440(m^2)/20(m^2/人)= 572 人,日容量 C_r 为 572 人×(7 h/2 h)= 2 002人;岸上娱乐活动区的时点容量 C_p 为 90 768(m^2)/20(m^2/人)≈4 539 人,日容量 C_r 为 4 539 人×(12 h/8 h)= 6 809 人;整个岱海旅游区的日容量为 2 002+6 809 = 8 811 人。

(2)旅游资源容量　旅游资源容量是指从旅游供给角度出发,即在保持旅游资源质量和前提下,一定时间内,旅游场所所能容纳的最大游客量。

旅游资源容量主要测定游客在游览活动过程中对旅游景区有一定的时间及空间上的占有,从而使得在某一时间段内,旅游景区必然有其所能容纳的游客数量的最大值,这一数值反映了旅游地的空间承载力大小。旅游资源容量主要涉及旅游景区开发建设用地等方面,具体来看包含以下几个因素:旅游景区(点)面积、游憩用地面积、游客游览平均线路长度、游客游览平均用地面积和游客密度等。旅游资源容量取决于旅游景区的建设用地规模,合理的旅游空间容量应当确保游客在游览过程中所享受的舒适度低于旅游资源的承载力。计算方法有两种:面积容量法、线路容量法,其中面积容量法是最常用的方法。

1)旅游线路容量。旅游线路容量计算公式为:

$$L_1 = (L / A_0) \cdot D_1$$

上述公式中,L_1表示旅游线路容量,L 表示旅游线路长度,A_0表示游客间的合理游览距离,D_1为人均日周转率,采用景区每日开放时间和游客游览全区所需时间之比判定。

2)旅游面积容量。旅游面积容量的计算公式为:

$$C = \frac{\frac{A}{A_O} \times T}{T_O}$$

其中,C:旅游环境容量:人次/日;A:可利用旅游空间的规模:平方米;A_O:基本空间标准:平方米/人;T:每日开放时间:小时/日;T_O:人均每次利用的时间:小时/人次。

在一个旅游区域内,游客经常在若干个旅游景点上进行活动,由于活动类型的不同,其空间标准有所不同,应分别对待,不同景点的旅游容量经过累加,可得到整个旅游区域的环境容量。

$$C_0 = \sum C_i$$

由于风景区容量应随规划期的不同而有所变化。对一定规划期的游客量,应综合分析并满足该地区的生态承载量、游览心理标准等因素而确定并应符合如表 9-2 所示的规定。

表 9-2　旅游资源容量的国际标准

旅游活动场所	世界旅游组织(WTO)标准		日本标准	
	基本空间标准(m^2/人)	单位空间合理标准(人/hm^2)	基本空间标准	平均滞留时间/h
森林公园	667	15	300 m^2/人	2.5
郊区公园	143 ~ 667	15 ~ 70	40 ~ 50 m^2/人	40.0
乡村休闲地	50 ~ 125	80 ~ 200	15 ~ 30 m^2/人	2.0
高密度野营地	16 ~ 33	300 ~ 600	250 ~ 500 人/hm^2	
低密度野营地	50 ~ 167	60 ~ 200	50 ~ 100 人/hm^2	
高尔夫球场	677 ~ 1 000	10 ~ 15	0.2 ~ 0.3 人/hm^2	5.0
滑雪场	100	100	200 m^2/人	6.0
滑水	677 ~ 2 000	5 ~ 15(水面)		
垂钓	333 ~ 2 000	5 ~ 30(水面)	80 m^2/人	5.3
徒步旅行		40	400 m^2/人	3.5
赛场(参观)	25	40	25 m^2/人	2.0
野外露营	33	300	25 m^2/人	3.5

(3)旅游生态容量评估　旅游生态容量是指在不使自然生态环境遭受退化的前提下,旅游景区所能容纳游客活动量的最大值。这一数值反映了旅游地自然生态环境的自净及吸收污染物能力。

生态环境容量的测算是一个比较复杂的问题,主要考虑以下因素:

土壤:土壤密度、土壤组成、土壤侵蚀。

植被:植被覆盖率、植被组成、植被年龄结构、稀有植物保护、植被机械性损伤。

水:水中病原体的数目与种类、水中的养分及水生植物的生长情况、污染物。

野生动物:栖息地、种群组成、种群改变、种群活动及对种群活动的影响。

大气:游客游览过程中,产生二氧化碳及悬浮颗粒物等。

事实上,游客游览过程中诸如随意采摘、乱扔垃圾等环境破坏行为可以通过管理而加以制止或可杜绝,因此,旅游生态环境容量的测算不考虑此种因素,只考虑旅游地对污染物的吸收与净化能力。

$$F_0 = \frac{\sum_{i=1}^{n} S_i T_i}{\sum_{i=1}^{n} P_i}$$

其中,F_0:旅游的生态容量(日容量),即每日接待游客的最大允许量;S_i:自然生态环境净化吸收第 i 种污染物的数量(量/日);T_i:各种污染物的自然净化时间,一般取 1 天;P_i:每位游客 1 天内产生的第 i 种污染物量;n:旅游污染物种类数。

区域旅游的可持续发展不是单纯的经济发展,而是“生态—经济—社会”三维复合系统整体的可持续发展。因此,要实现生态环境、经济和社会的良性发展,在旅游开发过程中制定科学、合理的旅游规划将是旅游业发展中的重中之重。

9.4 旅游投资风险评估

旅游市场需求复杂多变、市场竞争环境日益激烈以及对当地自然人文环境的高度关联和依赖性使得旅游项目投资面临着较大的风险,因此,加强旅游投资项目的风险评价和防范对于旅游投资项目来说具有重大意义。加强旅游项目的经济风险评价和分析有助于提高项目决策的科学性和合理性,是进行旅游项目风险控制的主要依据,有利于提高旅游项目的投资收益率。

旅游投资风险评估是指通过客观、准确、全面地将与旅游项目执行有关的建设背景、技术水平、市场环境、财务预测、经济效益、社会效益等方面的情况如实地汇集给投资单位,为选择项目及实施方案提供多方面的建议,力争使决策者做出正确、适宜的决策,同时也为投资项目的执行和全面检查奠定基础。风险评估的目的既是对旅游项目潜在发生风险程度进行评价,也是对投资单位抵御风险的能力加以衡量,并研究如何降低或规避风险,减少风险带来的损失。

9.4.1 旅游投资风险种类

旅游投资中存在的风险种类很多,一般来讲对其影响重大的风险种类主要有下面几种：

(1)政策风险　主要表现为国家政策法律带来的稳定性风险，特别是项目所在地及所处产业相关政策的稳定性。旅游业是典型的敏感性产业，政策的支持鼓励，抑或限制约束，都能对旅游者从客源地向旅游目的地的移动带来影响，投资项目所在地政治环境不稳定将给旅游者等市场主体带来顾虑和阻力。

(2)经济风险　旅游投资项目中的经济风险主要是指由于社会经济因素所引起的旅游投资工程项目工期延误或造价成本费用上升的风险。导致经济风险的因素和来源很多，主要有宏观经济走势和预期、旅游项目投资的软硬件环境、通货膨胀水平和大小、旅游项目融资的难易程度等。经济风险是旅游投资项目中风险防范的主要因素，其影响的程度和防范难度都比较高。

(3)自然环境风险　自然环境风险是指由于自然现象和物力规律等所导致的旅游投资项目的不确定性。旅游项目更多地依赖环境条件的优劣，诸如自然灾害、自然景观的消失和退化、环境污染、台风暴雨、海啸地震等都会对旅游投资项目带来不可预期的影响和难以控制的损害，尤其是那些对于自然环境和自然景观有着严重依赖的旅游投资项目，受到来自自然环境变化的影响巨大。企业无法直接控制项目环境风险，但可以通过各种措施降低其损害程度或规避风险。

(4)管理风险　旅游投资项目的管理人员和参与方本身的职业道德和技术管理水平会对旅游投资项目带来诸多的不确定和风险，诸如旅游项目投资人的项目管理经营和风险喜好大小会直接影响旅游投资项目的工程完成进度和施工质量，旅游投资项目的设计水平和规划状况会导致旅游投资项目建设成本和运行维护费用发生众多不确定性变化。

(5)其他风险　其他一些突发事件或因素也可能会导致旅游投资项目发生重大损失，诸如旅游工程在建项目中出现的工程事故、工伤财产损失等会影响工程施工进度和质量，一些流行性疾病等也会影响到旅游项目的经济收益水平，对于这些风向和突发因素的防范和控制可以增加整个工程项目的前瞻性和兼容性。

9.4.2　旅游投资风险特点

随着我国国民经济发展水平的不断提高，旅游业成为国民经济发展的支柱产业之一，旅游项目的建设投资步伐加快。其中不乏取得了成功的项目，但也有不少旅游项目投资失败，损失巨大。归纳起来旅游投资项目的特点主要体现在以下几个方面：

(1)关联性强　旅游业与其他行业、领域有着极为紧密的联系，旅游产品的投入必须依托其他相关领域的投资，对配套服务设施的依赖性成为旅游景区投资过程中无法自主控制的重要风险之一。

(2)投资额大，回收周期长　旅游景区投资项目紧紧依托经济环境、社会环境和自然环境，其属性决定了它的投资额是非常巨大的。然而旅游消费有限，回收周期较长，也成为旅游景区投资的一项重要风险。

(3)市场导向性　旅游产品的开发除了根据自然属性条件以外，更多的发展往往根据游客对旅游产品的具体需求，并且需要敏锐的市场洞察力去发现和把握市场需求趋势的变化，一旦出现失误，就会失去产品消费主体，发生投资风险。

(4)其他特点 季节性决定景区在销售旺季供不应求,常常超负荷运作,而到了淡季,产品就会难以销售,支出大于收入;另外投资一旦形成,其价值很难被转移,所以当投资失误后,难以回收已沉淀的成本。

9.4.3 旅游投资风险评估方法

在对投资项目进行风险辨识和衡量之后,投资者或决策者需要对项目的整体风险水平做出评价,最终确定是否投资这个项目或者放弃它。风险评价的方法有很多,具体有盈亏平衡分析、敏感性分析、概率分析等方法。

9.4.3.1 盈亏平衡分析

盈亏分析是在一定的市场、生产能力条件下,研究拟建项目成本与收益的平衡点的方法。项目的盈利与亏损的转折点,称盈亏平衡点。在这一点上,销售收入等于生产成本,项目刚好盈亏平衡。盈亏平衡分析就是要找出盈亏平衡点,从而根据市场上监测的情况,判断推测项目投资盈亏的可能性,以做出投资决策。

盈亏平衡分析是对拟建项目进行不确定分析的方法之一。因为这时,一方面需要对项目的一些参数如销售量、售价、成本等做出决定,而另一方面某些经济数据还不易确定,如总投资、收益率等,因此,用盈亏平衡分析法粗略地对高度敏感的产量、售价、成本、利润等因素进行分析,会有助于了解项目投资可能承担风险的程度。

9.4.3.2 敏感性分析

在众多不确定因素中,一些因素稍有变动就会引起项目投资经济效益的明显变动,也就是说投资经济效益对这些因素的变动反应敏感,这类因素被称为敏感性因素;而另有一些因素当其变动时,只引起项目投资经济效益的较小变动,也就是说投资经济效益对这些因素的变动反应不敏感,这类因素被称为不敏感因素。敏感性分析,就是在诸多不确定因素中,确定哪些是敏感性因素,哪些是不敏感因索,并且确定投资经济效益对它们的敏感程度。

敏感性分析的作用主要有以下三个方面:①分析不确定因素变动将会引起投资经济效益指标的变动幅度,可以使项目决策人员对项目的风险程度有所了解,还有助于找出影响项目投资经济效益的主要因素,进一步提高这些主要因素数据的可信程度,进而提高项目经济分析工作的质量;②在对某个方案实施中的不确定因素把握时,可以通过敏感性分析得知这种不确定因素的误差允许达到多大程度时方案仍是可行的;③在众多方案的比较中,可以区别出敏感性大的也就是风险大的方案,从中进行优选。

敏感性分析的步骤如下:

1)确定具体投资经济效益指标作为分析对象,应针对建设项目的特点,选择某些最能反映该项目投资经济效益的指标,如投资收益率、投资回收期、净现值、内部收益率等。

2)寻找敏感性因素,即从不确定因素中寻找那些对项目投资经济效益有重大影响,并在建设和使用期内可能发生较大变动的因素,不同的投资项目,其敏感性因素也不同。

3)根据敏感性因素的变动幅度,分别重新计算有关的投资经济效益指标。敏感性因素变动幅度的估计,需要凭借经验和调查研究,使主观估计尽可能与未来的实际偏离小些，通过计算出来的投资经济效益指标相对于敏感性因素的变动幅度判断该项目风险的大小，以及哪些是主要的不利因素。

在敏感性分析的计算中还应注意以下几点：在分析某一不确定因素对项目投资经济效益的影响程度时，应假定其他因素不变；要假定不确定因素发生不利的变化，只有这样才能分析项目或方案的风险程度；不确定因素的变化要以百分比的形式估算发生量。可以用敏感系数这一指标来反映它们之间的敏感程度。

某一因素的敏感系数越大，说明该项目对它的敏感程度越大，当其变动时项目投资风险也就越大；反之，某一因素的敏感系数越小，说明项目对它的反应越迟钝，当其变动时该项目有较大的承受能力。

9.4.3.3 概率分析

敏感性分析虽然指出了各种不确定因素对项目投资经济效益的影响程度，但却不能指出这些因素出现的可能性有多大，以及给投资项目造成的风险到底有多大。投资项目风险的定量分析，有赖于项目不确定因素的概率分析。

概率分析就是通过估计不确定因素出现的概率来分析投资项目某种经济效益出现的可能性，用以判断项目投资的风险程度。其主要任务就是用一定的概率方法计算出各个项目指标的期望值和标准偏差，借以提高项目各个指标的准确性，保证项目决策分析的可靠性。

概率分析的步骤如下：

1）选定一个不确定因素，将其各种可能结果一一列出，并分别计算各种可能结果下的经济效益。

2）估算种种可能结果出现的概率，概率可根据过去统计资料或调查资料计算得出，也可以是项目分析人员经验判断的主观概率。

3）根据以上资料，计算在该不确定因素影响下投资经济效益的期望值和标准偏差。综合期望值和标准偏差确定获得一定的投资经济效益水平的可能性。设期望值为 E，标准偏差为 8，则一般情况下，E±8 的可能性为 68.27%，E±28 的可能性为 5.45%，E±36 的可能性为 99.73%。

4）再认定另一个不确定因素，假设其他因素固定不变，估算此因素出现各种可能的概率，计算期望值和标准偏差。

5）综合分析各种不确定因素对该投资项目的整体影响，进一步准确判断项目的风险程度。

对旅游项目来说，不仅经济效益是投资者关心的目标之一，社会和生态效益也是决策者不应该忽视的重要目标。而社会和生态效益相对于比较量化的经济目标来说就属于定性的目标，很难用数据或其他定量的东西来描述，因此，在对旅游投资风险进行评价时经常需要引入模糊层次分析方法，该方法为现实世界中普遍存在的模糊、不清晰的问题提供了一种充分的概念化结构，并以数学的语言去分析和解决它们。

9.4.4 旅游投资风险应对策略

（1）注重旅游投资的环境分析　良好的投资环境，是企业减少风险达到投资目标的保证。企业在进行投资时要认真研究国内外的政治经济形势，明确国家的产业政策及动态，了解经济周期、货币政策的实施和企业利润率水平的变动等，以寻求最佳的投资环境。

（2）掌握准确的投资效益信息　旅游投资决策方案的结果是不确定的，企业要对风险做出正确的判断，要求企业必须充分掌握投资效益的信息，掌握旅游客源市场的发展趋势、需求结构变化趋势及市场占有率、价格变动、投资对象的资金利润率和营业利润率等的状况及变动趋势。

（3）投资多元化　通过组合投资，使投资多元化，即发展多种经营，分散和减少风险。

（4）加强管理　提高管理水平，减少由于企业经营不善、管理不当等原因造成的损失。

本章小结

本章概要讲述了旅游开发序列的确定、旅游投资估算内容、效益评估原则、内容和效益评估方法，并且通过“河南省方城县三贤山旅游区旅游开发序列及投资效益分析”案例，使我们对旅游规划中的效益分析有深入认识。

重点概念

旅游投资估算　环境效益评估　经济效益评估　社会效益评估　旅游投资风险评估

案例分析

河南省方城县三贤山旅游区旅游开发序列及投资效益分析

一、旅游开发时序

（一）开发时序确定的基本原则

1.“先易后难，效益优先”

先上投资小、见效快的项目，后上投资大、见效慢的项目。

2.“先核心区，后外围区”

先上游客服务中心区、山水娱乐区、民俗体验区项目，后上农林生态区、宗教朝觐区项目。

3.“先补缺，后提升”

从吃住行、游购娱旅游六要素出发，先完善打造养生、有机餐饮、主题住宿、景区道路、游览娱乐、旅游商品等，后注重桃源养生、民俗村食、住、购、娱等设施的完善和提升。

4.“先本地市场，后外地市场”

市场营销方面，首先，开发方城县、南阳市等本地市场，其次，开拓驻马店、郑州、平顶山、漯河、许昌等省内周边地市市场，最后，开发省内其他市场以及湖北、陕西等相邻省市市场。

(二)旅游开发时序

分近期、远期两个阶段依次开发旅游项目:

1. 近期(2017—2020 年)

(1)旅游区大门、游客服务中心、停车场、旅游厕所等。

(2)民俗体验项目,民宿、戏台、民俗街。

(3)桃源山庄、运动健康中心,采摘和农事体验项目。

(4)休闲娱乐项目,主题漂流、滑沙滑草、迷你高尔夫等。

(5)旅游区自行车骑行环道。

力争两年见形象、三年出效益,将三贤山旅游区打造成为河南省休闲娱乐旅游的一颗新星,国家 3A 级旅游景区,使景区步入发展快车道。

2. 远期(2021—2025 年)

(1)小型停机坪,汽车营地。

(2)抱朴山庄,农林区大地艺术。

(3)帐篷营地、天然营地。

(4)三贤山金顶、刘秀像。

(5)三贤文化展示宫、道教养生馆等。

根据新的市场需求,完善和更新旅游服务设施,提升基础设施建设水平及服务档次,形成规模适当、结构合理、功能完善的旅游服务和产业体系;提升景区软硬件建设水平,将三贤山打造成环境优美、设施齐全、形象鲜明的河南省知名 4A 级旅游景区。

二、投资估算

投资估算依照国家相关部门颁布的《建设项目经济评价方法与参数》,并参考《投资项目可行性研究指南》中的有关要求和委托方提供的有关资料进行测算。估算结果汇总成表 9-3。

根据三贤山旅游开发需求,旅游开发建设需投资 14 755 万元,其中旅游项目 11 020 万元,服务基础设施、旅游环境营造、旅游推介、人才培养等需 3 735 万元;近期游客中心区、山水娱乐区、民俗体验区、桃园养生区、环境营造、设施建设投资约 10 565 万元,远期农林生态区小型停机坪、登山朝觐区刘秀像、道教养生馆等项目投资约 4 190 万元。投资主体包括景区投资、政府投资、招商引资等不同主体的对接融合(表 9-3)。

表 9-3 三贤山旅游区投资估算表

编号	项目分区	项目名称	投资估算(万元)		建设类型
			近期	远期	
1	中心服务区	第一道引景门	40		旅游设施
2		第二道引景门	40		旅游设施
3		景区大门	50		旅游设施
4		游客服务中心	500		旅游设施
5		生态停车场	100		旅游设施
6		换乘中心、观光车	200		旅游设施
7		AAA 级旅游厕所	50		旅游设施
8		小型停机坪、直升机		200	旅游项目
9		景区导览图	5		旅游设施
10		瓜果长廊	10		旅游环境
11		彩色田园	50		旅游环境
12		木瓜驿站	50		旅游项目
13		汽车营地		500	旅游项目
14	桃源养生区	桃源养生山庄	5 000		旅游项目
15		山庄运动中心	100		旅游项目
16		山庄田园体验	20		旅游项目
17		采摘桃园	40		旅游项目
18		浪漫花谷	50		旅游项目
19	民俗体验区	传统戏台	50		旅游项目
20		民俗街区	200		旅游项目
21		石围墙	20		旅游环境
22		石头房服务点	50		旅游项目
23		民俗广场	50		旅游环境

续表 9–3

编号	项目分区	项目名称	投资估算(万元)		建设类型
			近期	远期	
24	山水娱乐区	刘秀湖垂钓	30		旅游项目
25		青少年拓展基地	100		旅游项目
26		子龄湖观景亭	30		旅游项目
27		二坝景观建设	50		旅游项目
28		主题漂流	200		旅游项目
29		跑马场	200		旅游项目
30		滑沙	50		旅游项目
31		滑草	50		旅游项目
32		迷你高尔夫	50		旅游项目
33		彩虹步道	30		旅游项目
34		西货场壹号院	10		旅游环境
35		柿子坪服务部	10		旅游设施
36	农林生态区	大地景观		80	旅游项目
37		小型停机坪、直升机		200	旅游项目
38		天然牧场	80		旅游项目
39		抱朴山庄		500	旅游项目
40		帐篷营地	100		旅游项目
41		素质拓展	100		旅游项目
42		骑行环道	100		旅游项目

续表 9-3

编号	项目分区	项目名称	投资估算(万元)		建设类型
			近期	远期	
43	登山朝觐区	刘秀像		200	旅游项目
44		金顶道观改造及新殿		200	旅游项目
45		撞钟亭		10	旅游项目
46		金顶安全防护	10		旅游项目
47		石牌坊	10		旅游项目
48		擂鼓台	10		旅游项目
49		擂鼓亭	10		旅游项目
50		刘秀文化长廊	20		旅游项目
51		刘秀洞	10		旅游项目
52		三贤文化展示宫		800	旅游项目
53		三星阁观景塔		500	旅游项目
54		道教养生馆		1 000	旅游项目
55		农家柴院	10		旅游项目
56		彩瀑流香山	20		旅游项目
57	基础和旅游设施	内部道路交通	1 000		旅游设施
58		环卫设施	200		基础设施
59		村庄整治	300		基础设施
60		绿化	300		环境营造
61		给排水设施	200		基础设施
62		消防医疗	100		基础设施
63		旅游标识	50		旅游设施
64		旅游商品研发	50		旅游设施
65	其他	宣传推广	300		旅游推介
66		智慧旅游	50		旅游推介
67		人才培养	50		旅游环境
合计			10 565	4 190	
总计		14 755 万元			

三、效益分析

效益包括经济效益、社会效益和环境效益，而经济效益又分为直接经济效益和间接经济效益。直接经济效益是指门票收入，间接经济效益包括餐饮、住宿、购物、娱乐等项目综合收入。

（一）经济效益分析

根据项目建设进度和市场需求，考虑到旅游产品的特殊性和旅游区的后发优势，三贤山年旅游接待人数的增长率可达20% ~30%，人均消费也呈现递增趋势。到2020年，三贤山旅游接待人数可达17万人次，旅游总收入可达3 400万元，旅游综合收入可达10 200万元；规划期末2025年，旅游接待人数可达50万人次，旅游总收入可达2亿元，旅游综合收入可达6亿元（表9-4）。

表9-4　三贤山旅游区经济收益预测表

年份	年旅游接待人数（万人次）	年接待人数增长率（%）	人均消费（元）	旅游总收入（万元）	旅游综合收入（万元）
2018	10	—	200	2 000	6 000
2019	13	30%	200	2 600	7 800
2020	17	30%	200	3 400	10 200
2021	22	30%	300	6 600	19 800
2022	28	25%	300	8 400	25 200
2023	35	25%	300	10 500	31 500
2024	42	20%	400	16 800	50 400
2025	50	20%	400	20 000	60 000

（二）社会效益分析

三贤山旅游区旅游开发的效益不但体现在经济方面，而且体现出明显的社会效益。具体表现在：提供大量就业机会；增加当地财税收入；优化当地的产业结构；满足人民日益增长的旅游消费需求；提高当地的知名度和影响力；有利于提高民众综合素质，促进新农村建设和城乡和谐发展等。

通过旅游发展，将促进规划区由传统农业向高效农业、有机农业、观光休闲农业，由一产向三产、向一、二、三产业融合方向转型发展，推动农业人口向旅游服务业就业转型。预计到2020年新增旅游直接就业人数200人，带动间接就业人数1 000人。2025年实现旅游直接就业人数500人，带动间接就业人数2 500人。

（三）生态效益分析

三贤山旅游区以优美自然山水风光为基础，拥有良好的文化和乡村旅游资源禀赋，合理发展旅游业不仅有利于生态环境的保护，更有利于开展生态环境建设，生态效益明显。

（注：本案例资料摘自《方城县三贤山旅游区总体规划》，有删减和改动，仅供学习参考）

案例思考

参考以上案例,结合实际谈谈旅游开发中的投资估算和效益分析。

课后思考

1. 简述旅游规划投资估算主要内容。
2. 简要说明旅游规划与开发效益评估的意义。
3. 旅游规划与开发效益评估应遵循哪些原则?
4. 简述效益评估的内容体系。
5. 如何评价旅游规划与开发的社会效益?
6. 如何评价旅游规划与开发的环境效益?

参考书目

1. 王德刚. 旅游规划与开发[M]. 北京:中国旅游出版社,2017.
2. 马勇,李玺. 旅游规划与开发[M].4 版. 北京:高等教育出版社,2018.
3. 唐代剑. 旅游规划理论与方法应用[M]. 北京:中国旅游出版社,2016.
4. 邹统钎. 旅游景区开发与管理[M].4 版. 北京:清华大学出版社,2017.
5. 王云才,彭震伟. 景观与区域生态规划方法[M]. 北京:中国建筑工业出版社,2019.

10 旅游保障体系规划

学习目标

学生通过本章的学习，了解旅游保障体系的相关规划内容，熟悉法律法规、管理体制、产业政策、人力资源、资源环境保护、科技等方面的相应保障措施。

学习难点

旅游管理体制　旅游环境容量调控　智慧旅游

法规政策、管理体制、产业政策、人力资源、资源环境保护等方面的规划对旅游规划的实施起着重要保障作用，是旅游规划的重要组成部分。

10.1 旅游法律法规保障

10.1.1 旅游法律法规建设

市场经济是法制经济，要加大依法治旅、依法兴旅的力度。为了保证旅游业迅速发展，必须制定、健全相应法律法规和政策对之加以引导、规范和保障，把实践中行之有效的方针政策用法律机制固定下来，促进旅游资源保护、旅游生产力合理布局和旅游硬件、软件的建设。规范市场，切实保障旅游消费者和旅游经营者的合法权益，逐步建立和完善旅游法律法规体系，为旅游经济的发展保驾护航。旅游法律法规建设必须注意以下几点：

第一，不仅要体现管理作用，还要协助和引导旅游业的发展。

第二，简明扼要，符合国际惯例，且不能成为旅游业发展的障碍。

第三，充分重视有关旅游资源保护法律法规和条例的制定和完善，确保旅游资源可持续利用和旅游业可持续发展。

第四，重视区域内旅游统计法律法规的制定，提高统计资料的质量，为旅游决策提供真实可靠的信息。

10.1.2 旅游法律法规的实施

法律旅游法规的制定需要依托于旅游业的发展，与此同时，旅游业同样离不开旅游法律法规的引导,二者相辅相成,这样才能有一个讲秩序、有规矩的和谐旅游社会,进而保障旅游者和旅游经营者的合法权益,规范旅游市场秩序,保护和合理利用旅游资源,促进旅游业持续健康发展。

法律法规的制定,须做到有章可循、有法可依。要发挥管理效用,有赖于管理中的严格贯彻实施,做到执法必严、违法必究,真正实现规范化、法制化的管理。为增强旅游执法的权威性,应该采取部门联动执法方式,旅游发展协调机构必须发挥应有横向联系和连接作用,领导和联合工商、公安、旅游等部门,加强旅游执法的力度,实现旅游执法权威化。

旅游法律法规的贯彻执行,与广大干部群众的旅游法制意识密切相关。为提高广大干部群众的法制意识,应在全国范围内大力开展旅游法律法规的普及宣传和教育。

旅游者既是旅游企业的经济来源,又是旅游活动的主体,其行为直接关系到旅游企业的利益和旅游资源的保护,因此必须对旅游者的权利和义务做出明确的法律规定,以规范约束其行为。《中华人民共和国旅游法》的实施,有效保护旅行者相关权益,游客有权自主选择旅游产品和服务,有权拒绝旅游经营者的强制交易行为,有权知悉购买的旅游产品和服务的真实情况。2016 年 8 月 2 日,文化和旅游部(原国家旅游局)发布了中国公民文明旅游 10 句话公约,将文明理念渗透到旅游活动的各个环节,以加强对游客文明旅游宣传引导,营造文明和谐的旅游环境。

在对待“零负团费”问题方面,《中华人民共和国旅游法》采取了“零容忍”态度,明确“零负团费”的非法性,并且从旅行社、导游及其他经营者等各类利益相关者层面,明确了市场规则和行为规范。在协调门票价格方面,《中华人民共和国旅游法》规定实行政府定价或者政府指导价,严格控制价格上涨。此外,《中华人民共和国旅游法》也对旅游资源的“护用并举”进行了协调规范,将旅游资源保护和利用的关系从法律层面加以协调。

10.1.3 加快完善我国旅游法制建设的措施

为适应市场经济和依法治旅的需要,保证我国旅游快速发展、健康发展,必须加快我国旅游法制建设。

(1)强化细则落实　针对旅游景区容量超载、景区门票上涨等现实问题,如何听证、如何制定政府指导价等方面,均需要进一步细化。

(2)加强宣传贯彻和解读培训　尽快出台《中华人民共和国旅游法》相关释义,做好旅游从业人员的培训和宣传工作,定期举办旅游行业学习贯彻《中华人民共和国旅游法》的培训班,组织《中华人民共和国旅游法》知识竞赛,开展《中华人民共和国旅游法》报纸、期刊网络媒体有奖知识答题活动,在门户网站制作《中华人民共和国旅游法》宣传版面等一系列活动。

(3)加大执行监管力度　避免有法不依、违法不究、执法不严等情况。各地各部门要统一思想、认清责任、加强领导、精心部署,自觉把贯彻实施工作抓实抓好。要努力完善公共服务,建立旅游公共信息和咨询平台,在交通枢纽、商业中心等游客集中场所,设置旅游咨询中心,设置旅游指示标识,为游客提供及时有效的救助。

(4)充分发挥地方立法作用　基于《中华人民共和国旅游法》,制定相关地方法律法规,充分发挥地方立法作用。地方旅游立法不仅在某种程度上填补了国家层面旅游立法的空白,而且为国家层面的旅游立法做了有益的探索和积累,应当予以鼓励和支持。但是,地方旅游立法也有不合理的地方,如地方保护等,需予以规范。

(5)持续优化改进　旅游法律法规是随着旅游行业的发展而产生的,而旅游行业发展到一定的程度时,产生的经济及环境等各方面的负面影响,只有通过旅游法律法规来进行调整约束才能有效遏制,使旅游行业发挥其正面的作用。要使旅游法律法规能完全发挥其对旅游行业发展的作用,使旅游行业真正地健康、稳定、可持续发展,就必须紧跟旅游产业发展步伐和现实社会需求变动,协调各行为主体之间的法律关系。

10.2　旅游管理体制保障

旅游业的持续、高效、健康发展离不开统一、顺畅而有效的管理体制。旅游业能否在较短的时期内打开新局面,发展成为优势产业,很大程度上取决于能否理顺旅游区开发建设与行政管理之间、政府与投资商之间、投资商与社区居民等各类利益相关者之间的关系,并为旅游开发创造宽松、和谐、有利的环境,因此,应针对旅游业现状,按照旅游资源所有权、管理权、经营权相分离的原则,大力推进旅游区管理体制和经营体制改革。通过完善旅游管理体制,把旅游业的管理和服务工作纳入规范化、法制化轨道。

10.2.1　管理体制保障的基本原则

(1)完善机构　根据旅游业发展的要求,设立独立的党委、政府旅游工作管理机构,完善职能体系建设,充分发挥相关机构职能,各司其职,促进各项经营管理工作顺利开展。

(2)精简高效　根据实际情况,本着精简高效原则,进行旅游管理机构改革,建立起与市场经济相适应的旅游行业管理体制、经营体制和现代企业制度框架。

(3)求实创新　旅游业的发展具有自身的特殊性,尤其是在新时期,旅游业发展面临新的机遇和挑战,必须用求实创新的理念,规范其管理体制。

10.2.2　管理体制保障具体构想

10.2.2.1　实行产业化管理

要加快旅游经济的发展,必须遵循市场经济规律,按照“政府主导、企业运作、社会参与冶的模式和建立现代企业制度的要求,由旅游管理部门实行统一管理,逐步实行产业化经营。各旅游经济实体是独立的法人单位,实行独立自主、自负盈亏的机制,以增强其旅游经济实体的活力和竞争力。

10.2.2.2　明确旅游政企关系

秉持“政府做品牌、企业做客源”的政企分工原则,在明确各自工作重点的同时,政府和企业的职责、形象和产品的营销需环环相扣。企业离开政府的指导,只是单打独斗,找不到市场的切口,盲目的发展会造成盲目扩张、资源浪费等市场失灵现象,导致事倍功半，甚至形成恶性竞争，造成市场秩序混乱，企业再想恢复生机会很困难，更主要的是丧失了发展的大好机会。反之，借助政府搭建的共享共赢平台，利用政府创建的品牌效应，通过采取各种促销方法，建立营销合作网络，将有助于激发旅游企业的活力，盘活旅游市场，促进旅游产业健康可持续发展。

10.2.2.3 强化旅游市场管理

旅游行业管理的对象是旅游市场，通过法律、法规、政策、制度引导旅游市场趋势，建立旅游市场规则，协调、监督和维护旅游市场秩序，从而规范相关旅游企业（旅行社、旅游饭店、旅游交通、生产旅游商品的工业、旅游康乐服务业以及森林公园、自然保护区等具体景区）行为，为这些企业发挥活力创造良好的生产经营环境。

旅游市场管理规划包括完善行业管理体制、法规与标准的执行监察、国有旅游资产管理、法人管理、产品质量与价格管理等方面的内容。

（1）完善行业管理体制　坚持效能原则、协同化原则、社会参与（监督）原则、行业自律原则，探索、完善适合区域旅游经济发展的旅游市场管理体制。

（2）法规与标准的执行监察　我国已制定和颁布了17项旅游业管理及评估标准，其中，旅游区（点）标准、旅游城市评级、旅游业规范用语标准等均为中国首创的行业性标准。所建立起的一系列旅游基础设施建设标准、管理标准、行业服务标准，涉及游船、厕所、旅游业用品、旅行社以及环保、卫生等各个方面。在不断完善法规和行业标准体系的同时，对法规和标准的执行与监察将成为各地旅游市场管理的重要任务之一。

（3）国有旅游资产管理　多种所有制成分的参与，有力推动了我国旅游事业的蓬勃发展，同时也对国有旅游资产的管理产生了重大影响。今后，要从旅游行业实际出发，改革产权制度，转换国有旅游企业经营机制，进一步开放旅游市场，推动市场主体多元化，改革旅游业管理体制，建立适应市场经济要求、接轨国际旅游业通行惯例的旅游管理新体制。

（4）法人管理　建立责权统一的法人管理机制是旅游市场发展的必然要求。在巩固行业法人管理体系的基础上，对独立导游、旅游运输、住宿饮食等方面，要探索建立统一的市场管理体系，进一步强化新条件下的税务、审计管理工作。

（5）质量与价格管理　要按照国际贸易规定，在价格政策方面与国际接轨；调整我国商品和服务的价格结构，在价格形成机制上与国际接轨；加强市场价格管理，在法律法规建设上与国际接轨，使我国价格体系和价格结构更加合理，刺激我国经济的快速发展。

旅游市场的维护与管理，旨在加强市场性约束和行政性约束的紧密结合程度，在维护市场良性竞争环境的基础上，加速本地区旅游质量价格比的优化。通过研究建立对本地区突出问题进行适时整治和日常社会监督的机制，努力探索符合地方特点的质量与价格社会化监控网络和联合管理体系，以整体优异的质量、透明公道的价格、良好的市场竞争秩序，增强旅游发展的动力。

10.3 旅游产业政策保障

旅游产业的发展离不开产业政策的指导，也离不开旅游产业政策所创造的良好外部环境。旅游产业政策是国家和最高旅游行政组织,为实现一定时期内的旅游发展目标而规定的行动准则。旅游产业政策的指导作用,贯穿于旅游事业发展的全过程,有利于国家旅游产业的健康有序发展。

10.3.1 制定旅游产业政策的必要性

(1)制定旅游产业政策,有利于旅游业产业地位的确定　旅游业的产业地位是指旅游业在国民经济体系中的重要程度,确定旅游业的产业地位将对旅游业的长远发展产生直接的影响。只有在产业地位明确的情况下,旅游业才会受到相应的重视,才能找到正确的发展方向。因此,制定旅游产业政策,有利于旅游业产业地位的确定,对旅游业的发展具有决定性的意义。

(2)制定旅游产业政策,有利于创造旅游业发展的外部环境　旅游业是一个综合性行业部门,涉及行业众多,参与部门广泛,需要协调各种关系,协调各部门的功能,单靠旅游部门的力量显然难以胜任。旅游产业政策是一种国家层次的经济发展政策,从宏观的角度对旅游业的发展进行政策性的引导,并调控旅游产业与金融、财政、文化、交通等产业部门的关系,从而有利于创造旅游业发展的良好外部环境。

(3)制定旅游产业政策,有利于旅游业内部机制的建立与完善　制定旅游产业政策,可以调整旅游产业的内部结构,协调产业内部各行业和各部门的关系,划分部门职能,促进部门协作,建立旅游产业内部的良性循环机制,充分发挥旅游业的潜力,达到旅游业推动国家经济社会发展的目的。

(4)制定旅游产业政策,有利于充分发挥旅游业的功能和效益　制定旅游产业政策,可以通过政策引导来间接调控旅游业的发展方向和发展节奏,有利于旅游产业避害趋利、良性营销,最大程度上获得旅游业的经济效益、社会效益和环境效益。

10.3.2 制定旅游产业政策的原则

制定旅游产业政策是国家加强宏观调控、有效调整经济结构和优化产业结构的重要手段,对旅游业持续、稳定、健康发展具有直接影响。因此,旅游产业政策要有明确的针对性、相对的稳定性和适度的前瞻性。

(1)旅游产业政策要符合旅游业发展的客观规律　不同产业有不同的发展规律,旅游产业政策也要针对旅游业的发展规律来制定。在产业政策制定的过程中,要研究旅游市场,并参考其他国家旅游业发展中的历史经验,采取切实有效的措施,避免影响旅游业发展的各种不利因素。

(2)旅游产业政策要符合国家的产业发展状况　由于经济基础、自然条件存在差别,各国旅游业发展的水平有所不同,旅游产业政策的具体内容也势必存在差别。旅游发展程度较高的国家,旅游业的产业地位较高,相应的旅游产业政策也就表现出旅游发展的核心倾向;旅游业发展不成熟、旅游产业地位较低的国家,旅游产业政策体系也必定是不成熟的。因此,旅游产业政策的制定,必须以国民经济的总体水平为基础,以旅游业的发展程度为依据,因地制宜、实事求是。

(3)旅游产业政策要有一定的前瞻性　旅游市场的变化是客观存在的,而且是不以人的意志为转移的。当前,世界经济的发展速度越来越快,有可能引起国际旅游市场变化的因素激增。在此背景下,为了保证旅游产业政策的科学性和先进性,旅游产业政策就必须要有一定的前瞻性。在制定旅游产业政策时要重视对旅游市场的研究,从实际需要和现实可能出发,对旅游市场的发展动向进行预测,突出重点,适度超前,保证旅游产业政策对旅游业实践的指导意义。

(4)旅游产业政策要有必要的保障措施　旅游产业政策的贯彻执行,必须有一定的法律手段、行政手段和经济手段来加以保障。旅游业是一种依托性比较强的行业,旅游产业政策的规定,必须具备较强的约束力。除了原则性的规定外,旅游产业政策中还应当包含一定的硬性规定,如旅游业的投入产出要列入国民经济的规划、旅游业的法制建设等。只有将发展方向与保障措施结合在一起,才能使产业政策真正发挥导向作用。

10.3.3 旅游产业政策的内容

产业政策是政府为改变产业间的资源分配,或对各种企业的某些经营活动提出要求、限制而采取的政策,它根据国家整体发展的趋势和产业具体的发展变化而变化。旅游产业政策作为一个政策体系,主要包括以下几方面内容。

10.3.3.1 旅游产业结构政策

旅游产业结构政策是旅游业中各行业结构的合理化,即食、住、行、游、购、娱六大要素的合理配套。旅游产业结构政策首先应考虑旅游业在整个国民经济中的地位,其次是旅游业与国民经济其他行业的协调发展关系,此外还应包括国内旅游业与国际旅游业的关系和政策协调。

10.3.3.2 旅游产业地区政策

中国幅员辽阔,旅游资源分布和社会经济发展存在着较大的不平衡,这种不平衡引起了旅游供给结构中的地区差异性。因此,旅游业的发展应结合旅游资源的区位特点,在布局上、投资上要有重点、分层次,充分发挥地区比较利益的优势,推进地区产业结构合理化。

10.3.3.3 旅游产业组织政策

旅游产业组织政策是调整旅游产业内部企业之间,以及企业内部组织结构关系的政策。旅游产业组织政策的目的,主要是为了提高企业的经济效益,促进生产服务产业的集团化和专业化,形成合理的组织结构体系,实现生产要素的最佳组合和有效利用。

10.3.3.4 旅游产业技术政策

旅游产业技术政策是根据旅游产业发展目标,指导旅游产业在一定时期内技术发展的政策。它通过对旅游产业的技术选择、开发、引导、改造等,对旅游产业的技术结构、技术发展目标和方向、技术的国际竞争与合作等提出具体要求,逐步推动旅游产业发展。

10.3.3.5 旅游产业布局政策

旅游产业受资源分布、交通条件、旅游行程等因素的影响,产业的布局分工与其他产业有所区别,既有产业分布的区域性问题,也有产业分布点线结合、点面结合的问题。因此，旅游产业布局政策应根据旅游发展程度的区域性差异，在发展好东部沿海地区旅游业的同时，强调加快中西部地区旅游业的发展；根据旅游资源分布的独特性，强调形成旅游区域的专业化分工，如海南的海滨度假、黑龙江的冰雪旅游、云南的生态旅游和民俗旅游、四川的大熊猫故乡之旅、青藏高原风情之旅、内蒙古草原风光之旅、西北沙漠探险之旅等；根据各地具备的优势，如沿海、沿江、沿路、沿边等，形成有相对优势的旅游产品分布；根据资源互补、产品相关和交通便利等条件，加强旅游产品的点线、点面之间的联系，形成独具优势和竞争力强的产品系列。

10.3.3.6 旅游市场开发政策

旅游市场开发政策包括促销经费的筹集、促销方案与措施、市场竞争的策略等。旅游市场涉及出境旅游市场、入境旅游市场和国内旅游市场三大类，旅游业的外向性决定了旅游业的发展不仅要面向国内，更要面向国外，参与世界旅游市场的竞争是旅游产业政策不可缺少的内容。持续完善国际国内“双循环”经济发展模式下的旅游市场开发政策，是确保新时期及“后疫情”时代，旅游目的地复兴发展的重要举措。

10.3.3.7 旅游产业保障政策

旅游产业保障政策是为保障产业政策的贯彻实施所采取的有关法律的、行政的、经济的及其他多种手段的总称。旅游业是否健康发展还取决于其实施过程中是否有相应的体制和保障政策与之相配套。

总之，旅游产业政策是为了增强旅游目的地的竞争力及其可持续发展，进而促进旅游目的地的社会福利最大化而制定的政策。旅游相关政策的制定，是一个社会发展的系统工程，这就需要旅游政策的决策者对旅游发展规律及趋势有深刻的了解，同时具备很强的协调和影响能力，确保政策的实效性和适用性，继而为旅游业发展提供政策制度支撑。

10.4 旅游资源环境保护与容量控制

10.4.1 旅游环境容量的概念

20 世纪 60 年代，由于旅游的大众化发展，成千上万的旅游者涌向旅游地，导致了部分旅游地拥挤不堪，不仅旅游者不满意，而且旅游环境也遭受了破坏。由此旅游环境容量问题开始受到越来越多的关注。美国学者韦格(Wagar，1964)在其学术专著《具有游憩功能的荒野地的环境容量》中首次提出了游憩环境容量的概念，他认为游憩环境容量是一个游憩地区能够长期维持产品品质的游憩使用量。之后，国内外很多学者或机构对旅游环境容量(有的称旅游容量、旅游环境承载量或承载力)这一概念进行了研究界定，但并不统一。

世界旅游组织(World Tourism Organization)对旅游容量的定义是：所能维持的不对周围自然环境造成损害，不对当地小区造成社会文化和经济问题的开发水平；保护与发展之间所能达到的平衡；与旅游者所追求的旅游产品的形象、环境类型和文化体验相兼容的游客人数。国家标准《旅游规划通则》(GB/T18971—2003)中对旅游容量(tourism carrying capacity)的定义是:旅游容量是指在可持续发展前提下,旅游区在某一时间段内,其自然环境、人工环境和社会经济环境所能承受的旅游及其相关活动在规模和强度上极限值的最小值。

旅游环境容量并不是一个单一的概念,而是一个概念体系。既包括旅游心理容量、旅游资源容量、旅游生态容量、旅游经济发展容量(通常简化为设施容量)、旅游地社会容量等基本容量,也包括旅游合理容量、旅游极限容量、既有旅游容量、期望旅游容量、旅游地容量、景区旅游容量、景点旅游容量等非基本容量。旅游环境容量通常用游客数量来表示。

旅游环境容量的测算是旅游景区规划和管理的重要内容。由于旅游活动的性质和类型不同,旅游者开展旅游活动所需要的人均空间大小也不同。因此,合理确定基本空间标准对旅游容量测算至关重要。基本空间标准,就是单位利用者开展旅游活动所需占用的空间规模或设施量。基本空间标准数据的获得,通常是长期经验积累或者专项研究的结果。它是旅游规划时直接应用到的一项重要指标。

旅游行业标准《景区最大承载量核准导则》(LB/T 034—2014)中,对于测算景区环境容量的相关指标及其定义进行了明确的界定,涉及最大承载量、空间承载量、设施承载量、生态承载量、心理承载量、社会承载量、瞬时承载量以及日承载量等,详见表10-1。该导则也公布了不同类型景区的基本空间承载标准,提出了景区旅游者流量控制的一系列建议,可供参考应用。

表10-1 《景区最大承载量核准导则》中测算景区环境容量的相关指标

术语	定义
最大承载量 (carry capacity of scenic area)	是指在一定时间条件下,在保障景区内每个景点旅游者人身安全和旅游资源环境安全的前提下,景区能够容纳的最大旅游者数量。
空间承载量 (space carry capacity of scenic area)	是指在一定时间条件下,旅游资源依存的游憩用地、游览空间等有效物理环境空间能够容纳的最大旅游者数量。
设施承载量 (facility carry capacity of scenic area)	设施承载量是指在一定时间条件下,景区内各项旅游服务设施在正常工作状态下,能够服务的最大旅游者数量。
生态承载量 (ecology carry capacity of scenic area)	是指在一定时间条件下,景区在生态环境不会恶化的前提下能够容纳的最大旅游者数量。
心理承载量 (psychology carry capacity of scenic area)	是指在一定时间条件下,旅游者在进行旅游活动时无不良心理感受的前提下,景区能够容纳的最大旅游者数量。

续表 10-1

术语	定义
社会承载量 (society carry capacity of scenic area)	社会承载量是指在一定时间条件下，景区周边公共设施能够同时满足旅游者和当地居民需要，旅游活动对旅游地人文环境的冲击在可接受范围内的前提下，景区能够容纳的最大旅游者数量。
瞬时承载量 (instantaneous carry capacity of scenic area)	是指在某一时间点，在保障景区内每个景点旅游者人身安全和旅游资源环境安全的前提下，景区能够容纳的最大旅游者数量。
日承载量 (daily carry capacity of scenic area)	是指在景区的日开放时间内，在保障景区内每个景点旅游者人身安全和旅游资源环境安全的前提下，景区能够容纳的最大旅游者数量。

资料来源：旅游行业标准《景区最大承载量核准导则》(LB/T 034—2014)

我国许多知名旅游景区存在较为严重的超容量运转现象，致使景区生态被破坏、环境受污染、资源景观受损害，大大地降低了旅游吸引力，缩短了景区景点的寿命。因此，合理控制景区旅游容量是现实发展提出来的迫切要求。

以莫高窟为例，在 7 ~ 9 月的旅游旺季，在同一时段密集的游人对洞窟壁画产生相当严重的影响。敦煌研究院提供的数据显示，40 人进入洞窟参观半小时，洞窟内空气中的二氧化碳会升高 5 倍，空气相对湿度上升 10%，空气温度升高 4℃。二氧化碳是一种酸性气体，在高湿度条件下会与石青、石绿、氯铜矿、铅丹等颜料发生作用，使这些颜料变色，而人呼出的大量水汽可使存在于壁画中的可溶盐溶解，并向壁画面移动、累积。当洞窟内干燥时，可溶盐又在壁画颜料层上结晶，这样使颜料受到严重污染和破坏；同时在一定湿度条件下，壁画易产生霉菌，而霉菌生长代谢中的产物及死菌体会严重污染壁画并使颜料变色。所以，洞窟不断经受着各种破坏，加之壁画制作材料质地脆弱，许多壁画已经产生了空臌、酥碱、起甲、变色、霉菌等多种病害。

因此，在进行旅游规划的过程中，应结合旅游吸引物的属性特征，科学合理计算旅游容量，实现开发利用与保护传承的同向同行，保障旅游目的地的可持续发展。

10.4.2 旅游资源环境保护的主要措施

(1) 坚持旅游资源开发利用与环境保护并重，秉承“全面规划、积极保护、科学管理、永续利用”的保护方针，重点抓好水体、土壤、大气等保护工作，加强规划区内各景点的垃圾收集、污水处理工作。

(2) 持续开展植树种草等绿化工作，加强对规划区内生态脆弱区的专项治理，加大土质改良和绿化力度，加强环境保护的日常教育与培训，加强生态旅游的宣传和教育工作，使生态建设进入良性循环状态。

(3) 实行“谁开发、谁保护，谁破坏、谁恢复，谁利用、谁补偿”的原则，制定具体的环境保护工作细则，建立配套的地方性环境保护制度体系，借助相关法律法规，抑制自然生态恶化加剧的趋势。

(4)发挥政府旅游管理部门的监管作用,开展资源的科学调查,确定保护的类型和范围,防止掠夺式、破坏式的开发,营造人与自然和谐的环境;对尚无能力开发的资源,应保护下来,待条件成熟再行开发,促进旅游业的可持续发展。

10.4.3 旅游容量调控的主要措施

对于旅游者流量的科学测算及有效调控,是保障旅游目的地及相关景点景区游客满意度及旅游产业可持续发展的重要前提,尤其是在应对疫情等突发事件过程中,合理的游客流量,是确保游客安全和开展有效防疫工作的重要保障。为此,需从以下方面着手,做好游客流量的科学调控。

(1)旅游容量不足时的调控措施　当旅游景区容量不足时,就会不同程度地造成旅游资源浪费、旅游设施闲置。在此情况下,要坚持以市场为导向,深挖旅游资源特色,加大旅游开发力度,不断创新旅游产品,增强旅游吸引力。要加强宣传营销,积极开展旅游合作,提高旅游市场占有率。

(2)旅游容量超载时的调控措施　旅游景区发生的超载现象,从时间上说,有周期性、季节性的,有长期性、连续性的,也有非周期性的,或者短期性的超载;从空间上说,有整体性的,也有局部性的超载。因此,需要采取不同的措施加以调控。

要灵活运用多种管理手段和方法,调节好旅游需求和旅游供给。从需求管理方面讲,可以通过价格调节、营销控制、优化游览线路、吸引旅游者到未饱和旅游地等方法进行调控,减少或疏散旅游者。从供给管理方面讲,可以通过开发建设新景区、优化旅游用地和功能分区、促进景区社区和谐相处、限时开放、限量售票等方法进行调控,扩大或限制旅游容量。

要加强景区信息化、数字化建设和管理,充分利用大数据进行流量的智慧化调控。景区可通过历史数据,提前做好游客流量的控制准备,制定客流调节预案。在客流高峰期,应合理利用智慧平台的相关数据(人流、车流、游客高聚集区等),将客流量实时信息及时传达到每个项目区域的工作人员,分析不同时间段的人流车流情况,及时疏导和控制,加强人员服务,以保证游客游览秩序和人身安全。

要严格执行旅游景区最大承载量管理规定。《中华人民共和国旅游法》第四十五条规定:景区接待旅游者不得超过景区主管部门核定的最大承载量。景区应当公布景区主管部门核定的最大承载量,制定和实施旅游者流量控制方案。旅游者数量可能达到最大承载量时,景区应当提前公告并同时向当地人民政府报告,景区和当地人民政府应当及时采取疏导、分流等措施。

旅游行业标准《景区最大承载量核准导则》(LB/T 034—2014)提出,建立旅游者流量控制联动系统,通过实时监测、疏导分流、预警上报、特殊预案等对景区流量进行控制。景区外部需要地方政府组织所有相关部门,重点是交通与公安部门,构建一级指挥调度系统,对通往景区的外围道路入口和主要集散中心(地)进行流量监控,在景区外部进行引导、分流和截流。景区内部可建立包括门票预约、实施监测、疏导分流、预警上报和特殊预案五个步骤在内的旅游者流量控制系统,并与地方政府一级总控制系统联动,通过自下而上、内外联合,对旅游者流量进行控制。景区内旅游者数量达到最大承载量80%时,应启动包括交通调控、入口调控等措施控制旅游者流量。当景区内旅游者数量接近最大承载量时,当向社会公告并同时向当地人民政府报告,同时在当地人民政府的指挥、指导、协助下,配合景区主管部门和旅游行政主管部门启动应急预案。景区内旅游者数量达到最大承载量时,应立即停止售票,向旅游者发布告示,做好解释和疏导等相关工作。景区还应制定针对节假日及大型活动的特殊预案,调控好旅游者流量。

(3)防疫常态化情况下旅游容量管理措施　在防疫常态化形势下,旅游接待量受到诸多限制。旅游景区应严格落实国家及地方政府有关部门发布的防疫防控、有序开放的规定和要求,坚持常态防控、科学防控、精准防控。要加强景区员工的健康监测和管理,做好景区的公共卫生和场所防控,强化景区游览管理,及时有效处理异常情况。要特别强化景区流量管理,做到限量开放、有序开放,严防无序开放,严防人员聚集。要严格执行"限流、预约、错峰"要求,做好控流预案。要积极发展非接触式服务、限流旅游、在线定制预约等旅游产品,减少人员聚集和接触。

10.5　旅游人力资源保障

旅游业是对人力资源质量要求比较高的产业部门,高素质的旅游人才对于旅游区的发展至关重要。旅游规划的实施,在很大程度上依赖于旅游人才的供给,人才开发是旅游业竞争取胜的关键。旅游业经历前期的发展,已拥有一批旅游从业人员,但高级旅游企业经营管理人才稀缺,经过严格正规培训后持证上岗的旅游从业人员所占比例极小,居民的旅游接待意识仍比较薄弱,旅游人力资源建设已成为旅游业发展的关键。

10.5.1　旅游人力资源建设目标

旅游人力资源建设必须立足本地人力资源和旅游业发展现状,以加强培养本土旅游人才为主,适度引进旅游企业高级经营管理人才。

(1)优先培养专职导游、服务人员等一线操作人员,择优引进优秀的旅游景区管理和企业经营人才,初步建立一支业务技能熟练、管理水平高、梯度合理的旅游企业人才队伍。

(2)加大旅游区管理处各部门领导、企业经理的培养和引进力度,建立一支既有管理理论又有管理实践,既掌握现代企业管理知识,又富有开拓创新精神的管理队伍。

(3)完善人才培训机制和用人制度,为人才队伍建设提供制度保障,努力建设一支多层次、结构优、高质量的旅游人才队伍。

10.5.2　旅游人才培养和引进的途径与方法

10.5.2.1　旅游人才培养的方法

(1) 做好旅游从业人员岗位培训。按照"就业前培训、换岗前培训、上岗后培训"的原则,做好从业人员的培训工作。

(2)定期开展岗位练兵、技术比武、优质服务竞赛,提高从业的整体素质。

(3)组织在岗旅游从业人员参加旅游局组织的专业技能培训班。鼓励旅游从业人员通过函授、自学考试等形式,提高旅游专业水平和职业技能。

(4)有计划地选派旅游管理部门相关领导和人员到旅游院校培训和学习;选送骨干青年到成熟的旅游景区工作,学习成熟景区的管理经验。

(5)邀请专家学者进行交流报告和专题讲座。

(6)完善旅游职业中等专科学校及高等院校的专业建设,以"校企合作、旅学交替"的人才培养模式,提高旅游人才培养的效率,持续为旅游业输送优秀人才。

10.5.2.2 适度引进人才的途径

(1)提高旅游从业者的地位,增强职业自豪感。把旅游人力资源开发当作相关管理部门的重要职责,加强正面宣传引导,树立良好的旅游产业和人才队伍形象,提升社会对旅游行业的认可度,吸纳更多更优秀的人才进入旅游行业。

(2)制定优惠政策,吸引优秀旅游企业前来投资,引入先进的管理经验和优秀的经营管理人才。

(3)营造良好的发展环境,结合旅游目的地发展实际,制定人才管理办法,建立规范的长效激励机制,设立旅游人才补贴和奖励政策,吸引旅游院校毕业生来发展和工作。

(4)引入激励机制,实施岗位竞争制,吸引区域外或行业外优秀的经营和管理人才加入旅游企业管理行列。

10.5.3 旅游人才培养规划

旅游业是向旅游者提供特殊经历和体验而进行面对面服务的行业,人性化是旅游服务的一大特点,员工的素质最终决定其服务的质量。因此,必须根据旅游市场发展的需要,通过人才培训、人才引进等方式,对旅游发展的决策者、组织者、实施者进行阶段性、有计划的培训(表10-2),使之能不断地适应市场需求变化并不断开拓创新。

表10-2 旅游人才培养规划表

分期	近期	中期	远期
人才培训	①培训专职导游及定点导游 ②参加旅游部门干部管理培训 ③培训保安人员 ④培训旅游商品经营人员 ⑤组织酒店、餐饮服务人员岗位培训	①选派青年骨干到成熟旅游区挂职锻炼 ②导游必须持证上岗 ③每年定期举办面向酒店、餐饮、旅行社等旅游行业的短期岗位培训班 ④培训旅游商品开发管理人才	①选派青年干部到旅游高等院校进修 ②引进拥有其他语种的各类持证导游 ③每年培训旅游开发管理人员 ④加强岗位培训,完善培训体系
人才引进	引进旅游企业优秀的经营管理人才	①引进英语专职导游若干人 ②引进旅游院校本专科优秀毕业生	①引进旅游企业高级管理人才 ②引进旅游专业研究生

10.5.4 旅游从业人员素质标准和数量

10.5.4.1 旅游从业人员的类型

按世界旅游旅行理事会(WTTC)的界定,旅游从业人员包括下列四种类型:

(1)旅游服务就业 航空公司、饭店、餐饮、景点、旅行社和出租车公司等服务企业的员工。

(2)政府有关部门就业 旅游局、边防、海关等部门的公职人员。

(3)旅游投资建设方面的就业 旅游基础设施、接待设施和游乐景点的投资建设人员。

(4)旅游商品生产销售方面的就业 为旅游者和旅游企业(饭店、餐厅、商店等)生产和经销货物的人员。

10.5.4.2 旅游从业人员的素质要求

(1)旅游从业人员的思想道德素质要求 爱国敬业、遵纪守法、团结协作、文明礼貌。

(2)旅游从业人员的文化素质要求旅游行政管理部门和旅游企事业单位高层领导人员要具有大学本科以上学历,并逐步提高博士、硕士人员的比例;中层领导和主管人员要具有大专以上学历;初级主管和接待服务人员要具有高中以上学历。导游人员学历水平应达到国务院颁布的《导游人员管理条例》规定的要求。涉外单位的管理接待人员要掌握一门外语,最好能掌握主要客源国的语言。

(3)旅游从业人员的职业技术素质要求旅游企事业单位的中上层管理人员和各类服务人员逐步通过职业技术培训,普遍要取得岗位资格证书。

10.5.5 旅游业人力资源发展现状

目前,旅游业从业人员的现状主要有以下几点:

(1)旅游从业人员总量不足,学历层次偏低。

(2)旅游人力资源开发的不平衡性比较突出。

(3)旅游业人才流失严重,专业技术人才数量不足。旅游企业的人才流失率远远高于其他行业,同时,来自各大高校就业指导中心的数据显示,有相当一部分旅游专业大学生不愿意从事与本专业对口的工作,很多毕业生因对服务行业的偏见改做其他行业的工作。由于近年来大量外来务工人员进入大城市,加上旅游行业进入门槛低,旅游从业人员的学历、技能偏低的现象非常突出。从整个旅游行业来看,具有创新精神和创新能力的高层次的领导者较少,既懂外语又有专业知识的人才更是少之又少。

10.5.6 旅游业人力资源发展对策

10.5.6.1 深化教育体制改革

首先,完善专业建设和学科体系建设。在理论教学上,主要突出基础课程教学与职业道德规范教育,加强旅游政策法规、导游职业道德教育的课程教学,突出旅游专业职业道德规范教育特色,同时,注重提升专业综合素养,增加专业选修课和实践实训环节,提升学生的实践应用能力和专业实操技能。

其次，注重显能开发与潜能开发。对于人才的成长和发展来说，学校对学生显能开发和潜能开发都是必不可少的。所谓显能，就是指知识、技能、智力等方面，而潜能则是指情商、心态等非智力因素。目前在许多学校中，重显能开发、轻潜能开发的倾向较为突出。而实际上，由于旅游行业是一个与人打交道的行业，在某种意义上说，态度、人际技巧、情绪控制等非智力因素，比单纯的业务知识和技能更重要。因此，在显能开发的基础上加强潜能开发，是学校对旅游人力资源开发的必然趋势。

再次，加强师资培训是旅游人力资源开发的前提与基础。旅游专业是新兴行业，同时又是服务行业，不论是在硬件方面还是软件方面更新速度都很快。专业教师应定期外出培训学习、到企业挂职锻炼，深入一线企业开展调研，并在企业担任管理工作，接受企业技能培训，以深入了解实践需求，实现教学内容的及时更新。

最后，积极推进实践环节改革。目前，旅游院校实习分为教学实习和顶岗实习两大类。在教学中应加强实践教学环节，侧重学生实际动手能力的培养。同时利用选修课、旅游协会活动等进行平时教学实践，积极组织学生参加各种专业技能比赛，要求学生考取导游员资格证书、饭店岗位技能证书等职业证书。

10.5.6.2 加大继续教育培训和岗位培训力度

旅游院校的责任和使命就是为旅游行业培养人才，院校培养人才是基础，但有研究表明，在学习终身化的社会，个人在工作中应用的知识不到10%是在学校中学到的，另外90%的知识都靠工作之后的继续教育。因此，旅游人力资源队伍更需要强有力的继续教育培训体系。对于职工学历层次普遍较低的旅游行业来说，继续教育是旅游人才开发过程中一个不可忽视的组成部分，旅游人才开发管理部门要一手抓院校教育，一手抓继续教育，依托行业和企业的支持与帮助，发挥旅游院校培训的中坚作用。

10.5.6.3 建立考核管理与提升机制

在旅游企业的经营管理中应倡导“以人为本、员工第一”的人本思想。改变传统的人事管理制度，推行“以人为本，服务行业”的行业人才资源管理基本理念，建立规范化的人才资源管理体制，营造市场化的人才资源开发机制，创新人才资源政策。在工作中要让员工有发言权，生活上要关心员工，处处为员工着想，注意工作环境的改变和员工职位的晋升；同时，旅游企业应塑造其特有的旅游企业文化，提高员工的团队精神，维持长期而有效的激励，建立具有特色的激励文化，培养员工良好的自我激励行为。

10.6 旅游科技保障

旅游规划开发离不开先进技术的支撑，多学科的学术和技术支持，是“以文促旅，以旅彰文”，推动文旅融合发展的必要途径。与此同时，在“互联网+”时代背景下，基于现代通信技术和互联互通手段，实现旅游业的转型升级和提质增效，是旅游开发及实现旅游业长足发展的关键路径。

10.6.1 多学科支持保障

发展旅游科学，寻求旅游产业发展的多方学术支持的意义在于，通过增加科学内涵，提高旅游者的文化素养，满足游客的求知欲。现阶段，我国旅游区的旅游科学发展水平仍有待提升，科学含量普遍较低，开发层次肤浅。旅游区的资源开发停留在风景观光层面，得到相对深层次开发的也往往向神话传说、拟人拟物方向发展，例如“玉女拦江”“笔架山”“观音坐莲”“九马山”“仙人床”等，这些景点名称及其解说，引导游客重点关注景色的外形表象，忽略其成因，无法有效满足游客的求知欲望。

在秀美或险峻的景色背后，往往有着大自然地质活动的深沉原因；丰富多样的生物旅游资源，有可能是千百年生物进化史上的伟大遗存；横亘在华夏大地上的遗址遗迹，诉说着历史文脉的川流不息；而随着“亚健康时代”的来临，旅游者对于健康的认知需求日益旺盛，游客越来越多地涌向森林乡野进行负离子养生，前往温泉度假地进行疗养，其中的负离子知识和温泉疗养机理对于旅游者也是可以做的文章。在旅游规划开发过程中，通过与高校及科研院所协作，以专业知识为旅游赋能，满足游客日趋强烈的求知欲，实现旅游资源深层价值的有效挖掘，全面提升旅游品质。

10.6.2 传统信息技术保障

随着科学技术的进步和发展，信息化越来越体现在人们生活的方方面面。旅游作为现代生活方式的一部分，在信息化浪潮下，展现出崭新的生机和活力。旅游信息化，是指通过对信息技术的应用，改变传统旅游服务和消费机制，用信息化的发展促进旅游经济的运作，改变旅游经济的增长方式。旅游信息化是数字旅游的准备阶段和基础阶段，其表现形式主要有旅游网站、信息化管理、旅游呼叫系统。为保障旅游信息技术的有效运用，在旅游地规划建设过程中，需加强电力电信设施、光缆宽带、硬件设备等基础设施建设。

10.6.3 新一代信息技术保障

随着科学技术的不断创新和变革，智能技术在全球迅速兴起，人类社会正从信息时代步入智能时代。以云计算、物联网、5G 通信技术、人工智能等应用技术为代表的新一轮技术革命的到来，客观上催生了客源市场对旅游信息化更高层次的需求，也为旅游业与信息技术产业的融合发展提供了契机和基础。

将物联网、云计算、下一代通信网络、高性能信息处理、智能数据挖掘等技术应用于游客感知、行业管理、旅游产业发展等方面，是旅游物理论资源和信息资源得到高度系统化整合和深度开发，并服务于游客、旅游企业、政府管理部门等利益相关者，是旅游地发展智慧旅游，推动全域旅游高效发展的基本思路。

借助现代科技赋能，实现“文化+科技+旅游”的深度融合，基于数字技术和智能设备，依托 VR、AR、5G、全息投影等技术手段，发展“沉浸式”文化旅游，在此基础上开发出多元化、个性化的游客参与型旅游产品，将持续增强旅游地的吸引力和可游览性，加速旅游产业升级。

10.7 旅游智慧化保障

伴随着旅游产业和信息技术的快速发展,人们对旅游公共服务的需求也迅速提高。然而,依靠传统旅游公共服务体系难以有效满足目前不断提升的需求。在此情景下,依托快速发展的信息通信技术,以游客为中心、以各类旅游参与方为主体的智慧旅游公共服务体系的建设,为旅游业的发展提供了一种全新的思路。

智慧旅游是指以游客为中心,以应用互联网、物联网、云计算、移动互联网、大数据、GIS 等"互联网+"技术为手段,以计算机、移动设备、智能终端等为工具,以智慧服务、智慧营销、智慧管理和智慧政务为主要表现形式,以全面满足游客食、住、行、游、购、娱的服务需要为基本出发点,以为游客、旅行社、景区、酒店、政府主管部门以及其他旅游参与方创造更大价值为根本任务的一种旅游运行新模式。旅游智慧化是将智慧旅游的运行模式、技术方法在旅游中进行有效应用,从而形成一种新型的旅游发展模式,进而实现旅游发展方式的转型升级。

10.7.1 旅游智慧化的目标体系

10.7.1.1 满足游客个性化需求定制

智慧旅游的建设必须满足游客的需求,必须以游客的旅游活动来牵引旅游产业的发展。与此同时,大众旅游时代人民生活模式由物质消费型向旅游休闲型转型,旅游产业的发展不再是单一模式,而是要以游客的需求为中心,为游客提供个性化的服务,让游客由原来的被动获取批量旅游信息变成主动选择个性化服务,由面对面、旅行社代理旅游消费直接转向面对网络的在线消费、实时交易、私人订制。

10.7.1.2 发挥导航、导游、导览和导购功能

智慧旅游具体表现形式主要体现在导航、导游、导览和导购(简称"四导")四个方面,这是智慧旅游应用的基本功能。近年来,随着智能终端手机的普及,通过智能终端上的 GPS 或北斗导航为游客提供位置服务,并把游客的个性化需求信息推送到游客手中,最大限度体现服务的便捷性和智能性,并为旅游目的地企业及相关旅游企业提供精准化营销策略。

10.7.1.3 满足游客消费需求

智慧旅游发展必须围绕游客需求,才能真正发挥信息化在旅游产业中的作用,带动旅游业转型升级。同时,以游客消费为中心,注重向游客提供各种便捷、人性化、个性化服务,使游客在整个旅游消费过程中能获得既周到又体贴的服务,切切实实地为游客创造旅行价值,实实在在地为游客提供各种优惠、便捷的服务,从而赢得游客更多的支持与信任,最终提高游客的忠诚度和满意度。

10.7.2 旅游智慧化的建设要求

10.7.2.1 与新兴技术发展相适应

近几年来，伴随着大数据、云计算、物联网、新一代通信技术等新兴技术的兴起与发展，为智慧旅游的计算、旅游资源的物联、全面通信交互和实时数据变换提供了保障。国内旅游信息化经历了金旅工程、数字旅游中间过程，使得旅游业的各个领域的信息采集与存储、信息化运营经验等具备了相当的基础且达到了一定的规模。通过新技术的应用，可使前期积累的信息化经验集中发挥优势，并直接应用到智慧旅游建设中去。

10.7.2.2 满足区域经济建设的要求

智慧旅游实施的重要目标就是以提升旅游信息化来带动区域经济增长，新一代通信技术是智慧旅游建设的根本，是对旅游信息化的一次变革，是对旅游市场格局转型升级的一次重要机遇。因此，智慧旅游的建设要与区域内经济建设相对应，因地制宜、量体裁衣、合理规划、突出重点，提升区域内百姓生活水平和品质，促进本区域经济又好又快发展。

10.7.2.3 满足游客食住行游购娱的需求

当前，人类社会进入了一个全新的数据融合、分析处理阶段，旅游业与第一、第二、第三产业融合向纵深发展，智慧旅游的建设将进一步加快产业融合步伐，持续优化旅游业发展模式。为了让游客获得满意的食、住、行、游、购、娱体验，通常需要从旅游目的地基础设施建设、休闲度假设施、自然风光、交通便利程度、可游可娱性等角度，全面满足游客旅游消费需求，继而满足旅游经营者运营、旅游循环发展等方面的综合需求。

10.7.2.4 适应区域生态环境优化的要求

区域内的旅游资源是有限的，资源空间的容纳量、生态环境的承载力也是有限的，智慧旅游的发展在带来游客增多、旅游收入增加的同时，应以不破坏生态环境为基础，在全面促进游客旅游消费便捷性的同时，优化区域生态环境。

10.7.3 旅游智慧化的建设步骤

旅游智慧化建设要根据不同建设领域的情况明确建设步骤，以具体步骤促使建设的阶段性、稳定性和有效性。

10.7.3.1 打造现代公共信息服务业

以战略性支柱产业为导向，以满足游客需求为目标，通过信息技术手段逐步打造现代公共信息服务体系。借助智慧旅游打造公共信息服务体系，比传统的信息化模式更有可拓展性、兼容性和可伸缩性，通过主动推送的信息服务给用户，使用户最终感受到智慧化的便捷、实时和精准，使智慧旅游具有体验之美、服务之美，成就城市、景区环境之美。

10.7.3.2 建立满足旅游信息化要求的旅游大数据中心

建立满足智慧旅游发展需求的旅游大数据中心，快速、有效地从海量数据中获得有用的数据，将旅游大数据研究结果应用到智慧旅游建设中，将是促进智慧旅游从概念理念转型为具体应用级的重要过程,也是促进智慧产业发展的利器,而智慧产业将是后续经济发展导向,也是信息产业及促进其他产业发展的趋势。随着智慧旅游的不断推进,充分灵活运用大数据和信息化技术,构建面向公众的智慧化旅游信息服务,尤其是保障旅游安全的防疫防灾、应急管理等智慧服务系统成为必然。

10.7.3.3 实现公共服务与公共管理相融合

旅游公共服务与公共管理服务是把新一代信息技术充分应用到旅游产业链各个环节中,实现智慧化服务,实现旅游资源、旅游信息整合,以更加精细和动态的方式管理旅游,从而实现对游客按需提供、推荐服务和对行业的智慧化管理。同时,智慧化的旅游公共管理与服务体系,将实现传统旅游管理方式向现代管理方式转变,实现行业监管的动态化、适时化,旅游服务的人性化、个性化,为国内外游客提供一个更为健康、安全、舒适的旅游环境,提高游客的感知度和满意度。

10.7.3.4 为涉旅单位提供全面的服务

游客所获得的便捷、实时和有效的服务来自不同的涉旅单位,通常包括交通部门、公司,景区管理、销售、住宿、餐饮、娱乐、政府、旅游管理部门,旅游商品供应商、旅游辅助支撑单位、旅游信息化提供商、气象交通管理部门等,要使这些单位为游客提供服务,就要求其必须进行信息化改造,全面融入智慧旅游建设中去,实现多部门的系统性协作,发挥智慧旅游的统筹协调功能,实现旅游服务接待业的全面优化升级。

本章小结

本章介绍了旅游法律法规保障、管理体制保障、人力资源保障、资源环境保护与容量控制、旅游科技保障等内容。

重点概念

旅游环境容量　智慧旅游

课后思考

1. 旅游保障体系规划包括哪些方面?
2. 制定旅游产业政策对旅游业发展的重要意义。
3. 旅游环境保护措施有哪些?
4. 旅游环境容量调控措施有哪些?
5. 如何发展智慧旅游?

参考书目

1. 马勇,李玺. 旅游规划与开发[M]. 4版. 北京:高等教育出版社,2018.
2. 马耀峰. 旅游规划[M]. 北京:中国人民大学出版社,2011.
3. 甘枝茂,马耀峰. 旅游资源与开发[M]. 天津:南开大学出版社,2002.
4. 吴必虎. 区域旅游规划原理[M]. 北京:中国旅游出版社,2001.

5. 吴承照. 现代旅游规划设计原理与方法[M]. 青岛:青岛出版社,2002.

6. 郑耀星,储德平. 区域旅游规划、开发与管理[M]. 北京:高等教育出版社,2004.

7. 邹统钎. 旅游开发与规划[M]. 广州:广东旅游出版社,2001.

8. 马洪江. 智慧旅游战略研究[M]. 北京:科学出版社,2014.

9. 姚国章,丁世红,周晓平,等. 智慧旅游新探索[M]. 长春:东北师范大学出版社,2016.

10. 吴必虎,俞曦. 旅游规划原理[M]. 北京:中国旅游出版社,2010.